全国高等职业教育旅游大类"十三五"规划教材

编委会

总主编

马 勇　教育部高等学校旅游管理类专业教学指导委员会副主任
　　　　湖北大学旅游发展研究院院长，教授、博士生导师

编 委（排名不分先后）

朱承强　全国旅游职业教育教学指导委员会委员
　　　　上海师范大学MTA教育中心主任
　　　　上海旅游高等专科学校酒店研究院院长，教授

郑耀星　全国旅游职业教育教学指导委员会委员
　　　　中国旅游协会理事，福建师范大学教授、博士生导师

王昆欣　全国旅游职业教育教学指导委员会委员
　　　　浙江旅游职业学院党委书记，教授

谢 苏　全国旅游职业教育教学指导委员会委员
　　　　武汉职业技术学院旅游与航空服务学院名誉院长，教授

宋德利　全国旅游职业教育教学指导委员会委员
　　　　山东旅游职业学院院长，教授

邱 萍　全国旅游职业教育教学指导委员会委员
　　　　四川旅游学院旅游发展研究中心主任，教授

韩 军　全国旅游职业教育教学指导委员会委员
　　　　贵州商学院旅游管理学院院长，教授

郭 沙　全国旅游职业教育教学指导委员会委员
　　　　武汉职业技术学院旅游与航空服务学院院长，副教授

罗兹柏　中国旅游未来研究会副会长，重庆旅游发展研究中心主任，教授
杨如安　重庆旅游职业学院院长，教授
徐文苑　天津职业大学旅游管理学院教授
叶娅丽　成都纺织高等专科学校旅游教研室主任，教授
赵利民　深圳信息职业技术学院旅游英语专业教研室主任，教授
刁洪斌　青岛酒店管理职业技术学院副院长，副教授
刘亚轩　河南牧业经济学院旅游管理系副教授
张树坤　湖北职业技术学院旅游与酒店管理学院院长，副教授
熊鹤群　武汉职业技术学院旅游与航空服务学院党委书记，副教授
韩 鹏　武汉职业技术学院旅游与航空服务学院酒店管理教研室主任，副教授
沈晨仕　湖州职业技术学院人文旅游分院副院长，副教授
褚 倍　浙江旅游职业学院人力资源管理专业带头人，副教授
孙东亮　天津青年职业学院旅游专业负责人，副教授
闫立媛　天津职业大学旅游管理学院旅游系专业带头人，副教授
殷开明　重庆城市管理职业学院副教授
莫志明　重庆城市管理职业学院副教授
蒋永业　武汉职业技术学院旅游与航空服务学院讲师
朱丽男　青岛酒店管理职业技术学院旅游教研室主任，讲师
温 燕　浙江旅游职业学院讲师
张丽娜　湖州职业技术学院讲师

全国高等职业教育旅游大类"十三五"规划教材

总主编 ◎ 马 勇

管理学原理
理论与技巧

主 编 ◎ 张向东

Principles of Management:
Theory and Technique

中国·武汉

内 容 简 介

本书适应高职高专经济类和管理类专业教学改革中突出能力本位的新要求,定位于管理学入门教材,注重基础性和实用性,注重理论讲解和实践指导相结合,凸显应用性,注重突出教与学的一体化过程,变"灌输"为"探究"。

本书对管理的基本概念和基本原理、管理的沿革、管理的职能、工具和方法进行了提纲挈领的介绍,为培养学生必备的管理技能,为其胜任岗位以及今后的职业发展打下基础。

图书在版编目(CIP)数据

管理学原理:理论与技巧/张向东主编. —武汉:华中科技大学出版社,2020.1(2024.7重印)
全国高等职业教育旅游大类"十三五"规划教材
ISBN 978-7-5680-5883-4

Ⅰ.①管… Ⅱ.①张… Ⅲ.①管理学-高等职业教育-教材 Ⅳ.①C93

中国版本图书馆 CIP 数据核字(2019)第 270634 号

管理学原理:理论与技巧　　　　　　　　　　　　　　　　　张向东　主编
Guanlixue Yuanli Lilun yu Jiqiao

策划编辑:李　欢	
责任编辑:李家乐	
封面设计:原色设计	
责任校对:曾　婷	
责任监印:周治超	

出版发行:华中科技大学出版社(中国·武汉)　　电话:(027)81321913
　　　　　武汉市东湖新技术开发区华工科技园　　邮编:430223
录　　排:华中科技大学惠友文印中心
印　　刷:武汉市籍缘印刷厂
开　　本:787mm×1092mm　1/16
印　　张:16.75
字　　数:412 千字
版　　次:2024 年 7 月第 1 版第 4 次印刷
定　　价:49.80 元

本书若有印装质量问题,请向出版社营销中心调换
全国免费服务热线:400-6679-118　竭诚为您服务
版权所有　侵权必究

总序 Introduction

大众旅游时代,旅游业作为国民经济战略性支柱产业,对拉动经济增长和实现人民幸福发挥了重要作用。2015年,中国旅游业步入了提质增效时期,旅游业总收入超过4万亿元,对GDP(国内生产总值)的综合贡献率高达10.51%,成为推动我国供给侧改革的新的增长点。伴随着旅游产业的迅猛发展,旅游人才供不应求,因此,如何满足社会日益增长的对高素质旅游人才的需要,丰富旅游人才层次,壮大旅游人才规模,释放旅游人才红利,提升旅游专业学生和从业人员的人文素养、职业道德和职业技能,成为当今旅游职业教育界亟须解决的课题。

2014年国务院印发《关于加快发展现代职业教育的决定》,表明党中央、国务院对中国职业教育的高度重视,标志着我国旅游职业教育进入了重要战略机遇期。教育部2015年颁布的《普通高等学校高等职业教育(专科)专业目录(2015年)》中,在旅游大类下设置了旅游类、餐饮类与会展类共12个专业,这为全国旅游职业教育发展提供了切实指引,为培养面向中国旅游业大转型、大发展的高素质旅游职业经理人和应用型人才提供了良好的成长平台。同年,国家旅游局联合教育部发布的《加快发展现代旅游职业教育的指导意见》中,提出加快构建现代旅游职业教育体系,深化产教融合、校企合作,培养适应旅游产业发展需求的高素质技术技能和管理服务人才。正是基于旅游大类职业教育变革转型的大背景,出版高质量和高水准的"全国高等职业教育旅游大类'十三五'规划教材"成为当前旅游职业教育发展的现实需要。

基于此,在教育部高等学校旅游管理类专业教学指导委员会和全国旅游职业教育教学指导委员会的大力支持下,在"十三五"开局之时,我们

率先在全国组织编撰出版了"全国高等职业教育旅游大类'十三五'规划教材"。该套教材特邀教育部高等学校旅游管理类专业教学指导委员会副主任、中国旅游协会教育分会副会长、中组部国家"万人计划"教学名师马勇教授担任总主编。为了全方位提升旅游人才的培养规格和育人质量,为我国旅游业的发展提供强有力的人力保障与智力支撑,同时还邀请了全国近百所旅游职业院校的知名教授、学科专业带头人、一线骨干"双师型"教师和"教练型"名师,以及旅游行业专家等参与本套教材的编撰工作。

为了更好地适应"十三五"时期新形势下旅游高素质技术技能和管理服务人才培养与旅游从业人员的实际需要,本套教材在以下四大方向实现了创新与突破。

一是坚持以"新理念"为引领,通过适时把握我国旅游职业教育人才的最新培养目标,借鉴优质高等职业院校骨干专业建设经验,围绕提高旅游专业学生人文素养、职业道德、职业技能和可持续发展能力,尽可能全面地凸显旅游行业的新动态与新热点。

二是坚持以"名团队"为核心,由中国旅游教育界的知名专家学者、骨干"双师型"教师和业界精英人士组成编写团队,他们教学与实践经验丰富,保证了教材的优良品质。

三是坚持以"全资源"为抓手,全面发挥"互联网+"的优势,依托配套的数字出版物,提供教学大纲、PPT、教学视频、习题集和相关专业网站链接等教学资源,强调线上线下互为配套,打造独特的立体教材。

四是坚持以"双模式"为支撑,本套教材分为章节制与项目任务制两种体例,根据课程性质与教材内容弹性选择,积极推行项目教学与案例教学。一方面增加项目导入、同步案例、同步思考、知识活页等模块,以多案例的模式引导学生学习与思考,增强学生的分析能力;另一方面,增加实训操练模块,加大实践教学比例,提升学生的技术技能。

本套教材的组织策划与编写出版,得到了全国旅游业内专家学者和业界精英的大力支持与积极参与,在此一并表示衷心的感谢!应该指出的是,编撰一套高质量的教材是一项十分艰巨的任务,本套教材中难免存在一些疏忽与缺失,希望广大读者批评指正,以期在教材修订再版时予以补充、完善。希望这套教材能够满足"十三五"时期旅游职业教育发展的新要求,让我们一起为现代旅游职业教育的新发展而共同努力吧!

规划教材编委会

2016 年 5 月

前言 Preface

在现代社会中,管理作为有助于实现目标的一种有效手段,可以说无时不在,无处不在。当今经济和社会的发展需要大批多元化、多层次、应用型的管理人才,对于应用型管理人才而言,必须具备一定的管理知识。管理学作为系统研究管理活动的基本理论、基本规律和基本方法的科学,是经济类和管理类各专业的一门重要的必修基础课。

为了适应高职高专经济类和管理类各专业教学改革中突出能力本位的新要求,本书的编写结合高职高专学生的学情和企业中基层管理岗位的实际,体现了以下特色。

定位于管理学入门教材,注重基础性和实用性。管理学是一门理论性和实践性很强的学科,强调理论知识和实务技能并重。此次编写,我们把内容分成"管理理论"和"管理技巧"两大模块,模块内又分为若干项目和任务,体现了"过程导向、工学结合、任务驱动"的特点。

理论讲解和实践指导相结合,注重应用性。在内容的组织上应企业的要求,融入了当今企业管理发展的实际,又考虑到学生的易接受性。此次编写,大量精简了管理理论的内容,做到理论简明、清晰、够用;大量增加了管理技巧的篇幅,做到了技能具体、实用、易学。

突出教与学的一体化过程,变"灌输"为"探究"。本书力求将传统的知识介绍转变为知识研修和技能锻炼,做到重点突出、深入浅出,达到老师易教,学生易懂、易上手的效果。在内容的编排上,系统而简明地讲解管理学基本知识和管理技巧,正文中也穿插了管理故事、管理案例、知识拓展等,在书后还列出了编者看过并深受启发的推荐书目,引导学生进一步学习和思考,加深对管理知识的理解,较好地处理广度与深度问题。

希望通过学习,学生对管理的基本概念、基本原理、基本职能、管理的沿革将会有较全面的了解,熟悉基本的管理工作程序,掌握基本的管理工具和方法,加深对管理的本质、管理者角色的理解,学会从人本、系统、道

德的原则考虑管理的问题,并能实实在在地领悟和运用管理的一些技巧,去分析、解决管理中的具体问题,培养必备的管理技能,做到胜任岗位,并为今后的职业发展打下基础。

为了更好地使用本书,建议如下。

精选精讲,鼓励互动。教师对教材内容应精选精讲,重点内容精讲,必要时还可扩展一些内容;非重点内容可交给学生自主学习和分析探究。教师在教学过程中,一定要深入浅出,把复杂的问题简单化,鼓励学生敢于质疑教师、质疑课本、质疑现实。

重视案例,注重实用。案例教学是将理论联系实际的有效形式,通过案例分析,学生将明白如何运用管理的原理和技巧来解决实际问题。

开动脑筋,理解为主。学习重点在理解,要培养学生的应用能力,而不是复制知识。教师在教学中要发扬教学民主,鼓励学生发表自己的意见和想法,调动学生的学习积极性,提高学生发散思维能力。

能力本位,科学考核。教师可采用过程化的考核,鼓励学生思考,以能力为本位,对能发表自己独特观点的学生应该给予充分的肯定。

本书强调理论知识和实践技能相统一,注重基层、注重实务、注重技能,可作为高职高专、民办高校等经济类和管理类各专业及其他相关专业的教学用书,也可作为企业中基层管理人员参考书和企业培训教材。

本书由浙江旅游职业学院"国家级骨干专业""国家示范性骨干高职院校重点专业""浙江省省级示范高职院校重点专业""浙江省高职院校特色专业""浙江省普通高校'十三五'优势与特色专业"酒店管理专业团队成员、浙江省高职高专院校专业带头人张向东教授任主编。浙江旅游职业学院酒店管理系潘澜博士参与了项目十一任务五的编写并收集了部分案例和阅读材料。本书在编写中参阅了大量国内外管理学的书籍和资料,参考了大量报刊文献和网络资源,借鉴了诸多学者和专家的著作和成果,这些成果除了在书后的参考文献中列出外,还在书中适当的地方加以注明。本书在编写过程中还得到了相关企业的帮助。在此一并向有关专家、学者和企业表示衷心的感谢和敬意!

由于编者学识所限,书中疏漏不妥之处难免,敬请本书使用者和广大读者提出宝贵的建议和意见。

编 者
2019 年 6 月

目录 Contents

第一部分　管理理论篇

项目一　认识管理

- 任务一　管理概述 /3
- 任务二　管理者 /7
- 任务三　管理环境 /14
- 任务四　管理学 /17

项目二　管理的基本原理与基本方法

- 任务一　管理的基本原理 /22
- 任务二　管理的基本方法 /31

项目三　管理道德与企业责任

- 任务一　管理道德 /38
- 任务二　企业社会责任 /46

项目四　管理理论的发展

- 任务一　中外早期管理思想 /54
- 任务二　古典管理理论 /56
- 任务三　人际关系与行为科学理论 /62
- 任务四　现代管理理论丛林 /67
- 任务五　现代管理理论的新思潮 /75

第二部分　管理技巧篇

项目五　决策
- 任务一　认识决策　/82
- 任务二　提高决策有效性的要素　/87
- 任务三　决策方法　/92
- 任务四　决策技巧　/97

项目六　计划
- 任务一　认识计划　/102
- 任务二　计划的编制、执行与调整　/107
- 任务三　现代计划技术与方法　/113
- 任务四　管理者的时间计划：有效的时间管理　/117

项目七　组织
- 任务一　组织设计　/122
- 任务二　组织运行　/128
- 任务三　组织文化　/131

项目八　人力资源管理
- 任务一　认识人力资源管理　/141
- 任务二　员工招聘与人员甄选　/144
- 任务三　员工培训与绩效评估　/147
- 任务四　薪酬福利与职业发展　/152

项目九　领导
- 任务一　认识领导　/159
- 任务二　领导者与领导集体　/165
- 任务三　领导艺术　/170

项目十　激励
- 任务一　认识激励　/178
- 任务二　代表性的激励理论　/180
- 任务三　激励技巧　/185

项目十一　沟通

　　任务一　认识沟通　/192
　　任务二　沟通渠道　/196
　　任务三　沟通障碍及改善　/200
　　任务四　沟通技巧　/203
　　任务五　冲突处理　/210

项目十二　控制

　　任务一　认识控制　/214
　　任务二　控制的基本过程　/217
　　任务三　控制的类型　/221
　　任务四　常用的控制技术与方法　/223

项目十三　创新

　　任务一　认识创新　/232
　　任务二　技术创新　/235
　　任务三　管理创新　/239

附录　管理学中常见的管理原理和管理法则　/248
推荐阅读书目　/249
参考文献　/251

第一部分

管理理论篇

Guanli Lilun Pian

项目一
认识管理

导 语

　　管理活动的历史源远流长。长期以来，人们在不断地实践中认识到管理的重要性。人们所要从事的生产活动和社会活动，都是依靠群体力量进行的，而组织、协调群体活动离不开管理。管理活动作为人类最重要、最基本的一项活动，广泛地存在于社会生活的各个领域，小至个人、家庭和团体，大到地区、国家和社会。可以说，现代社会的发展离不开管理。

　　本项目是对管理基础知识的系统概述，是学习管理学课程的纲要。全面理解本项目内容，对掌握全书体系和内在逻辑有很大帮助。本项目既具有提纲挈领的作用，又具有入门引导的意义。

项目导学

　　学习目标：了解管理的含义、职能、性质；了解管理者的分类和角色，知晓管理者所需的技能与素质，明确管理者的职责是什么，并能区分管理人员与作业人员，学会有意识地培养自己的管理素质；了解管理环境的重要性，懂得组织所处的环境发展变化是决定组织经营方向和管理决策的重要因素；了解管理学的研究对象、研究内容和研究方法。

　　关键术语：管理　自然属性　社会属性　管理者　人际关系角色　信息传递角色　决策制定角色　技术技能　人际技能　概念技能　管理环境　外部环境　内部环境　管理学

任务一　管理概述

一、什么是管理

(一) 管理的概念

管理故事

有个小男孩第一次自己买了一条长裤,非常喜欢,但是穿上一试,发现裤子长了一些。他找到了奶奶,请奶奶帮忙将裤子剪短一点,可奶奶说,她现在家务事太忙,让他去找妈妈。而妈妈则回答他,今天她已经和别人约好去打桥牌。男孩又去找姐姐,但是姐姐有约会。时间已经很晚了,这个男孩非常失望,担心明天不能穿这条裤子去上学,他怀着这样的心情去睡觉。奶奶忙完家务事,想起了孙子的裤子,就拿剪刀将裤子剪短了一些;姐姐约会回来后心疼弟弟,也把裤子剪短了一点;妈妈打完桥牌回来后又把裤子剪去一截。可想而知,第二天早上,小男孩起床后,全家就将发现一种没有管理的行动带来了什么样的后果。这是一个日常生活中因缺乏管理而导致的一个行动虽有良好愿望却带来破坏性后果的事例。

管理起源于人类的共同劳动,自古有之。当人们组成群体要实现共同目标时,就必须有管理,以协调群体中每个成员的活动。在现代社会,管理活动作为人类最重要的一项活动,广泛地存在于社会生活的各个领域。现代社会的发展离不开管理。

知识拓展

在国外,管理一词的英文是 manage,是从意大利语的 maneggiare 和法语的 manage 演变而来的,原意是"训练和驾驭马匹"。汉语解释为管辖与处理,指人们对一定范围内的人员及事务进行安排和处理,以期达到预定目标的活动。

对于管理的含义,国内外不同时期的学者、专家都发表了自己的见解,各自在不同的背景下,从不同的研究角度对管理作出了不同阐释。

福莱特:管理是通过其他人来完成工作的艺术。

泰勒:管理就是确切地知道你要别人去干什么,并使他用最好的方法去干。

法约尔:管理是所有的人类组织都有的一种活动,这种活动由五项要素组成,即计划、组织、指挥、协调和控制。

西蒙:管理就是制定决策。

斯蒂芬·罗宾斯:管理是指同别人一起或通过别人使活动完成得更有效的过程。

普伦基特和阿特纳：管理是一个或多个管理者单独或集体通过行使相关职能（计划、组织、人员配比、领导和控制）和利用各种资源（信息、原材料、货币和人员）来制定并实现目标的活动。

周三多：管理是指组织为了达到个人无法实现的目的，通过各项职能活动，合理分配、协调相关资源的过程。

芮明杰：管理是对组织的有效资源进行有效配置，以达成组织既定目标和责任的动态创造性活动。

综上所述，我们认为管理是指在一定的环境和条件下，管理者通过计划、组织、领导、控制等环节来协调和整合组织内的人、财、物、时间、信息、技术、关系等资源，有效地实现组织既定目标的动态过程。

（二）对管理概念的理解和把握

对于管理的定义，我们可以从以下几个方面来理解和把握。

(1) 管理的载体是组织，管理不能脱离组织而单独存在。

(2) 管理是一项有意识、有目的进行的活动过程，管理的目的是实现组织的目标。

(3) 管理的过程是由一系列相互关联、连续进行的活动（包括计划、组织、领导、控制、创新等）所构成的，它们是管理的基本职能。

(4) 管理的本质是协调。协调就是使个人的努力与集体的预期目标相一致。管理的各个环节都是依靠人去筹划、落实，因此管理的核心是处理组织中的各种人际关系。

(5) 管理的对象是组织的各种资源。管理的实质是通过计划、组织、领导和控制等手段，实现组织内部各要素的合理配置，把资源转化为成果，将投入转化为产出。管理的有效性集中体现在组织资源的投入、产出的比较上。

(6) 管理工作是在一定的环境条件下开展的。一方面，组织要适应外部环境的变化，充分利用外部环境提供的各种机会；另一方面，管理的方法和技巧要因环境条件的不同而随机应变。

二、管理的重要性

(1) 管理是人类社会较基本、较重要的活动之一。管理伴随着组织的出现而产生，是协作劳动的必然产物。

(2) 管理促进了人类社会的进步和科学技术的发展。管理活动对于人类社会的重要性是随着社会经济的发展和组织规模的不断壮大而日益凸显的。

(3) 实现社会发展和组织发展的预期目标，要依靠有效的管理。组织要把每个成员千差万别的局部目标引向组织目标，形成方向一致的合力。如果管理不善，组织就会像一盘散沙，内耗不止，毫无活力，最后可能因找不到立足之地而被淘汰。

(4) 管理是合理开发利用资源的重要因素。维护生态平衡，保护人类生存的环境，这是一项十分重要的社会责任，需要由科学的管理来承担。

(5) 科学管理是信息时代社会文明和进步的重要保障。工作质量、服务质量和生活质量的提高，都依赖于管理水平的提高。

管理案例　管理的重要性

三、管理的职能

管理的职能是指管理者在执行其职务时应该做些什么。最早对管理的具体职能加以概括和系统论述的是法约尔。他在1916年发表的《工业管理与一般管理》一书中指出,管理就是实行计划、组织、指挥、协调和控制。后来,许多学者对管理职能又从不同的角度进行了阐述,出现了不同的学派。随着管理理论的不断发展,对管理职能的认识也有所发展。目前,较为认可的五种职能是计划、组织、领导、控制和创新。这五种职能是管理活动最基本的职能。

（一）计划

计划是对未来活动的预先筹划。人们在从事一项活动之前,都要预先进行计划,以确保行动的有效。计划职能指的是管理者对要实现的组织目标和应采取的行动方案做出选择和具体安排。任何管理活动都是首先从计划开始的,计划是管理的首要职能。

（二）组织

组织职能是指管理者根据计划对组织活动中各种要素和人们的相互关系进行合理的安排,包括设计组织结构、建立管理体制、分配权力和资源、配备人员、建立有效的信息沟通网络和监督组织运行等。组织工作是计划工作的延伸。

（三）领导

领导是指利用组织赋予的权力和自身的能力去指挥和影响下属为实现组织目标而进行各种活动的过程。有效的领导活动要求管理者在合理的制度环境中,针对组织成员的需要和行为特点,运用适当的方式,采取一系列措施去提高和维持组织成员的工作积极性。

（四）控制

为了确保组织目标能实现以及保证措施能有效实施,管理者要对组织的各项活动进行有效的监控。控制职能是为了保证系统按预定要求运作而进行的一系列工作。

（五）创新

将创新作为一种管理职能是一种新的认识。20世纪50年代以来,科学技术飞速发展,市场需求瞬息万变,社会关系日益复杂,管理者每天都会遇到新情况、新问题。如果墨守成规,没有创新,就无法应对各种新形势的挑战,无法完成所肩负的管理任务。创新是社会发展的源泉和动力。

上述职能是相互联系、交叉渗透的。计划职能是管理的首要职能,每一项管理工作一般都是从计划开始,经过组织、领导到控制结束。控制的结果可能又导致新的计划,开始又一轮新的管理循环。如此循环不息,把管理工作不断地向前推进。创新在管理循环中处于轴心的地位,成为推动管理循环的原动力。

管理实训

以下活动体现了管理的什么职能？
1. 学校组织人员于开学初对食堂卫生进行大检查，及时发现并解决存在的卫生问题。
2. 公司领导班子共议"五年规划"。
3. 公司制定从总经理到基层员工全部岗位的岗位职责。
4. 公司总经理在大会上鼓励新聘员工要"爱岗敬业"。
5. 公司采用一种更有效的业务流程。

四、管理的性质

（一）管理的自然属性和社会属性

管理的二重性，是指既具有合理组织生产力的自然属性，又具有为一定生产关系服务的社会属性。

管理的自然属性反映了管理具有同生产力、社会化大生产相联系的一般性质。它完全取决于生产力发展水平和劳动的社会化程度，与具体制度无关。社会化的共同劳动需要管理，需要合理地进行计划、组织、领导和控制，所以自然属性是管理的第一属性。

管理的社会属性反映了管理是在一定的生产关系条件下进行的，与生产关系、社会文化相联系，是由占主导地位的生产资料所有者实施的，是统治阶级意志的体现。从管理作用的角度看，管理这种社会属性无疑是维护和巩固相应生产关系和社会文化的有力工具。

要正确地认识管理的两重性。一方面大胆引进和吸收发达国家先进的管理经验和方法，以便迅速地提高我国的管理水平；另一方面要考虑我国的国情，从实际出发，不能盲目照搬，必须根据不同情况进行选择，建立起具有中国特色的管理体系，有效地开展各项管理活动。

（二）管理的科学性与艺术性

经过一百多年的探索、研究、总结和发展，管理科学已经形成了一套比较完整的知识体系，较为系统地反映了管理过程的客观规律，所提出的管理原理、原则、方法等使我们能够对具体的管理问题进行具体的分析，并获得科学的结论，这就是管理的科学性。管理的科学性体现在对管理活动规律的认识和总结上。

作为一种实践，管理也是一门艺术。由于管理学自身还在不断发展中，它不像自然科学那样具有确定性和精确性，对于每一个具体管理对象没有一个完全有章可循的模式，特别是对那些非程序性的管理活动，更是如此。管理者需要根据实际情况处理问题的经验、技巧和知识，需要管理者运用智慧、谋略、技巧和情感才能取得好的效果。正是这种多样性和不确定性，使管理成为一种艺术性技能。

管理既是一门科学，又是一门艺术。管理的科学性揭示了管理活动的规律，反映管理的共性；管理的艺术性揭示了管理的个性。管理的科学性和艺术性要求我们在学习和从事管理工作中，既要注重对管理的理论和方法的学习，又不能忽视实践中的灵活运用。

任务二 管 理 者

一、管理者的含义与类型

（一）管理者的含义

管理者是指组织中管理活动的指挥者与执行者，即从事管理活动的人。管理者与非管理者的区别就在于管理者是指挥别人活动的人，在组织中指挥和协调他人完成具体的工作任务，比如商店的店长、学校的校长、国家的总统等。管理者除了指挥他人外，也可能接受别人的管理或者承担某些具体的工作。

（二）管理者的类型

就其管理行为，管理者大体上可分为三类：高层管理者、中层管理者和基层管理者。

高层管理者是指对整个组织的管理负有全面责任的管理者。这一层次的管理者在一个组织中的数量较少，主要职责是制定组织目标和总体战略，掌握组织的大政方针，评价组织的绩效等。高层管理者代表组织协调与其他组织（或个人）的关系，并对组织所造成的社会影响负责。在对外交往中，其往往以组织的"官方"身份出现。

中层管理者是指处于高层管理者和基层管理者之间的中间层次管理者。这一层次的管理者数量很大，包括分厂、分公司的厂长、经理，总公司下属分部经理等。他们的主要职责是执行高层作出的计划和决策，把高层制定的战略目标付诸现实。他们负责向最高管理层报告工作，同时负责监督和协调基层管理者的工作。与高层管理者相比，他们更注意组织日常的管理事务。他们是连接高层管理者与基层管理者的桥梁和纽带。

基层管理者又称一线管理者，他们按照中层管理者的安排去指挥和从事具体的管理活动，主要职责是传达计划、指示，直接分配每一个成员的生产任务或工作任务，随时协调下属的活动，控制工作进度，解答下属提出的问题，反映下属的要求，比如工厂里的班组长、行政机关的科长等。他们工作的好坏直接关系到组织计划能否落实，目标能否实现，所以，基层管理者在组织中有着十分重要的作用。

知识拓展

在西方，企业中的高层管理者一般是指CEO（即行政首长，又译成首席执行官）、COO（即运营首长，又译成首席运营官）及CFO（即财务首长，又译成首席财务官）等。在我国，工商企业中的经理、厂长，学校的校长，医院的院长等都属于高层管理者。

二、管理者角色

为了有效履行各种职能,管理者必须明确自己要扮演的角色。美国管理学家德鲁克1955年提出"管理者角色"的概念。20世纪60年代末,加拿大管理学家亨利·明茨伯格提出了他所创建的管理者角色理论。他认为管理者扮演着十种不同但高度相关的角色,主要分为三个方面:人际关系、信息传递和决策制定(见表1-1)。

表1-1 管理者的角色

方面	角色	描述	特征活动
人际关系	形象代言人	象征性首脑,必须履行许多法律性或社会性的例行义务	迎接来访者,签署法律文件
	领导者	负责激励下属,负责人员分配、培训以及有关的职责	实际上从事所有的有下级参与的活动
	联络员	维护自行发展起来的外部关系和消息来源,从中得到帮助和信息	发感谢信,从事外部委员会的工作,从事其他有外部人员参与的活动
信息传递	信息监督者	寻求获取各种内部和外部信息,以便透彻地理解组织与环境	阅读期刊和报告,与有关人员保持私人接触
	信息传递者	将从外部人员和下属那里获取的信息传递给组织的其他成员	举行信息交流会,用电话或邮件的方式传达信息
	组织发言人	向外界发布组织的计划、政策、行动、结果等	召开董事会,向媒体发布信息
决策制定	企业家	寻求组织和环境中的机会,制定"改进方案"以发起改革	制定组织战略和检查会议,以开发新项目
	矛盾排除者	当组织面临重大的、意外的混乱时,负责采取纠正行动	组织应对混乱和危机的战略制定和检查会议
	资源分配者	负责分配组织的各种资源并制定和批准所有有关的组织决策	调度、授权和开发预算活动,安排下级的工作
	谈判者	作为组织的代表参加重要的谈判	带领队伍参加各种正式或非正式的谈判以协调纷争

(资料来源:亨利·明茨伯格,《The Nature of Managerial Work》,1973.)

(一)人际关系

管理的核心是处理各种人际关系。管理者在处理与组织成员和其他利益相关者的关系时,他们扮演人际角色。管理者所扮演的三种人际角色是形象代言人角色、领导者角色和联络员角色。

1. 形象代言人角色

作为所在单位的首脑,管理者必须履行一些具有礼仪性质的职责,如出席集会、宴请重要客户等。此时,领导的身份和地位是其组织的管理者,是组织的代表。

2. 领导者角色

由于管理者对所在单位的成败负重要责任,他们必须在工作小组内扮演领导者角色,通过运用组织所赋予的权力,把各种分散的因素结合成一个整体,激励群体齐心协力实现共同目标。

3. 联络员角色

管理者无论对内、对外都扮演着联络员的角色。在组织内部,管理者需要协调各部门工作以确保目标的顺利完成。在组织外部,管理者要代表组织与消费者、供应商、金融界、当地政府、公众等外界其他组织或个人之间建立和保持联系,以取得外部各方面对本组织的理解和支持。

(二)信息角色

管理者必须确保和他们一起工作的人具有足够的信息从而能够顺利完成工作,这时他们扮演的是信息角色。管理者在其组织内部的信息传递中处于中心地位,是组织的中枢神经,他们既是获取外部信息的焦点,也是传递信息的来源。具体包括信息监督者角色、信息传递者角色和组织发言人角色。

1. 信息监督者角色

管理者要通过对外联系者和对内领导者的身份,持续关注组织内外环境的变化以获取对组织有用的信息。

2. 信息传递者角色

作为信息传递者,管理者把重要的信息传递给工作小组成员,有时也向工作小组隐藏特定的信息。更重要的是,管理者必须保证员工具有必要的信息以便切实有效地完成工作。

3. 组织发言人角色

管理者向上级组织或社会公众传递本组织的有关信息,以使组织内部和外部的人对组织有积极的反应。

(三)决策角色

管理者在处理信息并得出结论的过程中扮演决策角色。管理者对其组织战略决策系统负有全面的责任,也就是组织的每一项重大决策皆与管理者有关,包括企业家角色、矛盾排除者角色、资源分配者角色和谈判者角色。

1. 企业家角色

作为企业家,管理者必须善于对所发现的机会进行投资以利用这种机会,如开发新产品、提供新服务和发明新工艺等。当管理者作为企业家时,管理者可将组织带领到一个新境界。

2. 矛盾排除者角色

在组织内部出现各种矛盾时,管理者必须善于处理冲突或解决问题。当组织面临重大意外或危机时,管理者应采取积极有效的行动加以应对,避免情况恶化,如平息客户的怒气、同供应商谈判及解决员工之间的争端等。

3. 资源分配者角色

任何企业的资源都是有限的,管理者要有效地利用和分配有限的资源。作为资源分配者,管理者可以决定资源用于哪些项目,根据组织工作的需要和本人的意志进行各种组织资源的分配。

4. 谈判者角色

每个组织都不可避免与其他组织进行谈判来为自己的组织争取利益。管理者把大量的时间花费在谈判上。谈判对象包括员工、供应商、客户、金融界和其他工作小组等。

三、管理者的角色错位现象

明确管理者的分类和角色,对于组织内部的管理十分重要。一方面,管理者可通过明确不同管理者的职责,明确不同管理者应该具备的素质,从而结合自己的实际情况,找到自己的努力方向;另一方面,管理者可以通过了解管理者的分类,清楚自己目前所处的地位和在组织中的角色分工,从而正确地履行自己的职责。

在管理实践中,管理者的错位是导致一个组织管理混乱的主要原因之一。所谓管理者错位,是指管理者在组织中没有履行其应该履行的职责,或者在工作中搞错了自己的角色,做了别人应该做的事。

最常见的管理者错位现象是:高层管理者事必躬亲,中层管理者热衷于上传下达,基层管理者只管贯彻落实不管最终结果。

(一) 高层管理者:事必躬亲

在一个组织中,高层管理者的主要职责是决定组织发展的大政方针并为组织创造良好的内外部环境,其具体任务是远景目标的提出、战略的制定、组织结构的调整、资源的合理调配、组织文化的建设和重大公共关系的处理等。也就是说,高层管理者应致力于全局性问题的决策和组织环境的创造。但在管理实践中,我们经常看到不少的高层管理者热衷于组织内的具体事务,不论事情大小,喜欢自己亲自出面一管到底。导致的最后结果是高层管理者手下无能人,且高层管理者越来越忙于具体事务的处理而无暇顾及有关组织发展的重大问题。而事实上,在一个组织中,管理者要做的是别人不能替代的事情,而不是去抢做下属也能做的事情。

一般而言,当高层管理者越权干涉下属职权范围内的事务时,下属即使认为自己的行为是正确的,也不太过于坚持,而会将这一事项通过请示等形式交给高层管理者来处理或直接按照高层管理者的指示开展工作。久而久之,下属就会养成"上级推一推,动一动,不推就不动"及"反正上级会过问,自己不用太操心"的不良习惯,整个组织中各项活动的开展会越来越依赖于高层管理者的亲自推动。

(二) 中层管理者:上传下达

在管理活动中,不少中层管理者误认为中层管理者的职责就是上传下达,即向下传达上级的指示精神,向上反馈基层的问题或呼声。因此比较注重的是上级指示的准确记录和及时传达,下级问题或意见的收集和及时反映。

从信息传递的角度分析,由于信息和利益密切相关,从理论上而言,没有人愿意传递对自己不利的信息。因此,人们在传递信息的过程中会出现诸如报喜不报忧、欺上瞒下、伪造信息、歪曲信息等现象。而随着现代信息技术的日趋发展,中层管理者作为上传下达桥梁的作用已经大为削弱,甚至不再需要。

事实上，一个组织中之所以需要增加一个管理层次，是因为高层管理者在复杂的内外部环境面前，需要面对的问题太多，需要做的管理工作太多，希望通过增设中层管理者，由中层管理者来替其解决某一方面或层面的问题，做好某一部分管理工作，使高层管理者能够集中精力考虑组织发展的重大问题。因此，中层管理者应该"承上启下"，充分发挥"脑袋"的功能，在正确理解上级指示精神的基础上，创造性地结合本部门的实际，有效地指挥下属开展工作，把自己职权范围内的事情处理好。

（三）基层管理者：只管贯彻落实不管最终结果

作为一名基层管理者，最基本的任务就是保证完成上级下达的各项任务，为此不仅要进行贯彻落实，而且要加强现场指导监督，随时掌握工作进展情况，及时解决工作中出现的各种问题。

但不少的基层管理者却只管任务的贯彻落实而不管最终的结果。典型情况就是当其上级询问某项工作的进展时，只会说已经布置下去了，至于这项工作下属做了没有、做得怎么样，则一问三不知。基层管理者是组织中的一线管理者，如果基层管理者对上级下达的各项任务的执行情况不闻不问，任务做到哪里算哪里，则整个组织也将随之漂浮。

还有的基层管理者则不清楚其职责就是要保证上级下达的各项任务的完成，喜欢根据自己的好恶倾向或正确与否的判断来决定执行还是不执行上级的指令。他们常常自以为是，当他们认为上级的指示不符合自己的判断或难以贯彻时，就以各种借口拒不执行上级的指示。

在一个组织中，由于分工不同，各层面的管理者职责也不同。职位有高低，权力有大小，下级必须服从上级。在情况紧急时，下级对上级的指示，理解要执行，不理解也要执行，因为上级要对此项工作负责，就必须赋予其指挥的全权。更何况对于同一个问题，从不同角度看本来就有多种答案，下级从其角度出发认为不合理的事情从更高的层面看未必不合理。当然，在上级还没有做出决定或事情并不紧迫时，下级应履行作为一名组织成员的职责，及时将自己的观点、看到的情况向上级汇报，以便上级能及时掌握基层情况，更好地做出正确的判断。

正确地理解自己在组织中所处的地位和角色分工，明确各类管理者的职责，是一个管理者做好本职工作的基础。只有当管理者知道了自己应该履行的职责，才会去做其应该做的事，并充分地运用其能力做好该做的事。

管理案例　　*经理的职责*

请看一位新任餐厅经理遇到的事。有一晚生意很忙，一名女服务员过来对他说："没人收拾桌子。""别担心。"经理说道，然后开始收拾桌子。另一名服务员过来对他说："厨房里的饭菜上得太慢了。""别着急，"他说，"我去后面帮他们做菜。"在他帮厨的时候，又有一名女服务员过来说："已经没有洗干净的盘子来摆台了。""别担心，我去洗盘子。"他说道。正当他在洗盘子的时候，又有一名女服务员过来说："没人收拾桌子了。"就这样周而复始——桌子、饭菜、碗碟、桌子、饭菜……就在这时候，业主走了过来，问道："你这是干什么呢？""我在忙着洗盘子、收拾桌子、做饭菜……今晚回家之前，我还得把垃圾倒了。"餐厅经理自豪地说。"你瞧瞧成什么样

了!"业主喊道,"我雇你是来管理的,不是来收拾桌子、刷盘子、做饭菜的!"

四、管理者的技能

美国管理学家卡特兹在1955年提出了技术技能、人际技能和概念技能的概念。他认为,有效的管理者将依赖于这三种技能。

(一)技术技能

技术技能是指熟悉和精通某种特定专业领域的方法、工作程序、技术和知识的能力。如厨师做菜的手艺,会计人员做账、查账的本领,记者采访与撰稿的能力,营销人员市场研究和销售技能等。对于管理者来说,虽然没有必要使自己成为精通某一领域技能的专家,但必须掌握一定的技术技能,以便对所管辖的业务范围内的各项工作进行有效的指导。就是说,作为管理者,不一定成为某个专业领域中的专家,但必须懂行。不同层次的管理者,对技术技能的要求程度是不同的。对于基层管理者来说,这些技能更为重要。

(二)人际技能

人际技能是指在达到组织目标的过程中与人共事的能力,有时称为人际关系技能,即理解、激励他人并与他人共事的能力。我国学者周三多将其定义为"成功地与别人打交道并与别人沟通的能力"。一个人的能力,很大程度上取决于他的人际技能。无论是哪一个管理层次的管理者,掌握良好的人际技能都是十分重要的。

(三)概念技能

概念技能是指管理者观察、理解和处理各种全局性复杂关系时的抽象思维能力,也就是从宏观上对事物进行抽象分析、判断、洞察和概括的能力。具备较高概念技能的管理者能够迅速从纷繁复杂的动态局势中抓住问题的关键和实质,采取果断措施解决问题;其还会将组织视为一个整体,而不是单纯地从本部门的角度去考虑问题。

管理案例　管理者的技能

管理者需要安排好每一个部门的工作从而使各个部门间顺利运作。例如,饭店的前台工作人员必须每天发给客房部一份报告,说明哪些房间必须清扫。然后客房部才能通知清扫人员做好准备,清扫并整理好相应房间。房间整理好后,清扫人员必须报告给客房部,让客房部验收。验收通过之后,客房部必须给前台发回一份报告,说明相应房间已经可以入住了。如果你是前台部的经理,就必须把这一过程看作一个整体,虽然前台关心的只是这一过程的最后环节——客房准备好了吗?但你必须了解到,前台只是一个不停运转的过程中的一部分。这一过程不仅涉及客房部和清扫人员,而且还包括洗衣部、供应部和仓储部等。管理者应该了解到前台发出的例行报告对于整个过程、所有相关人员、顾客服务及企业成功与否的重要意义。

无论哪个层次的管理者,都必须同时具备技术技能、人际技能和概念技能。任何一名管理者都必须与人打交道,从而调动别人的积极性来实现组织目标,因此,必须具备与人打交道的能力——人际技能;同时,管理者应当熟悉其所管理的业务,否则无法指导、监督别人,因此必须具备一定的业务能力——技术技能;作为一名管理者必须站在一定的高度看待问题,应当具备宏观把握全局的能力——概念技能。

不同层次的管理者,由于职位不同、工作重点不同,应掌握和运用的技能是有一定差异的。一般来讲,高层管理者主要应掌握概念技能,能较好地理解组织各部门之间的关系,对组织的战略发展方向和战略目标要有清晰的把握和准确的定位,使组织更好地适应不断变化的环境。中层管理者三种技能要求比较平均。基层管理者最接近现场,技术技能格外重要,要能在基层的作业环境中有效地带领团队实现企业的既定目标。由于管理者的工作对象是人,因此人际技能对各个层次的管理者来说都是重要的。

五、管理者的素质

虽然管理者在组织的管理工作中扮演着多种角色,但不论是哪类管理者,他们都应该具备以下几个方面的素质。

(一)品德

品德作为管理者最根本的素质,体现了一个人的世界观、价值观、道德观和法制观念,品德是一个管理者行为方式和态度的基础。

(二)心理素质

在组织发展的过程中,往往会遇到各种意想不到的困难,甚至面临挫折和失败,这就要求管理者具有百折不挠的拼搏精神和良好的心理素质。

(三)知识素质

博学才能多才,足智才能多谋,多谋才能善断。管理者要不断提高自己的专业知识水平,努力做业务上的内行、管理上的行家。管理者的知识素质可能来自知识体系的学习,也可能是经验总结。

(四)能力素质

能力,是管理者将各种管理理论和业务知识应用于管理实践,解决实际问题的本领。对管理者的能力要求是多方面的,主要包括以下几个方面。

(1)创造能力。管理者要思维敏捷、见解独到、创造性地解决组织所遇到的各种问题。

(2)决策能力。主要表现为分析问题的能力、逻辑判断能力、创新能力和决断能力等。

(3)应变能力。管理者应能根据环境和条件的变化,随机应变,不断开拓进取。

(4)组织、协调和指挥能力。运用组织的各种资源,综合协调,充分发挥各方面力量的能力;运用各种科学方法和手段提高工作效率与经济效益的能力;运用现代管理原理方法、技术、手段和工具等进行指挥的能力。

(五)身体素质和个人气质

人的年龄、身体素质和智力的发展变化有密切的关系。气质是个人的心理特征,主要表现在性格、情绪、意志、爱好和追求等方面。一名优秀的管理者如果具有成熟的性格、稳定的情绪、坚强的意志、有益的爱好和美好的追求,他就能以自身的人格魅力来影响组织的发展和管理工作的开展。

任务三 管理环境

组织环境是组织生存发展的土壤,它既为组织活动提供必要的条件,也对组织活动起着制约作用。管理者的活动受到组织内外各种因素的影响,只有在内外环境允许的范围内,管理者才能有所作为。环境中各类因素的变化,既可以为组织的生存和发展提供机会,也可以对组织经营构成威胁。要利用机会,避开威胁,就必须认识环境;要认识环境就必须研究和分析环境。管理者的工作成效通常取决于他们对环境影响的了解、认识和掌握的程度,取决于他们能否正确、及时和迅速地作出反应。

一、管理环境的概念及分类

(一) 管理环境的概念

管理环境指存在于一个组织内外部,并且影响组织绩效的各种力量与条件因素的总和。管理环境的变化要求管理的内容、手段、方式和方法等随之调整,以利用机会,趋利避害,更好地实施管理。

(二) 管理环境的分类

管理环境包括组织外部环境(通常称之为组织环境)和组织内部环境两大部分。

1. 外部环境

外部环境是组织之外的客观存在的各种影响因素的总和。它是不以组织的意志为转移的,是组织的管理者必须面对的重要影响因素。外部环境又分为宏观环境和微观环境。

宏观环境是指可能对组织活动产生影响,但是其影响的相关性不是十分清楚的各种因素,一般包括政治环境、社会环境、文化环境、法律环境、经济环境、科技环境和自然环境。政治环境包括一个国家的政治制度,社会制度,执政党的性质,政府的方针、政策和法规法令等。社会环境是指人口的流动性、人口结构和变化趋势、社会阶层结构、人们的生活及工作方式的改变等。文化环境包括一个国家或地区的居民文化水平、宗教信仰、风俗习惯、道德观念和价值观念等。法律环境主要是法律意识形态及其与之相适应的法律规范、法律制度、法律组织机构和法律设施所形成的有机整体。经济环境是影响组织,特别是企业组织的重要环境因素,它包括宏观和微观两个方面。宏观经济环境主要指一个国家的人口数量及其增长趋势、国民收入和国民生产总值等,这些指标能够反映国民经济发展水平和发展速度。微观经济环境主要指消费者的收入水平、消费偏好、储蓄情况和就业程度等因素。科技环境反映了组织物质条件的科技水平。自然环境包括地理位置、气候条件及资源状况,地理位置是制约组织活动的一个重要因素。宏观环境对某一组织的影响虽不清楚,但这些因素都有可能对各个组织产生某种重大的影响。因此,管理者必须认真分析和研究自己的组织所处的宏观环境。

微观环境是指对某一具体组织的组织目标的实现有直接影响的外部因素,一般包括资源供应者、竞争对手、服务对象、政府管理部门以及社会特殊利益代表组织。相对于宏观环境而言,组织一般更加注重微观环境的研究与分析。对具体组织来说,微观环境是确定的,它直接影响组织的绩效。

(1) 资源供应者。

资源供应者是指向该组织提供资源的人或单位。这里所指的资源不仅包括设备、人力、原材料、资金等,也包括信息、技术和服务。

(2) 服务对象。

服务对象或顾客是指一个组织为其提供产品或劳务的人或单位,如企业的客户、商店的购物者、学校中的学生、医院的病人、图书馆的读者等,都可称其为相应组织的服务对象。

任何组织之所以能够存在,是因为有一部分需要该组织的产出的服务对象的存在。组织的服务对象是影响组织生存的主要因素,也是一个潜在的不确定因素。顾客的需求是多方面且多变的,组织要成功地拥有顾客,就必须满足顾客的需求。

(3) 竞争对手。

竞争对手是指与其争夺资源、服务对象的人或组织。任何组织,都不可避免地会有一个或多个竞争对手。较常见的资源竞争是人才竞争、资金竞争和原材料竞争。

(4) 政府管理部门。

政府管理部门主要是指国务院、各部委及地方政府的相应机构。政府管理部门拥有特殊的官方权力,可制定有关的政策法规、规定价格幅度、征税以及对违反法律的组织采取必要的行动等。而这些对一个组织可以做什么和不可以做什么以及能取得多大的收益,都会产生直接的影响。

(5) 社会特殊利益代表组织。

社会特殊利益代表组织是指代表社会上某一部分人的特殊利益的群众组织,如工会、消费者协会、环境保护组织等。它们可以通过直接向政府主管部门反映情况,通过各种媒体制造舆论引起人们的广泛注意,从而对各类组织的经营管理活动施加影响。

可见,外部环境与管理相互作用,一定条件下甚至对管理有决定作用。外部环境制约管理活动的方向和内容。无论什么样的管理目的、管理活动都必须从客观实际出发。脱离现实环境的管理是不可能成功的。"靠山吃山,靠水吃水"一定程度上反映了外部环境对管理活动的决定作用。同时,外部环境影响管理的决策和方法。

2. 内部环境

内部环境是指组织内部的各种影响因素的总和。它是随组织产生而产生的,在一定条件下是可以控制和调节的。内部环境包括组织经营条件和组织文化(组织内部气氛)两大方面。

组织经营条件是指组织所拥有的各种资源的数量和质量状况。包括人员素质、资金实力、科研力量和信誉等。这些因素将会影响一个组织目标的制定和实现,而且还将直接影响该组织管理者的行为。组织文化是组织在长期的发展过程中,逐步生成和发展起来的日趋稳定的独特价值观,以及以此为核心而形成的行为规范、道德准则、群体意识和风俗习惯等。一般而言,各个组织不仅有其独特的组织文化,而且经营条件也不同,这就要求管理者分析研究本组织的内部环境,根据本组织的实际情况,制定相应的组织目标和发展战略。

环境对管理有着重大的影响。外部环境决定了一个组织可以做什么和不可以做什么,

一方面限制了管理者的行动自由,另一方面又扩大了他们寻求外来资源与支持的机会。内部环境决定了该组织中的管理者能够做什么、可以怎么做以及做到何种程度等。一个组织中的管理者,是在一定的内外部环境的约束之下工作的。当然,尽管有这些约束,管理者也不是无所作为的,管理者仍可以在一定的范围内对组织的业绩产生重大的影响。

二、组织环境的管理

管理者的工作成效通常取决于他们对环境影响的了解、认识和掌握的程度,取决于他们能否正确、及时和迅速地作出反应。组织的管理者都必须学会如何对待其环境。

(一) 识别环境的不确定性程度

美国学者邓肯认为,应该从两个维度来确定企业所面临的环境不确定性:①环境的稳定或不稳定(即动态)程度,即组织环境中的变动是稳定的还是不稳定的;②环境简单或复杂的程度。复杂性程度可用组织环境中的要素数量和种类来表示。在一个复杂性环境中,有多个外部因素对组织产生影响。环境条件越多变和复杂,环境的不确定性越大。

由环境的变化程度和复杂程度,可形成四种典型的组织环境。

状态一:相对稳定和简单的环境。在这种环境中的组织会处于相对稳定的状态。企业所面临的环境变化不大。这类企业相关的外部因素较少,技术过程相比之下比较单一,竞争和市场在较长的时期内固定,市场和竞争的数量可能有限。

状态二:动荡而简单的环境。处于这种环境中的组织一般都处于相对缓和的不稳定状态之中。面临这种环境的组织一般都采用调整内部组织管理的方法来适应变化中的环境。

状态三:相对稳定但极为复杂的环境。一般来说,处于这种环境中的组织为了适应复杂的环境都采用非权力集中的形式,以根据不同的资源条件来组织各自的活动。无论如何,它们都必须根据复杂的外部环境作出相应的改变。

状态四:动荡而复杂的环境。宏观环境和微观环境因素的相互作用有时会形成极度动荡而复杂的环境。面对这样的环境,管理者就必须着重强调组织内部及时有效的相互联络,并采用权力分散下放和各自相对独立决策的经营方式。

(二) 处理组织环境问题的一般步骤

(1) 管理者要了解环境对组织的影响程度。管理者要随时随地利用各种渠道与方法去认识、了解、掌握环境,预测环境变化的趋势及其可能对组织产生的影响。

(2) 在了解和掌握各种环境因素的基础上,对其进行分析研究。管理者需要确定各环境因素对组织有什么影响,有多大的影响等。

(3) 管理者在对环境因素进行了一定的分析之后,要对各种环境影响作出相应的反应。充分利用环境对组织有利的方面,并努力使其继续朝着这个方向发展。

对不同的环境因素应采用不同的管理方法。宏观环境不是管理者可以影响的,更不是管理者可以改变的,对于宏观环境主要是主动适应它;对于微观环境,管理者可以而且应该通过努力加以管理,主动地改变自己,变被动为主动。

(三) 减少环境压力的措施

一般地说,管理上常采用的减少环境压力的措施有以下几种。

1. 广告

广告可建立品牌忠诚。当一批顾客相信某公司的产品比其他公司的产品好时,该公司就拥有了一批稳定的顾客,并增加了对其产品价格、经销商的决策选择余地,也增强了与其他公司的竞争能力。

2. 联合

所谓联合,是指一个组织与其他组织为某一共同的目的而团结起来,包括合资、建立联合体等。当竞争对手很强时,可以联合起来增强竞争力。

3. 舆论

当组织受到其他组织威胁或危害时,管理人员常采用舆论的力量对抗这些威胁。

4. 制定战略

在稳定的环境中,组织可根据事先对环境变化趋势的分析和预测,提前做好应变计划。在动态环境中,管理者主要是通过保持策略的灵活性来应付复杂多变的环境。

知识拓展　环境分析的重要方法——SWOT 分析

任务四　管理学

一、管理学的定义和特点

管理学是一门系统地研究管理活动的基本规律、基本原理和一般方法的科学,是管理实践活动的科学总结。它是一门综合性、实践性强,并且还在不断发展完善的学科。管理科学发展到现在,已经构建了一个庞大的体系,几乎每个专门的领域都有专门的管理学,如教育管理、行政管理、工商管理等。管理学主要有以下特点。

(一) 一般性

管理学的一般性表现在它的普遍适应性。管理活动千差万别,但是这些管理活动有着共同之处。这些共同的管理原理和管理方法,就是管理学的研究对象。它不受国家、民族、语言等因素的限制,对不同层次、不同组织、不同行业内容都是普遍适用的。管理学的这个特点是客观存在的,不以人的主观意志为转移。

(二) 综合性

管理学的综合性表现在两个方面。在理论上,它是多学科的综合,涉及经济学、数学、社会学、心理学等诸多学科。它需要对社会活动的各个领域、各个不同组织的管理活动进行综合研究,从中总结出具有指导意义的管理思想、规律和方法。在方法上,它是定性与定量的综合,需要综合运用现代社会科学、自然科学的方法来研究管理活动中普遍存在的基本规律和一般方法。

(三) 实践性

管理学是一门应用性科学,其理论与方法是从实践中总结提炼出来的,需要通过实践来检验。

二、管理学的研究对象

管理学的研究对象是指用于各类社会组织的共同管理原理和一般方法,是存在于共同管理工作中的客观规律性,即如何按照客观规律的要求建立一定的理论、原则、组织形式、方法和制度,指导人们从事管理实践,实现组织的预期目标。

从广义的角度看,管理活动总是在一定的社会生产方式下进行的,管理学的研究对象可分为三个方面:生产力、生产关系和上层建筑。

从狭义的角度看,管理学研究管理的各项要素,包括管理的形成与发展、主体、客体、职能和手段等。

三、管理学的研究方法

管理学是一门综合性的应用科学,管理学的研究涉及经济学、社会学、哲学、心理学、数学等各门类的科学与各种专业技术,研究方法多种多样,具体有以下几种方法。

(一) 案例分析法

管理学所研究的一般管理原理,需要从大量个别的管理实践活动中加以总结和抽象,这就需要研究者进行大量的社会调查和科学试验。但是,这种大量的调查并不是全部的调查,只能是选择、搜集一些典型的案例进行调查分析,这就是案例分析法。在实际中,案例调查法分为两种:一种是选取实际活动中的案例进行分析研究;另一种是通过大量试验,选取试验案例进行分析研究。实践证明,这两种案例调查法都是行之有效的。

> **知识拓展**
>
> 案例分析法在管理学研究中占据着比较重要的位置,更多应用于管理培训与教学中。这种方法对案例有明确的要求,即案例是真实的、包含着一定的管理问题,并为明确的教学目的服务。20世纪20年代,哈佛商学院首先将案例分析法应用于管理教学并卓有成效。研究者在研究案例过程中,探索解决问题的思路,总结出一套适合自身特点的思考与分析问题的方法。

(二) 归纳演绎法

归纳和演绎是两种不同的推理和认识事物的科学方法。归纳是指由个别到一般、由事实到概括的推理方法,是通过对存在的一系列典型事物进行观察,从掌握典型事物的特点、关系、规律入手,进而分析事物之间的因果关系,从中找出一般规律的方法。演绎是指由一般到个别、由一般原理到个别结论的推理方法。管理学的研究主要是从特殊到一般的方法,因此，必然要运用归纳推理法。但是，归纳和演绎在实际推理过程中是密不可分、相辅相成的。一方面，这是因为管理学对于一般管理原理的归纳首先是从搜集大量个别的实际资料开始的，而在搜集资料的过程中，必须有一定的理论和思想作为指导，否则就是盲目的。这实际上就是演绎推理方法在起作用。另一方面，由归纳推理所得出的结论，也需要再由演绎推理来修正和补充。

（三）比较研究法

比较研究法是指对彼此有某种联系的事物加以比较、对照，从而确定它们之间的共同点和差异的一种研究方法。事物之间的差异性和同一性，是比较研究方法的客观基础。在管理理论的研究中，运用比较研究法，通过对不同国家、不同地区、不同部门、不同单位的管理进行各种比较分析，就能发现它们之间的差异和共同点，而对其中的共同点加以总结和概括，再加以反复验证，就可以总结出带有规律性的管理经验，抽象出管理的一般原理。

（四）实验研究法

通过人为创设一定的条件进行实验，观察其实际实验结果，再与没有给予这些条件的对比实验结果进行比较分析，寻找外在人为创造条件和实验结果之间的因果关系，得出具有普遍适用性的结论。著名的"霍桑实验"就是研究管理工作中人际关系影响的最典型的成功实验。

（五）协同研究法

管理学具有一般性、综合性、实践性的特点。要适应这些特点，就需要运用各种知识，组织各方面的专家进行协同研究。在实际中，这种协同研究可以采取不同形式，最重要的一条是相互之间要有经常的思想交流，允许各种不同学术观点的争鸣，这才是真正意义上的协同。理论成果是否真正具有科学性、普遍性和适用性，还必须通过多方面的管理实践来检验，这就需要另一方面的协同，即科研部门、科研人员与实际管理部门的协同。为此，进行管理学研究，最好也像自然科学研究一样，建立科研、教学、实践"三位一体"的研究系统，使它们能够相互配合、协同作战。

除了以上五种方法外，还有理论联系实际的方法、系统分析与结构分析结合的方法、定量分析与定性分析相结合的方法等多种研究方法。研究和学习管理学，要学会综合运用各种方法，吸收多种学科的知识，从系统的观点出发，理论联系实际，这样才能真正地理解和掌握管理学。

四、学习管理学的重要性

人类社会的进步与发展都与管理有关，管理、科学和技术是促进现代社会文明发展的三大支柱。对于管理者，理解管理活动的过程是掌握管理技能的基础，学习管理学可以使自己获得系统的管理知识，有利于胜任工作；对于被管理者，学习管理学有助于更好地理解上司的行为方式和组织内部的运作方式，知道怎样处理各种人际关系。掌握管理学知识，能够增强个人在组织中的竞争力。

项目小结

管理是指在一定的环境和条件下,管理者通过计划、组织、领导、控制等环节来协调和整合组织内的人、财、物、时间、信息、技术、关系等资源,有效地实现组织既定目标的动态协调过程。管理的自然属性和社会属性简称为管理的二重性;管理是科学性与艺术性的统一。

管理者就其管理行为,大体上可分为三类:高层管理者、中层管理者和基层管理者。管理者主要扮演着人际关系、信息传递和决策制定等角色,管理者应该具备技术技能、人际技能和概念技能等多种素质。

管理环境指存在于一个组织内外部,并且影响组织绩效的各种力量与条件因素的总和。管理环境的变化要求管理的内容、手段、方式、方法等随之调整,以利用机会,趋利避害,更好地实施管理。

管理学是一门系统地研究管理活动基本规律、基本原理和一般方法的科学,它具有一般性、综合性、实践性等特点。

思考与探究

1. 为什么需要管理?可不可以不要管理?
2. 如何理解管理既是一门科学,又是一门艺术?
3. 管理者有哪些类型?在管理工作中管理者充当哪些角色?
4. 访问一位管理者,了解他的职位以及胜任该职务所必需的管理技能。
5. 管理者应该如何对待环境变化?
6. 有了所需的管理知识和能力,是否就能成为一名合格的管理者?
7. 在你所在的组织中,哪些是管理者?哪些是操作者?为什么?

案例分析

案例分析一 职务的变化

工商管理专业的小郭大学毕业就到某机电公司工作,公司给他安排的工作是液压装配车间主任助理,负责车间的质检和监督工作。由于对液压装配所知甚少,在管理上也没有实际经验,所以他感到几乎每天都手忙脚乱。可是他非常认真好学,一方面,他仔细参阅部门所订的工作手册,并努力向书本、工人师傅们学习有关的技术知识;另一方面,车间主任也对他主动指点,使他逐渐摆脱困境,胜任了工作。经过半年多的努力,他已有能力独担液压装配的车间主任工作。可是,当时公司并没有提升他为车间主任,而是在他工作刚满八个月的时候直接提拔为装备部经理,负责包括液压装配在内的四个装配车间的领导工作。

他当车间主任助理,主要关心的是每天的作业管理,技术性很强,而当装配部经理时,他发现自己不能只关心当天的装配工作状况,他还得做出此后数周乃至数月的规划,也要完成许多报告和参加许多会议,而且还必须协调处理四个装配车间之间的关系。他没有多少时间去从事他过去喜欢的技术工作。当上装配部经理后不久,他就发现原有的装配工作手册已基本过时了,因为公司又安装了许多新的设备,引入了一些新的技术,于是,他又花了大量时间去修订工作手册,使之符合实际。在往后的工作中,他发现,仅仅靠个人的力量不够,因为车间的工艺设备经常更新,于是,他开始把一些工作交给助手去做,教他们如何去完成,这样,他可以腾出更多的时间用于规划工作和帮助他的下属把工作做得更好,以花更多的时间去参加会议、批准报告和完成自己向上级的工作报告。

两年后,公司决定任命小郭为总裁助理,这是一个高级的职务。他知道,职位的提升意味着对自己的能力提出了更高的要求,他不禁担忧起来,自己的未来究竟会如何?

讨论分析:小郭职务的变化对其管理技能的要求发生了怎样的变化?总裁助理对小郭的哪些能力提出了更高的要求?

案例分析二　管理者是干什么的?

项目二
管理的基本原理与基本方法

导 语

管理原理是在管理实践过程中,结合各项管理制度和管理方法,通过对管理工作中实际问题的科学分析和总结而形成的具有普遍指导意义的基本规律。它是对现实管理现象的抽象和管理实践经验的升华,反映了管理行为具有的规律性、实质性内容。

管理原理必须通过管理方法才能在管理实践中发挥作用。管理方法是管理理论的自然延伸和具体化、实际化,是管理原理指导管理活动的必要中介和桥梁,是实现管理目标的途径和手段,贯穿于管理活动整个过程中,其正确性、系统性和合理性直接影响和制约管理行为的有效性。随着社会的进步,管理方法也是发展和变化的,呈现多样性。

项目导学

学习目标:掌握管理原理的基本理论,能运用管理原理分析和解决实际工作中的问题;了解常用管理方法,能正确地选择和运用管理方法为实现组织目标服务。

关键术语:人本原理 系统原理 责任原理 能级原理 权变原理 效益原理 信息原理 法律方法 行政方法 经济方法 教育方法

任务一 管理的基本原理

任何社会活动的进行都必须遵循一定的规律,认真研究和掌握管理的基本原理对做好管理工作有着普遍的指导意义。

一、人本原理

现代管理科学的核心内容是对人的研究。一切管理活动首先是对人的管理。人是组织中最重要和最活跃的因素。人本，顾名思义就是以人为本，即一种以人为中心或者说以人为核心的管理理念。它要求将组织内的人际关系放在首位，将管理工作的重点放在激发职工的积极性和创造性方面，使人性得到最完美的发展。

（一）人本管理的内涵

人本管理把人视为管理的主要对象及组织的最重要资源，通过激励、培训调动和开发员工的积极性和创造性，引导员工去实现预定的目标。其目的就是运用一切可以运用的手段，发挥和应用好组织中最特殊的要素——人的作用。

人本管理认为，企业是以人为主体组成的，企业存在的价值是为了人；企业依靠人开展生产经营活动，企业竞争的活力和发展的潜力来自人；企业为满足人的需要而生产，企业管理的核心是满足人。因此，"以人为本，以人为核心"是一切管理活动的出发点和落脚点。

（二）人本管理的原则

人是组织最重要的资源，在组织中进行人本管理必须坚持以下原则。

1. 人力资源开发原则

"员工是企业的主人"，人本管理角度上的人力资源开发，集中在对组织成员的培养和激励上。充分发挥人的潜能，不断提高人的素质，使人性得到最完美的发展成为现代管理的核心。

2. 人际关系建设原则

任何一个组织都是由多人组成的协作系统。和谐的人际关系能促进生产效率的提高，培养组织中人与人之间和睦亲善、相互信任的关系，能避免成员之间不团结、内讧等事情的发生，使成员之间的合作更为有效，能够共同完成组织的共同目标；同时，通过深入的沟通和交流，产生一种团队精神，能够最大限度地发挥成员的潜能。

3. 民主管理原则

民主管理的目的在于通过使组织成员不同程度地参与管理，唤起每个成员的集体意识和为集体努力工作的愿望，以达到组织的目标。民主管理有利于增强组织成员对组织的自豪感、归属感以及应有的责任感，创造一种和谐的气氛，激发组织成员的工作热情。

4. 服务第一的原则

服务于人是管理的根本目的。管理者既要为用户服务，又要为员工服务。只有努力为用户服务满足用户的需求，企业才能赢得市场，增加利润。只有为员工服务，才能调动起职工的积极性和创造性，增加企业的活力和发展动力。

管理案例 命令工具

在海尔的奖励制度中有一项叫"命名工具"。如工人李启明发明的焊枪被命名为"启明焊枪"，杨晓玲发明的扳手被命名为"晓玲扳手"。张瑞敏看到了普通工人

创新改革的深远意义,并想出了一个激励员工创新的好措施,即用工人的名字来命名其所改革的创新工具。这一措施大大激发了普通员工在本岗位创新的激情,后来不断有新的命名工具出现,员工以此为豪!最初海尔开始宣传"人人是人才"时,员工反应平淡。他们会想:"我又没受过高等教育,当个小工人算什么人才?"但是当海尔把一个普通工人发明的一项技术革新成果,以这位工人的名字命名,并且由企业文化中心把这件事作为一个故事登在《海尔人》报上,在所有员工中传开之后,工人中很快就兴起了技术革新之风。对员工创造价值的认可,是对他们最好的激励,及时的激励和更大的上升空间,能让员工觉得工作起来有盼头、有奔头,进而也能让员工创造更大的价值。

二、系统原理

组织是由人、财、物、时间、信息等组成的,是一个完整的系统。系统原理是现代管理科学的一个最基本的原理。它是指人们在从事管理工作时,运用系统的观点、理论和方法对管理活动进行充分的系统分析,以达到管理的优化目标,即从系统论的角度来认识和处理企业管理中出现的问题。

(一) 系统的概念和特征

"系统"一词原意是指由部分组成的整体(集合)。从管理的角度界定系统,是指由若干个相互联系、相互依存、相互作用的要素所组成的具有一定结构和特定功能的有机整体。该定义包含三层含义:任何系统均由两个以上的要素组成,单个要素不能构成系统;系统中的要素与要素、要素与整体,以及整体与环境之间是相互作用、彼此影响的,并形成了特殊的系统结构;系统具有不同于各组成要素独立功能的新功能。换句话说,系统不是单个要素的简单相加,而是它们有机结合成的一个具有新功能的新整体,这就是系统最本质的特征——整体性。2000多年前,古希腊著名哲学家亚里士多德断言"整体功能大于部分之和",人们形象地把它比喻为 $1+1>2$。系统的整体功能大于各要素功能的简单相加。

系统作为一个有机的整体,具有集合性、层次性、相关性。

(二) 系统原理的内涵

系统是普遍存在的,我们可以把任何一个管理对象看成是特定的系统。组织管理者要实现管理的有效性,就必须对管理进行充分的系统分析,把握住管理的每一个要素及要素间的联系,实现系统化的管理。

管理的系统原理源于系统理论,它认为应将组织作为开放性系统来进行管理。系统原理要求管理应从组织整体的系统性出发,按照系统特征的要求从整体上把握系统运行的规律,对管理各方面的前提做系统的分析,进行系统的优化,并按照组织活动的效果和社会环境的变化,及时调整和控制组织系统的运行,最终实现组织目标。

(三) 系统原理的要点

1. 整分合原理

整分合原理是指管理必须以整体为目标进行协调,在整体的基础上进行明确分工,在分工的基础上进行整体协作,即要从整体着眼,从部分着手进行统筹安排。具体而言,首先要从整体功能和整体目标出发,对管理对象有一个全面的了解和谋划。其次,要在整体规划下实行明确的、必要的分工或分解。最后,在分工或分解的基础上,建立内部横向联系或协作,使系统协调配合、综合平衡地运行。

2. 动态相关原理

动态相关原理是指任何管理系统的正常运转,不仅要受到系统本身条件的限制和制约,还要受到其他有关系统的影响和制约,并随着时间、地点以及人们的不同努力程度而发生变化。

动态相关原理要求管理者要树立动态的观点,把管理系统看作是运动的,防止以静止的眼光看待管理系统。对任何一个系统进行考察,都应该把系统的各种要素联系起来,放在一定的动态环境中去研究,不能孤立地分析系统个别要素,要以联系和发展的眼光看待问题。

3. 开放性原理

开放性原理要求管理者必须意识到对外开放是系统的生命,只有不断地与外界进行人、财、物、信息等要素的交流,才能维持系统的活力,绝对不能把本系统封闭起来与世隔绝地去管理。现代企业作为一个系统,要实现内部子系统与外部环境要素的不断交流和良性互动,并根据环境的变化调整好系统要素的配置,实现对环境的动态适应,实现可持续发展。

4. 综合性原理

综合性是指系统是由相互联系和作用的多个要素为实现特定功能而组成的综合体。现代管理系统具有高度的综合性,因此如何选择设计方案与优化系统的功能就是综合性原理的两个重要方面。同时,任何复杂的系统都是可以分解的,都是由许多的子系统和子子系统组成的,在研究的过程中,要注重对各个基本单元和相关规律的研究,这样就可以化繁为简、化难为易。

5. 层次性原理

管理系统的层次性是指组成系统诸要素之间的纵式构造或管理要素结构方式中的等级体系。现代管理要求在设计系统的规模和层次时,一定要从实际出发,因地制宜,掌握好适度原则。管理系统的规模和层次确定之后,管理行为是否获得高效率,很大程度上取决于能否分清各层次的职、责、权。管理的层次性原理,要求任何一个层次都直接对上一层次负责,只接受上一层次的指令,以防止系统内部层次混乱、层次之间的职责相互交叉或超越层次等不良现象出现。

三、责任原理

管理是追求效率和效益的过程。管理者为了完成既定的生产或经营任务,就需要为每位员工分配工作任务,在合理分工的基础上确定每个人的职位,明确规定各职位应担负的任务。

(一)分工合理、职责明确

职责的确定是以合理的分工为基础的。没有分工,会造成责任模糊,管理混乱;分工过细,又会使人长期从事单调呆板、枯燥乏味的工作,从而影响积极性和创造性,导致工作效率低下。分工合理,就是既要探索和采用先进的流水线生产,又要扩大和丰富工作内容,以保证高效率工作的同时又激发人的积极性和创造性。

一般来说,分工明确,职责也会明确,但是实际上并不是这样简单。因为分工一般只是对工作范围做了形式上的划分,至于工作的数量、质量、完成时间、效益等要求,分工本身还不能完全体现出来。所以,必须在分工的基础上,通过适当方式明确规定每个人的职责。首先,职责界限要清楚。在实际工作中,工作职位离实体成果越近,职责越容易明确;工作职位离实体成果越远,职责越容易模糊。应按照与实体成果联系的密切程度,划分直接责任与间接责任、实时责任和事后责任。其次,职责内容要具体并明文规定,只有这样,才便于执行、检查和考核。再者,职责中要包括横向联系的内容,在规定某个岗位工作职责的同时,必须规定同其他部门、个人协作配合的要求。只有这样,才能提高组织整体的功效。最后,职责一定要落实到每个人,只有如此,才能做到事事有人负责。

（二）合理的职位设计和权限委授

管理的基本原则是一定的人对所管的一定的工作完全负责。要做到完全负责取决于下列三个因素。

1. 权限

明确了职责,就要授予相应的权力。实行任何管理都要借助一定的权力,如果没有一定的人权、物权、财权,管理只能是空谈。职责和权限虽然很难从数量上画等号,但责大于权,就会造成任务根本完成不了的结果;权大于责,就会造成渎职乱权的行为。因此,在职责和权限的匹配上要做到责权对等。

2. 利益

权限的合理委托只是完全负责所需的必要条件之一。完全负责意味着责任者要承担全部风险。任何管理者在承担风险时,都自觉不自觉地对风险与收益进行权衡,然后才决定是否值得去承担这种风险。当然,每个人所追求的利益不仅仅是指物质利益,同时也包括精神上的满足感。

3. 能力

能力是完全负责的关键因素。科学知识、组织才能和实践经验三者构成了管理能力。在给员工分配职责时,要"量力而行",这个"力"指的就是"管理能力"。在一定时期,每个人的时间和精力有限,管理能力也是有限的,并且每个人的能力并不相同。超过员工能力的职责将给员工带来强烈的挫折感;低于员工能力的职责则没有任何挑战性,这样的职责对员工来说没有任何激励意义。

职责和权限、利益、能力之间的关系遵守等边三角形定理（见图2-1）。职责、权限、利益是三角形的三个等边。能力是等边三角形的高,根据具体情况,它可以略小于职责。这样,就使得工作富有挑战性,同时也能促使管理者自觉地学习新知识。

图2-1 责权利三角原理

（三）检查监督和公正及时的奖惩

责任是组织对个人的约束力。在责任确定后,必须有相应的监督,以便于及时纠正错误和疏漏,进一步改进和完善责任制度。同时,应在准确考核的前提下,根据每个人的工作表现和业绩,公正而及时地给予奖励和惩罚,引导组织成员行为向符合组织需要的方向发展。

管理实训

在某个组织中规定,当下属犯错误被处以20元罚款时,其直接上级要加倍罚款,这样做对不对?为什么?

四、能级原理

(一)能级原理的概念

"能级"一词是从物理学中借用过来的,原意是指原子由原子核和核外绕核运转的电子构成,电子由于具有不同的能量,就按照各自不同的轨道围绕原子核运转,即能量不同的电子处于不同的相应能级。这种物理现象在现代管理中同样存在,组织及其成员同样具有类似的能级结构。因此,管理的能级结构是指为了实施有效的管理,必须在组织中建立一个合理的能级结构,并按照一定的标准将管理的对象置于相应的能级结构中。

能级有以下几方面的对应原则。

(1) 各级管理岗位的能级必须对应。
(2) 各专业岗位的能级必须对应。
(3) 管理组织必须按层次具有稳定的能级形态。
(4) 不同能级应该表现出不同的责、权、利。
(5) 在其位,谋其政,行其权,尽其责,取其利,获其荣,罚其误。

(二)能级原理的运用

在管理活动中运用能级原理,重点在于如何使人的能量得到最大限度的发挥。首先,需要从组织结构上划分好合理的层次结构;其次,经过科学有效地评估组织成员的能力后,对其运行能级进行划分;最后,通过建立完善的人事管理制度去选人用人,做到人尽其才。正确运用能级原理要注意以下两点。

1. 科学、合理地确定组织的能级结构

在一个四层级的正三角结构图中,第一层为经营层,负责大政方针的制定。第二层是管理层,它是在企业战略指导下,负责各种具体政策的制定。第三层是执行层,贯彻执行各种管理指令。第四层是操作层,从事具体的操作,完成具体工作任务。管理组织的正三角形态属于稳态能级结构。经营管理层令行统一,政出一门,执行操作层有章可循,有据可依,满足权力在质上递增、在量上递减的原则,以最小投入实现最大的产出,是现代管理较理想的能级结构形态。

2. 按层次需要选人用人,使各种人才处于相应的能级

由于各种层次对人才能级的要求不同,所以不同能级的人就应该安排在相应的职位上。大材小用会浪费人才,小材大用会贻误工作。按能级配置人员要注意以下四点。

(1) 能级与职级配置,使能者有其位。
(2) 能级与岗位配置,使能者有其岗。
(3) 能级与待遇配置,使能者有其利。
(4) 能级与能级交叉配置,实现能力优化组合。

五、权变原理

（一）权变原理的含义

权变是指因地制宜、随机应变。管理的权变原理，是指在组织活动环境和条件不断发展变化的前提下，管理应因人、事、时、地而权宜应变，采取与具体情况相适应的管理对策以达成组织目标。

权变原理的最大特点是：它强调根据不同的具体条件，采取相应的组织结构、领导方式、管理机制；把一个组织看成是社会系统中的分系统，要求组织各方面的活动都要适应外部环境的变化。

（二）权变原理在管理活动中的应用

1. 要正确理解和掌握权变原理

权变原理的核心思想是灵活适应。它要求管理者从思想上明确管理的环境、对象、目的都可能发展变化，不能一成不变地对待，不能用一个不变的框架去简单套用。

2. 重视信息收集、反馈，管理工作要有弹性

管理者要重视信息的预先收集和及时反馈。只有"知己知彼"，才能"百战不殆"。管理者在制定管理对策时须留有调节的弹性，以便新情况发生时，能够采取相应的调整对策或补救措施。

3. 掌握好"度"，遵循适度管理原则

把度与管理有机地结合起来，遵循管理活动涉及的有关因素的特点和规律，使管理达到有效或最佳效果的状态，这就是适度管理。

六、效益原理

（一）效益的基本含义

效益是一个组织存在的根本，也是管理的基本目标。一个组织必须以获得效益作为其生存和发展的保证。

效益原理的基本含义为：现代管理的基本目标在于获得最佳管理效益，实现更好的社会效益。这就要求各项管理活动都要始终围绕系统的整体优化目标，通过不断地提高效率，使投入的人力、财力、物力、信息、时间等资源得以充分、合理、有效利用，从而产生出最佳的效益。

效益是有效产出与投入之间的一种比例关系。从社会和经济这两个不同角度去考察，效益被划分为社会效益和经济效益。经济效益是指管理系统所表现出来的内在价值，它是效益的核心内容。社会效益是指管理系统对环境的价值，包括对环境的经济、政治、生态、法律、伦理等价值。两者之间既有联系又有区别。经济效益是社会效益的基础，而社会效益又是促进经济效益提高的重要条件。两者的区别主要表现在：经济效益较社会效益更直接，可用若干经济指标来计算和考核；而社会效益则难以用经济指标表示出来。管理效益实际上是经济效益和社会效益的有机统一。

（二）效益原理的应用

获取效益是管理的根本目的，管理是对效益的不断追求。影响实现管理效益的因素很多,主要注意以下几点。

1. 重视经济效益

在实际工作中,管理效益的直接形态是通过经济效益而得到表现的。要实现管理效益,必须首先从管理主体的劳动效益及所创造的价值来考虑。

2. 有正确的管理战略

管理战略正确与否关系到整个管理过程的运动方向。在现代管理中,采用正确的管理战略具有全局性的影响,是实现管理效益的关键。

3. 努力提高管理系统的效率

管理的目标是实现效益最大化,而提高管理系统的效率是实现这一目标的根本保证。

知识拓展

> 有几种提高效率的方法可供管理者借鉴:①遇事首先坚持三个"能不能"原则,即能不能取消它,能不能与别的工作合并,能不能用更简便的方法完成它。②实行工作ABC分类法,A类事务着重处理,B类事务派他人完成,C类事务可暂缓。③科学地确定可供检测的工作效率标准;用精湛的指导艺术代替纯物质刺激;按职位等级区分工作效率,严格、明确地考核,使处于不同等级的员工都充分了解自己和他人的工作效率;坚持定期分析工作效率,以期不断改进并始终维持高效率;建立必要的增援机动部门,集中多余人员,控制"排队"式工作时间的浪费。④调动人的积极性和创造性,把精神激励和物质激励、工作内激励和工作外激励有机结合起来。

4. 追求长期、稳定的高效益

企业应根据市场的需要和发展变化做出正确的判断,以新品种、高质量、低成本迎接新的挑战,从技术、市场、产品、人才等多方面进行改进,不断获得企业发展的动力,保证企业长期稳定的高效益。

管理案例　三鹿奶粉事件

总之,现代管理要求在全面提高经济效益和社会效益的基础上,实现系统的最佳管理效益。这是管理效益原理的实质和核心内容,也是它的典型特征之所在。

七、信息原理

信息作为组织的一种重要资源,是现代管理的依据和基础。实践表明,企业要提高管理工作的效率和效果,要在激烈的市场竞争中求得生存和发展,就必须善于获取信息、整理信息、组合信息和利用信息,对信息进行有效的管理,这就是管理的信息原理。

（一）信息的概念

作为反映客观世界的符号,信息的使用始终伴随着人类社会的政治、经济、军事文化等活动的开展。有学者对信息的含义作了狭义和广义的划分。狭义地理解,信息就是一种消息、资料或数据。广义地理解,信息是物质的一种普遍属性,是物质存在方式和运动规律与特点的表现形式。

信息具有事实性、等级性、可压缩性、扩散性、传输性、共享性、储存性、处理性等一般属性。

（二）信息在管理中的作用

信息是管理工作的基础。信息是决策的前提,信息是协调和控制生产经营活动的依据,信息是组织的重要资源。只有具备了准确、灵敏、及时、有效的信息,才能了解并掌握其他资源的情况和动态,并采取一定的措施和方法获得这些资源;同时通过信息的指挥和控制作用,使企业能对资源进行优化配置,以高的生产率、低的成本生产出适销对路的产品,创造出更多的符合社会需要的物质财富,提高企业和整个社会的效益。

（三）管理信息的特征

与企业生产经营活动有关的信息称为管理信息。管理信息具有以下基本特征。

1. 价值的不确定性

管理信息价值的不确定性表现在四个方面:①信息在不同时间的有用性是不同的;②同一信息在不同地区的有用性是不同的;③同一信息对不同企业的有用性是不一样的;④信息价值的不确定性往往与使用者的数量有关。

2. 内容的可干扰性

管理信息内容的客观性在被感知、认识和传送的过程中可能受到干扰,这种干扰可能来自其他信息的存在。信息的内容在传递过程中也可能受到人们的态度和能力的影响而扭曲。

3. 形式和内容的更替性

随着时间的推移,企业经营及其环境会不断呈现出新的状态,从而不断生成并传送出大量新的信息。

（四）管理信息系统

1. 现代化管理系统必须具有信息系统的功能

管理实践表明,要提高整个管理工作的效率和效果,就必须对信息进行有效的管理。信息管理的主要任务是:识别使用者的信息需要,对数据进行收集、加工、存储和检索,对信息的传递加以设计,将数据转化为信息,并将这些信息及时、准确、适当和经济地提供给组织的各级主管人员以及其他相关人员。计算机网络管理信息系统的建立,为完成这一任务提供了强有力的手段。

2. 计算机是处理信息,实现现代化管理的重要工具

建立以计算机网络为基础的管理信息系统,是企业信息管理的有效途径。国内管理信息系统一词出现于20世纪70年代末。一些学者给管理信息系统下了一个定义,管理信息系统是"一个由人、计算机等组成的能进行信息的收集、传送、储存、加工、维护和使用的系统。管理信息系统能实测企业的各种运行情况,利用过去的数据预测未来,从企业全局出发

辅助企业进行决策,利用信息控制企业行为,帮助企业实现规划目标"。这个定义强调了管理信息系统的功能和性质,强调了计算机只是管理信息系统的一种工具。它说明管理信息系统不只是一个技术系统,而是把人包括在内的人机系统,因而它是一个管理系统、社会系统,具有开放性、随机性、动态性以及历史局限性等特点。

任务二　管理的基本方法

一、管理方法的概念和分类

管理方法是指在管理过程中,为提高管理功效和实现管理目标而采取的各种方式、方法和措施的总和。管理原理必须通过管理方法才能在管理实践中发挥作用。

管理方法是管理理论、原理的自然延伸和具体化、实际化,是管理原理指导管理活动的必要中介和桥梁,是实现管理目标的途径和手段,贯穿于管理活动整个过程中,其正确性、系统性和合理性直接影响和制约管理行为的有效性。随着社会的进步发展,管理方法也是发展和变化的,呈现多样性,但管理方法又是管理原理的具体延伸,呈现稳定性。

按管理对象的范围分类可分为宏观管理方法、中观管理方法和微观管理方法;按管理方法的精确程度分类,可分为定性方法和定量方法;按管理方法的作用分类,可分为生产力组织方法、生产关系调节方法和上层建筑调整方法;按管理者的决策方式分类可分为专制方法、民主方法和民主集中制方法。

二、常用管理方法

(一) 法律方法

1. 法律方法的概念

法律是由国家制定或认可的,体现统治阶级意志,以国家强制力保证实施的行为规则的总和。法律方法就是用法律进行管理的方法,是指国家根据统治阶级的利益,通过各项法律、法令、条例和司法、仲裁工作等,调整社会经济的整体活动和各个系统在活动中所发生的各种关系,以保证社会经济正常稳定发展的管理方法。管理的法律方法,既包括国家正式颁布的法律,也包括各级政府机构和各个管理系统所制定的具有法律效力的各种社会规范。法律方法的内容主要包括立法和司法两个方面。

2. 法律方法的特点

权威性;规范性;强制性;严肃性;稳定性;利益性;抽象性。

3. 法律方法的作用

保证必要的管理秩序;调节管理因素之间的关系;使管理活动纳入规范化、制度化轨道,保证其作用的发挥和管理职能的实现。

4. 法律方法的正确运用

(1) 法律规范的制定必须符合客观事物的发展规律。

（2）保持法律规范的稳定性和连续性。如果朝令夕改，随意中断废弃，法律规范就会失去威信，不起作用，甚至产生不良后果。

（3）树立法律规范的权威性。树立"有法可依，有法必依，执法必严，违法必究"的观念。

（4）重视立法和司法人才的培养。如果没有足够数量和称职的立法和司法人才，要运用法律方法进行管理，只能是不切实际的幻想。

（二）行政方法

1. 行政方法的概念和实质

行政方法是指依靠行政组织和领导者的权力，运用命令、规定、指示、条例等行政手段，按照行政系统和层次，以权威和服从为前提，直接指挥下属工作的管理方法。

行政方法的内容根据不同的目的、不同的对象、不同的条件有多种形式，如命令、指示、制度、条例、规定、规则、标准、程序和办法等，都是一个组织为统一某一行政行为所采取的行政方法和形式。

行政方法的实质是通过行政组织中的职务和职位，而非个人的能力或特权进行管理。上级指挥下级行动，而下级必须服从上级，这是由彼此的行政层级决定的。

2. 行政方法的特点

行政方法实际上就是行使政治权威，它的主要特点如下。

（1）权威性。行政方法所依托的基础是权威。行政方法的有效性和所发出指令的接受率及上下级之间的沟通效果，在很大程度上取决于管理机关和管理者的权威。管理者权威越高，其所发出的指令接受程度就越高，上下级沟通情况就越正常。提高管理者的权威是提高行政方法有效性的首要前提和重要措施。

（2）强制性。行政权力机构和管理者所发出的命令、指示、规章制度等，对管理对象具有不同的强制性。行政方法就是通过这种强制性来达到指挥与控制管理活动过程的目的。相对于法律的强制性，行政方法的强制程度相对低一些。它要求人们在行动的目标上服从统一的意志，在行动的原则上高度统一，但允许人们在方法上灵活多样。

（3）垂直性。行政方法通过行政系统的层次对子系统进行管理。行政命令通常通过纵向直线逐层传达执行，而且下级服从顶头上司，下一层只听上一层的指挥，对横向传来的命令、规定等可以不予理睬。因此，行政方法的垂直性是行政指令得以统一执行的根本保证。

（4）具体性。任何行政措施往往是在某一特定的时间内对某一特定对象起作用，具有明确的指向性和一定的时效性。

（5）无偿性。运用行政方法进行管理，上级组织对下级组织的人、财、物等的调动和使用可以不遵循等价交换的原则，一切根据行政管理需要。

（6）稳定性。行政方法是对特定组织行政系统范围内适用的管理方法。运用行政方法进行管理可以使组织具有较高的稳定性。

3. 行政方法的作用

行政方法是管理的基本方法，它在现代管理中起着重要作用。其主要作用表现在以下几个方面。

（1）有利于集中统一，避免各行其是。

（2）有利于其他管理方法的实施并取得良好的效果。

(3) 有利于管理职能的发挥和管理目标的实现。
(4) 有利于灵活处理特殊问题。

4. 行政方法的正确运用

行政方法是实现管理功能的一个重要手段。只有正确运用,不断克服其局限性,才能发挥它应有的作用。

(1) 行政方法的管理效果直接受领导者水平制约。行政方法强调领导的权威性,行政命令的效果与管理的好坏很大程度上取决于行政领导者的素质和水平。这就要求行政领导不断努力提高自己的领导水平和能力。

(2) 管理者必须充分认识行政方法的本质是服务。行政不以服务为目的,必然导致官僚主义、以权谋私、玩忽职守等现象出现。

(3) 行政方法要求有一个灵敏、有效的信息传输系统。管理者必须及时获得组织内外有用的信息,才能做出正确的决策,避免指挥失灵。

此外,行政方法不能代替法律,管理也不能单纯依靠行政方法,而是要在客观规律的基础上,把行政方法和管理的其他方法有机结合起来。行政方法的运用也有其缺点,如借助职位的权威,单向强制地发布命令可能导致漠视下级的观点和意见,助长官僚主义作风,不利于充分调动各方面的工作积极性。

(三) 经济方法

1. 经济方法的概念和实质

经济方法主要是根据客观经济规律,运用经济手段来调节各方面不同的经济利益关系,以提高经济效益和社会效益的一种方法。具体地讲,经济方法就是通过以诸如价格、税收、信贷、利息、工资、奖金、罚款以及经济责任制、经济合同等经济手段为杠杆,组织调节和影响管理对象的活动,提高工作效率,促进社会、经济效益的提高。

2. 经济方法的特点

(1) 利益性。这是经济方法最基本的特征。经济方法应符合物质利益原则,利用经济手段管理经济,核心是把经济责任和物质利益有效地结合起来,把劳动集体及个人的利益与工作成果相联系。

(2) 非直接性。它是指依靠经济手段和经济方式,通过经济利益的得失来指挥、调节、控制经济活动,而不是依靠权威、强制性命令直接干预经济活动。

(3) 有偿性。它是指各个企业和部门之间的经济往来应遵循等价交换的原则,进行有偿交换,互相计价。

(4) 灵活性。指经济方法的具体措施和做法可以因时、因地、因人制宜,随机应变,根据外部环境和操作对象的不同,以不同的方式方法加以应对。

(5) 平等性。经济方法承认被管理的组织或个人都有平等获取经济利益的权利。

3. 经济方法的作用

(1) 有利于所有权和经营权的分离,利用经济方法可给各级组织较多的自主权,使其积极性得到发挥。

(2) 有利于促使各级组织主动地利用自身的条件,挖掘潜力,适应环境的变化,灵活开展生产经营活动,提高经济效益。

(3) 有利于调动企业和员工的积极性、主动性和创造性。激励员工从物质利益上关心组织目标的实现,保证生产任务的完成。

(4) 有利于提高信息接受率。由于经济方法直接建立在物质利益原则基础之上,与管理对象的切身利益息息相关,有利于提高他们对信息接受的自觉性,从而提高信息接受率。

4. 经济方法的正确运用

(1) 多种经济手段的统一。一方面要运用各种经济杠杆和宏观调控手段来促进改革,促进竞争,正确处理中央与地方、企业与个人的经济利益关系。另一方面,企业要根据实际情况,通过发挥工资、奖金、罚款、合同等的作用来促进企业内部的完善,严格、科学管理,调动企业和个人的积极性、创造性。

(2) 经济方法要同其他管理方法结合起来运用,不能以经济方法作为调动人们积极性的唯一方法。这是由生产力发展水平、人们的觉悟程度以及需要的多层次性、差异性所决定的。单纯地运用经济方法和滥用经济方法,将削弱这种方法对促进生产发展的作用,甚至在某些情况下会产生反作用。

(3) 注意人们的物质需要和精神需要。随着社会生产力的发展和人们生活水平的提高,人们对精神方面的需求将日益加强,物质的激励作用将有所减弱。

管理故事

在巴黎欧莱雅总部,对刚生完孩子的女性员工,除了政府规定要给的四个半月的薪水外,欧莱雅公司还给这些职工多加一个月的薪水,并可以在 2 年之内的任何时候领取。欧莱雅的 8000 名经理中,2000 名已有购股权。如此优厚的员工福利,使欧莱雅的人才流失率保持在很低的水平,每名欧莱雅员工平均在公司工作 14 年。欧莱雅负责人力资源关系的副总裁 Francois Vachey 说:"员工的忠诚度对公司来说非常重要。他们来了,加入了我们,然后留了下来。"

(四) 教育方法

1. 教育方法的内涵

教育方法是指通过传授、宣传、启发、诱导等方式,提高人们的思想认识、科学文化水平和专业知识,发挥人的主观能动作用。提高人的素质,调动人的主观能动性是教育方法的主要任务。

2. 教育方法的特点

(1) 长期性。思想意识的提高,正确的人生观、价值观的建立,文化知识的积累,都需要较长的时间,而不是一朝一夕能做到的。

(2) 间接性。它对人们的具体经济行为没有约束力。它先作用于人,通过提高人的素质,然后作用于经济活动,是一种间接的管理方法。

(3) 启发性。教育方法不是强制,而是通过激励、启发人们自觉指向组织的目标并采取行动。

(4) 广泛性。教育方法广泛地用于管理的各个方面和各个环节,贯穿于管理工作过程的始终,并涉及每个成员。

(5) 灵活性。教育方法因人、因时、因事而异,方式、方法比较灵活。

3. 教育方法的作用

(1) 教育方法是提高人的素质的根本手段。

(2) 教育方法是其他管理方法发挥作用的先导和前提,任何其他管理方法的实施都离不开宣传教育。

(3) 教育方法是激励人的动机,培养人的责任感和纪律性,调动人的积极性的重要方面。人的认识水平、科学文化水平一旦提高,正确的人生观、价值观一经确立,就会成为长期起作用的因素。

(4) 教育方法有利于实现各级组织的现代化,能不断提高职工的科学文化水平,为各级组织的现代化创造条件。

4. 教育方法的正确运用

(1) 教育方法的形式和内容要有科学性。要尊重、培养、关心、爱护人,不能强加于人。要坚持从实际出发,适应需要,恰如其分地选择和安排内容。

(2) 讲究方式方法。要坚持不懈,长期进行,逐渐积累,不能操之过急。具体做法因人、因事、因时而异,应采取多种多样的方式。

(3) 不能脱离各项具体的生产经营活动,孤立地运用教育方法,要把它同解决实际问题、提高工作效率、增进物质利益联系起来。

管理原理就是在管理实践过程中,结合各项管理制度和管理方法,通过对管理工作中实际问题的科学分析和总结而形成的具有普遍指导意义的基本规律。管理原理主要有人本原理、系统原理、责任原理、能级原理、权变原理、效益原理和信息原理,各原理都有自己的内容与特征及在管理实践中的作用。

管理方法是指在管理过程中,为提高管理功效和实现管理目标而采取的各种方式、方法和措施的总和。本项目重点讲述了法律方法、行政方法、经济方法和教育方法,并强调了各方法在管理实践中运用时应注意的问题。

1. 何为"以人为中心的管理"?如何实现"以人为中心的管理"?
2. 系统有哪些基本特征?管理者可以从系统原理中得到哪些启示?
3. 如何理解责任原理?责任原理的本质是什么?管理者可从责任原理中得到哪些启示?
4. 结合实际谈一谈企业如何做到经济效益和社会效益的有机统一。

5. 经济方法是调动人们积极性的唯一方法吗？
6. 在信息爆炸的时代，你觉得应该怎样有效地管理信息？
7. 谈一谈实践中如何运用管理的基本原理和基本方法。

案例分析一　从"海底捞"看人本管理

作为一家起源于四川简阳的知名连锁火锅店，"海底捞"可谓家喻户晓，其经营模式也成为众多餐饮界乃至众多企业竞相学习的对象。相信去过海底捞的顾客都会有几个很直观的感受：第一，顾客多，排队两个小时去吃上一顿火锅很常见；第二，服务好，点菜会提醒你可以只要半份，以免浪费；饭桌上刚准备做手势，服务员已经心领神会地跑过来了；排队时会有人帮你擦鞋；第三，服务员总是保持微笑。

是什么动力让海底捞的员工始终充满激情，工作如此主动呢？答案很简单：快乐工作，为自己工作！作为海底捞的员工，公司会为他们提供正规公寓，配有空调，可以免费上网，并雇专人为员工宿舍打扫卫生，换洗被单。为解除员工后顾之忧，四川简阳还建立了寄宿学校以便员工子女就近入学；为增加员工的自豪感和荣誉感，公司每月定期将优秀员工的部分奖金寄给其在家乡的父母。除此之外，通畅的晋升制度也是海底捞服务差异化战略的核心保障。针对员工素质参差不齐的现状，海底捞提供了管理线、技术线、后勤线三条晋升途径供其选择。在这里，学历不重要，资历不重要，"只要正直、勤奋、踏实，每个员工都能成功"的理念深入人心。同时，公司给予员工充分授权，海底捞的服务员都有免单权。只要员工认为有必要，不论什么原因，都可以给客人免费送一份菜，甚至免掉一餐的费用。显然，在海底捞的管理体系中，每一个基层服务员都是一个"管理者"，员工已不仅仅是机械地执行上级命令，而是用"心"在为自己工作。

心理学家研究证明：当人用心的时候，大脑的创造力最强。如何用"心"？把"员工当成家里人"便是海底捞成功的秘诀所在，这也从侧面印证了IBM前CEO沃森提出的原则："就经营业绩来说，企业的经营思想、企业精神和企业目标远远比技术资源、企业结构、发明创造及随机决策重要得多。"可见，作为企业经营者，要达成良好的管理，形成优化的人文环境，必须秉持"尊重人的管理"这一基本原则。

（资料来源：http://www.cec.org.cn/hangyewenhua/qiyeguanli/2012-12-10/94621.html.）

讨论分析：企业应如何坚持以人为中心的管理？

案例分析二　"90后"员工的困惑与期望

项目三
管理道德与企业责任

导 语

2001年的"南京冠生园"事件、2008年的"三鹿奶粉"事件以及近年来更多的类似事件时时刻刻在提醒着人们,企业的经营管理活动和人的活动一样,必须接受道德的约束,企业必须承担相应的社会责任。

什么是管理伦理,企业如何进行伦理管理,需要承担哪些社会责任,这在目前理论界和企业管理实践中都是一个热点话题。美国管理学家弗里德里克说:"如果管理者能更多地注意他们的价值观、社会准则和伦理规范,并把它们运用于决策,就能够改善决策。如果决策时能考虑到社会伦理的分析和选择,那对管理者、企业和社会都是有益的。"

管理道德与企业社会责任课题的提出,是经济社会和管理理论走向成熟的标志。对管理道德与企业社会责任问题的自觉,同样是管理者走向成熟的重要标志之一。因而,它们应当成为管理理论的重要内容。

项目导学

学习目标:明确什么是管理道德,理解影响管理者道德素质的因素;了解企业社会责任的内涵及发展历程,明确企业社会责任的具体体现。

关键术语:管理道德　企业伦理　企业社会责任

任务一 管理道德

管理案例 企业中的道德观

20世纪70—80年代,美国一系列经济丑闻事件不断发生和频频曝光。如美国洛克希德飞机公司为争夺日本市场的贿赂案,美国国际电话电报公司、海湾石油公司、埃克森公司、格鲁曼宇航公司、默克公司等在国外的贿赂事件,海湾石油公司、布兰尼弗和美国航空公司非法捐款资助尼克松竞选连任,美国牛奶生产商为提高联邦牛奶价格而贿赂前总统尼克松等,除此以外,还有非法操纵市场和股票交易,随意处置有毒化学物质,严重污染环境,生产有毒或危险产品,无视工人和顾客的生命安全,甚至致使化学工厂有毒气体大爆炸等事件。这些丑闻直接导致经济管理中的企业伦理危机、公众信任危机和企业生存危机,迫使管理者们开始清醒地思考棘手的道德问题。由于通货膨胀,钢铁、石油涨价引起社会不满,人们纷纷指责哈佛商学院只会培养赚钱的机器。当时的解决办法就是,在企业管理中引入道德观,各社会组织纷纷建立自身的道德标准,道德教育被纳入工商管理教学大纲。

一、什么是管理道德

(一) 管理道德的概念

道德是一定社会调整人与人之间以及人与社会之间关系的行为准则和规范的总和。管理道德是管理者行为准则与规范的总和,是在社会一般道德原则基础上建立起来的职业道德规范体系,它通过规范管理者的行为实现调整管理关系的目的,并在管理关系和谐、稳定的前提下进一步实现管理系统的优化,提高管理效益。

管理道德主要涉及以下三个方面。

1. 管理理念

道德直接涉及管理理念与管理品质,具体体现为管理道德直接为管理目的服务,管理道德在深层上对管理活动进行价值导向。管理道德是管理理念的重要组成部分。有什么样的管理理念就有什么样的管理道德,有什么样的管理道德就有什么样的管理理念。道德不仅为管理提供价值理念和价值导向,而且其本身就是管理理念的重要组成部分,它对管理是如此重要以至形成一种特别的管理模式。

2. 管理效益

效益最大化是任何企业必须追求的根本原则。管理道德与管理效益并不是绝对对立的,它们之间有着不可分割的联系。管理道德问题与对管理中的各种伦理关系的处理、企业的道德形象和社会信誉相联系,因而它与管理效益之间也就存在着某种必然的联系。

知识拓展

一些西方学者通过对西方七国的100多个企业的研究发现,文化价值体系才是创造财富的源泉,是企业竞争力、国家竞争力的源泉。在调查中他们发现,顾客挑选某种商品,实际上首先是对公司的道德观的肯定;对某种商品的评价事实上首先是对生产这种商品的公司的道德观的评价。

3. 管理者品质

管理道德直接受到管理者品质的影响。一般来说,生意人与企业家是有区别的。企业家必须具备多种素质,人文素质特别是道德素质,是企业家较重要的特征之一。

知识拓展　企业家

(二)管理道德的作用

管理的目的是使企业达到预定的目标,管理的本质是协调。管理道德有协调、激励、教育的功能。事实证明,管理道德能有效提升管理的有效性。

1. 管理者的道德素质是其综合素质的核心并影响着其他素质的形成和发展

真正优秀的管理者应该是德才兼备的。德是做人之本。健康、向上的道德认识和情感在一定程度上能启迪智慧,对于企业管理者更是如此。

2. 管理道德是调节管理领域各种重叠交叉、复杂的利益关系的基本杠杆

通过管理道德的调节保证国家利益和广大群众的根本利益不受损失,保证管理领域各部门工作正常运行,限制和约束管理者不符合企业健康发展的行为发生,保证企业与社会协调发展。

3. 管理道德是促使企业发展、获得经济效益与社会效益相统一的重要保证力量

要塑造企业的信誉形象,道德的管理和管理道德的作用最终给予企业健康发展并赢得效益以坚强有力的保证。

4. 管理道德是直接影响经济发展的关键环节

企业管理者的素质是企业发展的核心因素,管理者的道德素质如何以及其发挥管理道德职能的能力则是关键的条件。

二、现代管理的道德选择

(一)管理道德的困境

管理情境

在实际生活中,我们常会遇到这样一些问题:推销员贿赂采购代理人以诱使其做出购买

的决定,这是道德的问题吗?如果推销员用自己的佣金进行贿赂,情况又怎么样呢?这中间有什么不同吗?如果一份工作无需拥有高学历的人去做,而一个人为了获得它压低了自己的学历,这是道德的问题吗?公车私用是道德的问题吗?用单位电话打私人长途是道德的问题吗?请单位的秘书发私人信件是道德问题吗?

在现代管理过程中,经常出现应该遵守的道德规范与实际上不道德经营的高度分裂,由此产生了企业管理的道德失衡。管理道德面临着明显的困境,表现在以下五个方面。

1. 企业与顾客的关系方面

欺骗性的广告宣传,在营销和推广上夸大其词,生产不安全或有损健康的产品等,或故意向消费者隐瞒真相。

2. 企业与竞争者的关系方面

假冒其他企业的商标,生产假冒伪劣产品,侵犯他人商业秘密,损害竞争对手商业声誉,不遵守市场游戏规则,挖墙脚,企业间不讲信誉,彼此拖欠和赖账,不履行合同等。

3. 企业与员工的关系方面

有些企业盲目追求利润,不顾员工的生存和工作环境,侵犯员工的健康权利;有些企业在招聘、提升和报酬上进行性别、种族歧视,侵犯隐私;有些企业对员工的工作评价不公正,克扣薪水等。

4. 企业与政府的关系方面

财务欺诈、偷税漏费、权力腐败、商业贿赂和地方保护主义等。

5. 企业与自然环境的关系方面

企业为追求高利润,对治理污染采取消极态度。对排放"三废"等造成的污染不实施治理,特别是一些化工、印染、造纸等工厂,对废水缺乏处理,严重污染环境。

(二) 影响管理道德选择的因素

影响管理者道德选择的因素一般来讲有以下五种。

1. 道德发展的层次与阶段

国外学者的研究表明,道德发展要经历三个层次,每个层次又分两个阶段。随着阶段的上升,个人的道德判断越来越不受外部因素的影响。道德发展所经历的三个层次和六个阶段如表3-1所示。

表3-1 道德发展的层次与阶段

层 次	阶 段
前惯例层次:只受个人利益的影响。决策的依据是个人利益,这种利益是由不同的行为方式带来的奖赏和惩罚	严格遵守规则以避免物质惩罚 只在符合其直接利益时才遵守规则
惯例层次:受他人期望的影响。包括遵守法律,对重要人物的期望作出反应,并保持对人们期望的一般感觉	做周围的人所期望的事 通过履行自己所赞同的义务来维持平常的秩序

续表

层　　次	阶　　段
原则层次：受自己认为正确的个人道德原则的影响。这些原则可能与社会准则或法律一致，也可能不一致	尊重他人的权利，支持不相关的价值观和权利，而不管其是否符合大多数人的意见 遵守自己选择的道德原则，即使这些原则违背了法律

道德发展的最低层次是前惯例层次。在这一层次，个人只有在其利益受到影响的情况下才会作出道德判断。道德发展的中间层次是惯例层次。在这一层次，道德判断的标准是个人是否维持平常的秩序并满足他人的期望。道德发展的最高层次是原则层次。在这一层次，个人试图在组织或社会的权威之外建立道德准则。

有关道德发展阶段的研究表明：第一，人们一步一步地依次通过这六个阶段，而不能跨越；第二，道德发展可能中断，可能停留在任何一个阶段上；第三，多数成年人的道德发展处在第四阶段上，他们被束缚于遵守社会准则和法律；第四，一个管理者达到的阶段越高，就越倾向于采取符合道德的行为。

2. 个人特征

一个成熟的人一般都有相对稳定的价值准则，这些准则既是个人早年发展起来的，也是教育与训练的结果，它们是关于正确与错误、善与恶的基本信条。管理者通常有不同的个人准则，它构成道德行为的个人特征。

由于管理者的特殊地位，这些个人特征很可能转化为组织的道德理念与道德准则。这是管理者的个性特征影响组织行为的最典型方面。

人们还发现有两个个性变量影响着个人行为，这两个变量是自我强度和控制中心。

（1）自我强度。

自我强度用来度量一个人的信念强度。一个人的自我强度越高，克制冲动并遵守其信念的可能性越大。这就是说，自我强度高的人更加可能做他们认为正确的事。对于自我强度高的管理者，其道德判断和道德行为会更加一致。

（2）控制中心。

控制中心用来衡量人们在多大程度上是自己命运的主宰。它实际上是管理自我控制、自我决策的能力。控制中心分为内在与外在两个方面：具有内在控制中心的人，自信能控制自己的命运。从道德的角度看，具有内在控制中心的人，更可能对其行为后果负责任，并依据自己的内在标准指导行为，从而在道德判断与道德行为之间表现出更大的一致性。具有外在控制中心的人则常常是听天由命。从道德的角度看，具有外在控制中心的人不大可能对其行为后果负个人责任，而是更可能依赖外部的力量。

3. 结构变量

结构变量的核心是组织设计，其中最重要的内容是对个体道德行为是否具有明确的指导、评价、奖惩的原则。

结构变量的关键在于减少模糊性，最重要的要求是正式的规则和制度，明文规定的道德准则可以促进行为的一致性。

上级的行为具有很强的示范作用，人们由此确定什么是可接受的和上级期望的行为标准。

合理的绩效评估系统也是结构变量的重要因素。

报酬的分配方式、赏罚的标准是否合理也是影响管理道德行为的重要方面,因为它直接与道德的一个重要标准相联系,这就是公正。

此外,在不同的结构中,管理者在时间、竞争和成本等方面的压力也不同。压力越大,越可能降低道德标准。

4. 组织文化

组织文化的内容和强度也会影响道德行为。最有可能产生高道德标准的组织文化是那种有较强的控制能力以及风险和冲突承受能力的组织文化。处在这种文化中的管理者,具有进取心和创新精神,意识到不道德行为会被发现,并且对他们认为不现实或不合适的需要或期望进行自由、公开的挑战。与弱组织文化相比,强组织文化对管理者的影响更大。如果组织文化是强的并支持高道德标准,它就会对管理者的道德行为产生重要的和积极的影响。而在弱组织文化中,管理者更有可能以亚文化准则作为行为的指南。

5. 道德问题强度

影响管理者道德行为的最后一个因素是道德问题本身的特征,这些特征决定了问题的强度。与决定问题的强度有关的六个特征如下。

(1) 某种道德行为对受害者的伤害有多大或对受益者的利益有多大?例如,使1000人失业的行为比仅使10人失业的行为伤害更大。

(2) 有多少人认为这种行为是邪恶的(或善良的)?例如,在盗版软件泛滥的情况下,很多人都会对使用盗版软件感到心安理得。

(3) 行为实际发生后,将会引起可预见的伤害(或利益)的可能性有多大?例如,把枪卖给武装起来的强盗,比卖给守法的公民更有可能带来危害。

(4) 在该行为和其预期后果之间,时间间隔有多长?例如,减少目前退休人员的退休金,比减少目前年龄在40—50岁的雇员的退休金带来的直接后果更加严重。

(5) 你觉得行为的受害者(或受益者)与你(在社会上、心理上或身体上)挨得多近?例如,自己工作单位的人被解雇,比远方城市的人被解雇对你内心造成的伤害更大。

(6) 道德行为对有关人员的影响的集中程度如何?例如,担保政策的一种改变(拒绝给10人提供每人10000元的担保),比担保政策的另一种改变(拒绝给10000人提供每人10元的担保)的影响更加集中。

综上所述,受伤害的人数越多,越多的人认为这种行为是邪恶的;行为发生后造成实际伤害的可能性越高,行为的后果出现越早,观测者感到行为的受害者与自己挨得越近,问题强度就越大。这六个因素决定了道德问题的重要性。道德问题越重要,管理者越有可能采取道德行为。

(三) 管理道德行为的改善

当管理者感觉到组织中有不道德行为存在,并试图去减少或消除这些行为时,就应该想办法采取一些措施。对于管理道德行为的改善,我们可以从以下八点入手。

1. 员工的甄选

组织在进行员工特别是管理人员的甄选过程中,必须进行道德考察,剔除道德上不符合要求的求职者和候选人。

2. 建立道德准则和决策规则

在一些组织中，员工对"道德是什么"认识不清，这显然于组织不利。建立道德准则可以缓解这一问题。道德准则既要相当具体以便让员工明白以什么样的精神来从事工作，以什么样的态度来对待工作，也要相当宽泛以便让员工有判断的自由。管理者对道德准则的态度（是支持还是反对）以及对违反者的处理办法对道德准则的效果有重要影响。如果管理者认为这些准则很重要，经常宣讲其内容，并当众给违反者指明，那么就能为道德准则产生效果提供坚实的基础。

3. 管理者以身作则

道德准则要求管理者尤其是高层管理者以身作则。实际上，在组织中，是高层管理者建立了道德基调。这种基调主要从以下两个方面来建立。

（1）言传身教。

在言行方面，高层管理人员是表率，他们所做的比所说的更为重要。他们作为组织的领导者要在道德方面起模范带头作用。

（2）奖罚机制。

高层管理人员可以通过奖惩机制来影响员工的道德行为。选择什么人和什么事作为提薪和晋升的对象，会向员工传递强有力的信息。比如，当众惩罚投机者，也就向员工传递了一个信息：投机是不受欢迎的，行为不道德是要付出代价的。

鉴于此，管理人员在发现错误行为时，不仅要严惩当事人，而且要把事实公布于众，让组织中所有人都认清后果。这就传递了这样的信息：做错事要付出代价，不道德行为不是你的利益所在。

以上二者之中，高层管理者的以身作则更为重要。领导者必须在道德上严格要求自己，以自己的道德行为为员工作示范。所谓"上行下效"，道理就是如此。

4. 设定合理的工作目标

员工应该有既明确又现实的目标。如果目标对员工的要求不切实际，即使目标是明确的，也会产生道德问题。在不现实的目标的压力下，即使是道德素质较高的员工也会感到迷惑，很难在道德和目标之间作出选择，有时为了达到目标而不得不牺牲道德。

5. 综合的绩效评估

一个组织如果想使它的成员坚持道德标准，它必须在绩效评价过程中既包含对现实的效果的评价，也必须把道德方面的要求包括进去。例如，在对管理者的年度评价中，不仅要考查其决策带来的经济成果，还要考查其决策带来的道德后果。

6. 独立的社会审计与监察

改善管理道德的重要手段，是进行独立的社会审计与社会监察。有不道德行为的人都有害怕被抓住的心理，被抓的可能性越大，产生不道德行为的可能性就越小。独立的社会审计与监察，会使发现不道德行为的可能性增大。

审计可以是例行的（如同财务审计），也可以是随机的，并不事先通知。有效的道德计划应该同时包括这两种形式的审计。审计员应该对公司的董事会负责，并把审计结果直接交给董事会，以确保客观、公正。

7. 进行有效的道德教育

越来越多的组织意识到对员工进行适当的道德教育的重要性,它们积极采取各种方式(如开设研修班、组织专题讨论会等)来提高员工的道德素质。

8. 正式的保护机制

组织应向员工提供正式的保护机制,使面临道德困境的员工在不用担心受到斥责的情况下自主行事。例如,组织可以任命道德顾问,当员工面临道德困境时,可以从道德顾问那里得到指导。组织也可以建立专门的渠道,使员工能放心地举报道德问题或告发践踏道德准则的人。

综上所述,组织可以采取多种措施来提高员工的道德素质。在这些措施中,单个措施的作用是极其有限的,但若把它们中的多数或全部结合起来,就很可能收到较好的效果。

三、企业伦理管理

(一) 什么是企业伦理管理

在当今世界,一个组织要想维持足够长的生命力,不仅需要遵守法律,还需要遵守道德规范和讲究伦理。这就要求管理者在管理活动中要正视由组织的行为引起的伦理问题。

企业伦理是企业在处理企业内部员工之间,企业与社会、企业与顾客之间关系的各种道德准则的总和。企业伦理管理,就是要求企业管理者在经营全过程中,应主动考虑社会公认的道德规范,使其经营理念、管理制度、发展战略、职能权限设置等符合伦理道德的要求,处理好企业与员工、股东、顾客、厂商、竞争者、政府和社会等利益相关者的关系,建立并维系合理、和谐的市场经济秩序。

(二) 企业伦理管理的发展阶段

按发展时间顺序可将企业伦理管理发展阶段分为三个阶段,如表3-2所示。

表3-2 企业伦理管理阶段比较

阶段 区别	第一阶段 企业伦理管理萌芽阶段	第二阶段 企业伦理管理演进阶段	第三阶段 企业全面伦理管理阶段
出现时间	1960年左右	1990年左右	2003年左右
主要标志	被迫服从政府和民众的监督,处理环境污染、不合理使用工具等问题	制定企业伦理准则	符合伦理管理认证标准
外部要求	相对不高	有一定要求	要求比较全面且严格
企业自身觉悟程度	被动、不自觉	具有一定的自觉性	高度自觉
管理内容	内部无明确条文要求	内部有明确制度(伦理准则)要求,但不全面	包含内容广泛,要求全面(全过程、全员)的伦理准则,与其他专项管理(如质量管理、财务管理)较好地融合,并通过伦理管理论证
方法	简单,增加环保投资或人道对待员工等	方法开始增多,定性为主	复杂多样,定量和定性方法结合

其中,全面伦理管理阶段是建立在企业全面管理理论的基础上,它要求企业在处理与相关利益方(员工、供应商、顾客、政府、社区等)关系时全方位地体现企业伦理的要求。伦理管理是企业管理水平成熟度的标志之一,而企业全面伦理管理阶段则是企业伦理管理的高级阶段。各种数据显示,伦理管理已经越来越多地被企业认可和使用。

(三) 企业伦理管理的意义

1. 伦理管理有助于增强组织的竞争力

古人云:"衣食足,礼仪兴。"在基本的物质生活有保障后,人们更乐于接受具有社会责任感、重视消费者权益的企业的产品,人们对高质量生活环境的追求,强烈要求组织履行起社会责任。现代组织对社会的影响力日益增大,在组织享受了许多权利后社会有理由要求组织承担起与其享受权利相称的责任和义务,如此,管理才能体现其基本的公平理念。同时,现代社会信息传播媒介的迅速发展,使社会舆论的监督力量大大增强,组织行为的一举一动都被置于公众的眼光之中。当人们知道某家企业的不道德行为之后,一方面,可能因对该企业产品质量及各项承诺产生疑问而拒绝购买;另一方面,还可能因自我道德要求而不愿购买该企业的产品以免成为不道德行为的帮凶。更有甚者,组织的行为还将遭受人们的道德制裁,甚至法律制裁,而导致管理的效益追求得不偿失。

因此,为了在激烈的市场竞争中取得胜利,除了提高产品质量和服务质量外,管理者还必须进行伦理管理,树立良好的企业伦理形象。

2. 伦理管理有助于提高组织的凝聚力和战斗力

现代社会越来越重视人的价值,强调"以人为本",这些都与伦理息息相关。正是这些因素使得伦理在管理中的地位越来越重要,使伦理成了管理追求的应有境界。

企业对伦理规范的重视和是否按伦理规范行事对员工会产生很大的影响。根据心理契约理论,员工在与企业确定正式的劳动合同之外,还会形成自己的心理契约。员工的心理契约受很多因素的影响。除了正式合同中的条款外,企业的各种行为都是影响员工心理契约的重要因素。如果员工感觉到企业讲究社会公德,公平地对待员工,尊重员工的人格和权利,对员工负责,员工就容易形成关系型的心理契约。员工对企业的信任感、归属感和忠诚感将大大增强。

3. 伦理管理能够为企业的发展营造良好的人文环境

任何企业都是在一定环境中从事活动的,伦理管理对企业营造良好的人文环境具有重要意义。在正确的企业伦理观的指导下,能够建立一个竞争有度、互助合作、积极进取的工作环境,使个人的生活、工作、事业、理想等和整个组织统一起来。任何企业都是社会的组成部分,为了使企业的发展和社会的发展相一致,管理者往往使企业内部的伦理和社会的伦理相适应,使企业内部和外部建立一致的伦理关系而保持和社会的协调,这样,就有利于社会的全面发展。当企业内部的伦理与社会伦理相一致时,也有利于企业塑造自己良好的社会形象。伦理管理是促成个人、企业、社会相互促进、共同发展的强有力的纽带和桥梁。

4. 伦理管理可帮助组织降低成本、提高运作效率

经济学理论假定人们在个人利益的驱动之下,追求最大效用。企业在经营管理中既要充分利用这一点以调动人们的积极性,又要采取很多措施来防止个人利益与企业整体利益不符可能引发的各种问题。企业通过加强伦理管理,建立共同的价值观,提高道德修养水

平,增强相互信任,可大大降低成本,提高企业的运作效率。例如,企业中各种繁琐的报告制度、审批程序既增加了管理成本又占用了各级管理人员的大量时间,还降低了企业的响应速度。通过加强伦理管理,可以有效地精简管理环节,提高企业经营活动的效率和效果。

5. 伦理管理是企业依法经营的守护神

任何企业和个人都必须在法律许可的范围内行动。法律是人类社会中强制性的行为规范,实际上是社会可接受的行为规范的最低标准。管理伦理强调的也是一种行为规范,却要比法律规范的要求高。因此,遵守法律是伦理规范的最低要求。企业重视伦理管理,加强培训,一方面,可使员工理解和遵守正确的价值观和行为准则,提高员工的伦理和法律意识,促使员工在工作中自觉地遵守法律和伦理规范,大大降低经营活动中出现违法活动的可能性;另一方面,可促使员工在工作中及时发现可能存在的违反法律或伦理问题的行为,并通过向企业内外的专家咨询来确保所有的行为符合法律的要求。

任务二　企业社会责任

知识拓展　企业公民

在20世纪60年代前,企业的社会责任问题很少引起人们的注意。后来,在美国,公众对诸如机会平等、污染控制、能源和自然资源消耗、消费者和员工保护等问题日益关注,企业发展的政治和社会环境问题变得越来越重要,由此提出企业社会责任的概念,认为作为社会的成员,组织应当在更大的环境中积极地、负责任地参与社会。也有些人认为,企业的社会责任行为能够为组织带来长远的利益,如改善公众印象,提供更多的商业机会。时至今日,社会责任问题已引起人们的普遍关注。

一、企业社会责任的内涵及发展历程

(一)企业社会责任的内涵

企业的责任包括企业的法律责任、经济责任和社会责任。企业的法律责任是指企业应当遵守所在国家和地区的法律法规,遵守本国参加并认可的国际公约;企业的经济责任是指企业应当为投资者实现资产保值增值;企业的社会责任是指企业在承担法律责任和经济责任之外,还应当承担保护和增进社会公共利益与长期利益的义务。

企业是社会的一个分系统,因此,不可避免地受到社会系统的影响,社会责任的内涵也随着利益相关者队伍的扩大和这些利益相关者的期望值的变化而发展。企业的利益相关者的范围从早期的股东,拓展到员工,再扩大到具体环境的各种组成部分,如消费者、供应商、进一步发展到社会整体。这些利益相关者的期望成为更广泛、更高的要求,即企业要为整个社会的生存、发展和繁荣负责。

目前国际上普遍认同的企业社会责任理念是:企业在创造利润、对股东利益负责的同时,还要承担对员工、对社会和环境的社会责任,包括遵守商业道德、生产安全、职业健康、保护劳动者的合法权益、节约资源等。因此,企业的社会责任要求企业必须超越把利润作为唯一目标的传统理念,强调在生产过程中对人的价值的关注,强调对消费者、对环境、对社会的贡献。

(二) 企业社会责任观的发展历程

人们对企业社会责任的认识,并不是一步到位的,而是经历了一个艰难的历程。

1. 20 世纪 50—70 年代:盈利至上

这一阶段有两种截然相反的观点。一是纯经济观,二是社会经济观。

(1) 纯经济观(或古典经济观)。

社会责任概念的最早含义是最大利润,即一个企业的社会责任在于通过有效生产,制造消费者需要的产品并以适宜的价格出售产品从而合理地利用它的财力和设备。社会责任的内涵与最大利润这个经济目标相重合,企业实现了它的经济目标就被认为满足了社会的需要。一般情况下很少有人支持企业参与社会问题。

(2) 社会经济观。

持这种观点的人开始对企业的单一经济目标提出异议。他们认为,"利润最大化是企业的第二目标,企业的第一目标是保证自己的生存"。为了实现这一点,他们必须承担社会义务以及由此产生的社会成本。他们必须以不污染、不歧视、不从事欺骗性的广告宣传等方式来保护社会福利,他们必须融入自己所在的社区及资助慈善组织,从而在社会中扮演积极的角色。

2. 20 世纪 80—90 年代:关注环境

20 世纪 80 年代,企业社会责任运动开始在欧美发达国家逐渐兴起,由此导致消费者的关注点由单一关心产品质量,转向关心产品质量、环境、职业健康和劳动保障等多个方面。很多欧美跨国公司纷纷制定对社会做出必要承诺的责任守则(包括社会责任),或通过环境、职业健康、社会责任认证应对不同利益团体的需要。

3. 20 世纪 90 年代至今:社会责任运动兴起

企业生产守则运动促使企业履行自己的社会责任。

> **知识拓展**
>
> 20 世纪 90 年代初期,美国劳工及人权组织针对成衣业和制鞋业发动"反血汗工厂运动"。因利用"血汗工厂"制度生产产品的美国服装制造商 Levi-Strauss 被新闻媒体曝光后,为挽救其公众形象,制定了第一个公司生产守则。在劳工和人权组织等非政府组织和消费者的压力下,许多知名品牌公司也都相继建立了自己的生产守则,后演变为企业"生产守则运动",其直接目的是促使企业履行自己的社会责

任。生产守则运动由跨国公司"自我约束"的"内部生产守则"逐步转变为"社会约束"的"外部生产守则"。2000年7月《全球契约》论坛第一次高级别会议召开,参加会议的50多家著名跨国公司的代表承诺,在建立全球化市场的同时,要以《全球契约》为框架,改善工人工作环境,提高环保水平。2002年,联合国正式推出《联合国全球协约》。协约共有十条原则,联合国恳请企业对待其员工和供货商时都要尊重其规定的十条原则。

(三) SA8000 企业社会责任九项标准

SA8000 是 1997 年美国经济优先权委员会(现改名为社会责任国际,SAI)制定的社会责任认证标准。作为全球首个企业社会责任认证体系,其宗旨是确保供应商所提供的产品符合社会责任的要求。对于企业的社会责任,SA8000 从九个主要的方面来界定。现行标准涉及童工使用、强迫性劳动、健康与安全的工作和生活环境、工作时间、工资报酬、管理体系等九个方面的内容。自 2004 年 5 月 1 日起,该认证在欧美一些国家强制推行。随着公众对企业履行社会责任情况的日益重视和"企业是利益相关者共同契约"观的形成,这一新的企业认证体系在西方发达国家开始出现,并已对我国企业的生产和出口产生了实质性影响,需加以研究和认真应对。

二、企业社会责任的表现

(一) 企业社会责任的表现形式

1. 企业对环境的责任

企业对环境的责任表现在以下几个方面。

(1) 防止环境污染。

企业生产经营需要耗费大量物资和能源,产生的废水、废气、废料极易污染环境。企业有责任在项目筹划和决策时,同步考虑防污治污问题,避免先污染后治理。确保"三废"排放达到国家规定的标准,把污染降到最低限度。同时积极运用生态环保技术,开发绿色产品。

(2) 治理受污染的环境。

对环境造成污染的企业有责任采取切实有效的措施治理被污染的环境。根据"谁污染谁治理"原则,承担治污费用,不能推诿。企业污染环境给他人造成损失的,应负责足额赔偿。

(3) 提高环境保护的系统性。

企业应当对承担环境保护的责任做系统安排,把环境保护的要求贯穿到企业的输入、生产、输出、产品的使用与回收等全过程。

2. 企业对员工的责任

企业对员工的责任主要有以下五项。

(1) 尊重员工的人格,认真听取员工建议。在与员工交流中应诚实,共享信息。产生矛盾时应诚恳协商，避免在性别、年龄、宗教等方面的歧视行为，保证员工拥有平等待遇和机会。

（2）关心每个员工的身体健康和劳动安全，保护员工，避免他们在工作中受伤和生病。特别要做好从事特殊工种易受到伤害的员工的保护工作。

（3）为员工提供合适的工作岗位和相对公平的报酬。重视员工的利益，按时足额支付工资，按当地政府规定为员工缴纳失业、养老和医疗保险，努力改善员工的工作条件和物质待遇。

（4）鼓励并帮助员工掌握相关技术和知识，对工作表现出色的员工予以奖励。

（5）发生处罚和解雇行为，应当严格按法律法规、企业章程和劳动合同办理。

3．企业对顾客的责任

（1）尊重顾客。尊重顾客的人格，虚心听取顾客的意见，尊重顾客的文化和民族风俗习惯，禁止用任何方式对顾客进行侮辱、诽谤、歧视。在交易中应尊重顾客的选择权，不能强买、强卖和硬性搭售。

（2）对顾客安全负责。企业为顾客提供产品和服务，必须保证顾客安全。顾客因使用产品或接受服务在人身或财产方面受到伤害的，企业应予以相应赔偿。对有安全隐患的产品，企业有责任及时召回。

（3）提供正确的产品信息。企业应当为顾客提供正确的产品信息，尊重顾客知悉有关产品和服务真实情况的权利，不弄虚作假欺骗顾客和误导顾客。

（4）提供必要的指导。企业不仅有责任说明产品本身，而且有责任引导顾客正确使用其产品，为顾客着想，降低产品使用成本，提高使用效果。

（5）确保产品和服务的质量和数量。顾客的利益主要体现在所购买产品和服务的数量和质量上。企业有责任向顾客提供计量正确、质量合格的产品和服务。

（6）提供良好的售后服务。企业销售产品包括其售后服务。企业有责任设立专门的售后服务点，听取顾客意见，及时解决顾客在使用产品时遇到的问题和困难，负责退回、调换和修理工作。

4．企业对合作者和竞争者的责任

（1）与合作者平等相待，互助互利，恪守信用。企业之间通过市场不断扩大分工合作关系，是现代社会化生产发展的要求。企业必须与合作方平等相处，恪守商业信用，互相支持，互相帮助，禁止以强凌弱、欺诈、胁迫等不道德行为。

（2）与竞争者公平竞争，反对垄断和不正当竞争。市场经济既是竞争经济，也是法制经济。企业在竞争中必须做到：不谋求垄断和限制竞争，不仿冒产品及品牌，不侵犯他人商业秘密，不诋毁竞争对手，不搞商业贿赂，不低价倾销，不串通投标，不作虚假宣传和误导，抵制和揭发不正当竞争，维护健康有序的市场秩序。

5．企业对投资者的责任

投资者是企业最终财产的终极所有者，企业管理者受聘经营企业就必须对投资者负责，施以专业、勤勉的管理，保证向投资者提供公正而又有竞争性的投资回报，保护投资者的财产并使其增值。那种只想从投资者手中获取资金，却不愿或无力给投资者以合理回报的企业管理者，是对投资者的不负责任。

6. 企业对所在社区的责任

企业应密切与所在社区的关系：一方面，为所在社区的居民提供劳动就业机会，增加地方财政资源；另一方面，应关心社区发展，积极参与社区公益活动，尊重社区文化，帮助维护社区公共秩序，在力所能及的条件下支持社区公共设施建设，为增进社区公共福利做贡献。

（二）社会责任与经营业绩

管理案例　　泰诺收回药品

1982年，因有人做手脚，导致芝加哥7人服用泰诺（Tylenol）死亡——政府要求收回该地区的药。泰诺收回全国各地货架3100万瓶该种药品；把药囊被污染事件告知全国50多万名医生；危机第一周开通顾客免费热线电话；免费调换药剂；与公众开诚布公，及时发布准确信息；董事长出现在媒体回答提问，其他官员接受采访。此次事件虽然导致泰诺损失了5000万美元，但公众感受到了企业强烈的社会责任感反而对公司越发信赖，公司一年内销量回升。

尽管在社会责任和经营业绩的范围及其度量方面存在一些困难，但是大多数研究及实证表明，在组织的社会参与和经营业绩之间有正的相关关系。没有确凿的证据可以表明，公司的社会责任行为会明确损害其长期经营业绩。

担心企业承担社会责任而损失其经营业绩，表面看来有一定道理。其实，企业在力所能及的范围内参与一些社会活动，承担必要的社会责任，既有利于社会，又有利于企业自身。因为企业由此改善了公众中的形象，得到了广大消费者的认可和赞同，吸引了大量人才。这些收益足以补偿企业参与社会活动所支付的成本。

也有人提出，企业有了利润，才能够广泛参与社会活动，而不是相反。实践中不能否认有这种情况。但是，企业参与社会活动毕竟反过来又会推动企业取得更好的经济效益，由此形成良性循环，这是企业和社会的共同期望。社会责任与经营业绩的正相关性，说明两者并非对立，在多数情况下它们是相互促进的。

管理道德是管理者行为准则与规范的总和，是在社会一般道德原则基础上建立起来的职业道德规范体系，它通过规范管理者的行为去实现调整管理关系的目的，并在管理关系和谐、稳定的前提下进一步实现管理系统的优化，提高管理效益。

管理者的行为是否合乎道德，是管理者个人道德发展阶段与个人特征、组织结构设计、组织文化和道德问题强度等调节因素之间复杂的相互作用的结果。组织可以采取多种措施来提高员工的道德素质。

企业的社会责任是指企业在承担法律责任和经济责任之外，还应当承担保护和增进社会公共利益与长期利益的义务。

1. 企业管理中为什么要引入道德观？
2. 影响管理者道德素质的因素有哪些？
3. 可以从哪些方面来促进管理者道德行为的改善？
4. 请说说企业伦理管理的作用。
5. 什么是企业社会责任？它有哪些表现形式？
6. 企业是否应当承担社会责任？请谈谈你的理由。

案例分析一　默克公司的"美迪善"计划

早在近一个世纪前，美国默克（Merek）医药公司创始人乔治·默克（George Merck）就明确指出：默克的第一目的是用医学上的创新造福人类，赚取丰厚的利润只是圆满完成使命的附带结果。

20世纪80年代，非洲、拉美地区等第三世界国家有上百万人感染了河盲症，这种疾病的成因是大量的寄生虫在人体组织里游动，最后移到眼睛，造成失明。100万名顾客是规模相当大的市场，只是这些人都很贫穷，买不起昂贵的药品。默克公司知道，研制针对河盲症的药品不可能有什么投资回报，却仍然推动这个计划，希望产品通过检验后，某些政府机构或第三方会购买这种药品，分发给病人。但没有机构愿意购买，于是公司决定免费赠送药品给需要的人，且自行负担费用，直接参与分发工作，以确保药品确实送到受这种疾病威胁的上百万人手中。

默克为什么推动这项名为"美迪善"的计划？默克公司CEO魏吉罗指出，若不推动生产这种药品，可能会瓦解默克旗下科学家的士气——因为默克公司明确提出自己从事的是"保存和改善生命"的事业。魏吉罗说："我15年前第一次到日本时，日本的企业界人士告诉我，是默克公司在第二次世界大战之后把链霉素引进日本，消灭了侵蚀日本社会的肺结核。我们的确做了这件事，而且没赚一分钱，但是，默克如今在日本是最大的美国制药公司，这一点也不意外。这种行为的长期影响并非总是很清楚，但我认为多多少少它会有回报的。"

默克公司在创建以后的大部分时间里，都同时展现出崇高的理想和本身的实际利益。乔治·默克二世是这样解释公司经营业绩与社会责任的联系的："本公司同仁所必须遵守的原则，简要地说就是我们要牢记药品旨在治病救人，不在求利，但利润会随之而来。如果我们记住这点，就绝对不会没有利润；我们记得越清楚，利润就越大。"

（资料来源：默克公司的"美迪善"计划，http://blog.sina.com.cn/qq2210633168.）

讨论分析：企业社会责任与经营业绩有相关性吗？它们是相互对立的还是相互促进的？

案例分析二 消费维权典型案例

项目四
管理理论的发展

导　语

　　人类进行的管理实践已有几千年的历史。从原始人类的集体狩猎到氏族公社的集体劳作与分配,从早期的战争到国家的出现,从埃及金字塔的建设到中国万里长城的修筑,无一不是管理活动的结晶。管理活动源远流长。管理从零散的思想到形成一套比较完整的理论,经过了一个漫长的历史发展过程。管理科学直到19世纪末20世纪初才逐渐形成,并随着管理实践的发展和社会生产力的提高不断丰富和完善。

项目导学

　　学习目标:了解中国古代的管理思想;了解西方早期管理思想及其代表人物;了解古典管理理论的主要内容和代表人物;了解行为科学理论的主要内容和代表人物;了解现代管理理论的不同流派;了解现代管理理论的新思潮。

　　关键术语:马基雅维利　亚当·斯密　固定工资加利润分享　科学管理之父　泰勒制　法约尔　韦伯　有差别的计件工资制　例外原则　霍桑实验　经济人　社会人　需要层次理论　X-Y理论　现代管理理论丛林　知识管理　企业再造　虚拟组织　体验经济

任务一　中外早期管理思想

一、中国古代的管理思想

中国是世界上历史悠久的文明古国之一。早在五千年前，中国已经有了人类社会最古老的组织——部落和王国，有了部落的领袖和首领，因而也就有了管理。李冰父子主持修建的集分洪、灌溉、排沙诸功能于一体的都江堰水利工程，秦大将蒙恬"役40万众"建造的万里长城，隋唐人工挖建的京杭大运河等伟大工程，无不凝聚了我们祖先的管理才能和光彩夺目的管理思想。翻开浩瀚的史卷，中国古代关于管理的精彩论述比比皆是。那些经史子集和文学作品如《论语》《易经》《老子》《孙子兵法》《三十六计》《资治通鉴》《史记》《三国演义》《西游记》《水浒传》《菜根谭》《曾国藩家书》等著作中所包含的管理思想，至今仍备受世界各国管理界的推崇。《孙子兵法》中关于"用兵之道"和"用人之道"的论述，不仅在军事上，也在管理上有重要的参考价值，"知己知彼，百战不殆"这样的名句直到今天仍为人津津乐道。儒家思想中的"仁、义、礼、智、信"也成为东方企业文化的精髓。

二、西方早期的管理思想和代表人物

（一）西方早期的管理思想

国外有记载的管理实践和管理思想可以追溯到六千多年前，一些文明古国如古埃及、古巴比伦、古罗马等在组织大型工程的修建、指挥军队作战、管理教会组织和治国施政中都体现出了大量的管理思想。

管理故事

古埃及人建造的金字塔，是世界上较伟大的管理实践之一。其中最大的胡夫金字塔，高143.5米，底边各长230米，共耗用两吨半重的大石块230多万块，动用了10万多人力，费时20年得以建成。巨大的方石如何采集、搬运、堆砌，众多人员如何安排吃、住、行等，都对计划和管理能力提出了很高的要求。现代著名管理学家德鲁克认为那些负责修建埃及金字塔的人是历史上最优秀的管理者，因为他们当时在时间短、交通工具落后及科学手段缺乏的情况下创造了世界上伟大的奇迹之一。

公元前2000年左右，古巴比伦国王颁布的《汉穆拉比法典》中，有许多条款都涉及了控制借贷、最低工资、会计和收据等经济管理思想。

罗马天主教会早在2世纪，就按地理区域划分基层组织，并在此基础上采用了高效的职能分工，成功解决了大规模活动的组织问题。

《圣经》中记载了希伯来人进行管理的许多故事。在《旧约全书》的《出埃及记》中体现了管理的公权原则、授权原则和例外管理等管理思想。

古罗马帝国建立了层次分明的中央集权组织,按地理区域划分基层组织,并采用效率很高的职能分工,还在各级组织中配备了参谋人员。古罗马帝国的兴盛反映了组织思想的进一步深化。

15世纪,意大利的著名思想家马基雅维利在他著名的著作《君主论》中阐述了许多管理思想,其中影响最大的是他提出的四项领导原理:①群众的认可。领导者的权威来自群众。②凝聚力。领导者必须维持并加强组织的凝聚力,否则组织不可能长期存在。③生存的意志。领导者必须具备坚强的生存意志力,以免被推翻。④领导能力。领导者必须具有崇高的品德和非凡的能力。这些领导原理,与现代管理学尤其是领导科学理论有高度的相关性与一致性。

另外,15世纪世界较大工厂之一的威尼斯兵工厂,当时采用了流水线作业,并建立了早期的成本会计制度,实行了管理分工。工厂的管事、指挥、领班和技术顾问全权管理生产,而工厂的计划、采购、财务事宜由市议会通过一个委员会来负责。这些都体现了现代管理思想的雏形。

(二)西方近代管理的代表人物

18世纪末19世纪初,欧洲逐渐成为世界的中心。英国等一些西欧国家相继进行产业革命。资本主义生产方式在席卷式的革命中压倒了封建制度,随之诞生的新型组织形式——工厂逐渐替代手工作坊。机器大生产和工厂制度的普遍出现,使得人们对管理的认识有了新的高度。这一时期的管理思想代表人物主要有以下三位。

1. 亚当·斯密

亚当·斯密,英国古典经济学家和哲学家,他在1776年出版了《国富论》一书,系统地阐述了劳动分工理论及"经济人"观点。

亚当·斯密在分析增进"劳动生产力"的因素时,指出劳动分工能提高劳动生产率。他以工人制造大头针为例,指出,如果一名工人没有受过专门的训练,恐怕一天也难以制造出一枚针来,但如果把制针的程序分为若干专门操作,平均"一日也能成针十二磅(大约48000枚)"。他认为,分工的益处主要是:①劳动分工可以使工人提高劳动熟练程度;②劳动分工可以减少由于变换工作而损失的时间;③劳动分工可以使劳动简化,使工人更熟悉自己的工作,有利于发现比较方便的工作方法并改进工具。他的上述分析和主张,不仅符合当时生产发展的需要,而且也成为以后企业管理理论中的一条重要原理。

亚当·斯密还提出了"经济人"的观点,认为人的行为动机根源于经济诱因,人都要争取最大的经济利益,工作是为了取得经济报酬。亚当·斯密的分工理论和"经济人"观点,对后来西方管理理论的形成有巨大而深远的影响。

2. 罗伯特·欧文

罗伯特·欧文,19世纪初期英国卓越的空想社会主义者。他早年经营一家大纺织厂,并以在该厂进行了前所未有的试验而闻名于世。他在其管理的工厂中采取了一系列措施,包括:改善工厂的劳动条件;缩短工人的劳动时间;为雇员提供厂内膳食;建立学校;开设夜晚文娱中心等。由于欧文在人的管理方面的实践,后人称他为"人事管理之父"。

3. 查尔斯·巴贝奇

查尔斯·巴贝奇,英国著名的数学家和机械专家,在科学管理方面做了许多开创性工

作。他曾用多年时间对英、法等国的一些工厂进行考察研究,于1832年出版了《论机器和制造业的经济》一书。其中对专业分工、作业方法、机器与工具的有效使用和成本记录与核算等问题都进行了深入论述。他发展了亚当·斯密的劳动分工思想,第一次指出脑力劳动和体力劳动一样,也可以进行劳动分工。他还对劳动报酬问题进行研究,提出"固定工资加利润分享"的新型工资制度。

以上这些先驱者尽管从不同角度提出了当时看来新颖先进的管理思想,但并没有形成一种系统的理论体系,当时社会的整个管理活动仍以传统的管理方式为主。

任务二 古典管理理论

一、西方古典管理理论的产生

19世纪末,随着资本主义自由竞争逐渐向垄断过渡,科学技术水平以及生产社会化程度不断提高,西方国家的工业出现了前所未有的变化:工厂制度日益普及,生产规模不断扩大,生产技术更加复杂,生产专业化程度日益提高,劳资关系也随之恶化。在这种情况下,传统的经验管理方法已经不能适应客观上的要求,一些有识之士开始致力于总结经验,进行各种试验研究,并把当时的科技成果应用于企业管理。因此,从19世纪末到20世纪30年代,这一期间所形成的管理理论,被称为古典管理理论。古典管理理论的主要代表人物有泰勒、法约尔和韦伯。他们三人分别反映了那个时代在管理理论发展中的三个重要方面,即科学管理理论、一般管理理论和行政组织理论。这些理论成为现代管理学的创始基础,对现代管理思想有很大影响。

二、泰勒与科学管理理论

(一)科学管理理论的产生

科学管理理论由美国的弗雷德里克·泰勒首先提出,并在他和他的追随者的不断努力下形成一个理论体系。科学管理理论的诞生是管理发展史中的重大事件,是管理走向科学的第一步。正是由于科学管理理论的产生,才能使管理逐渐发展成为一门学科。因此,在很多管理学著作中,泰勒被称为"科学管理之父"。

泰勒在长期的工厂管理实践中逐渐认识到,企业劳动生产率低下与工人"磨洋工"有关。之所以出现工人"磨洋工"的现象,一方面是因为人的天性是懒惰的,另一方面是因为管理的落后。泰勒认为,只有通过科学的管理才能解决工人"磨洋工"的问题,从而提高劳动生产率。

泰勒认为:"科学管理也不过是一种节约劳动的手段而已。也就是说,科学管理只是能使工人取得比现在高得多的效率的一种适当的、正确的手段而已。这种手段并不会大量增加比工人现在的负担更大的负担。"这就是说,科学管理是使工人不用增加劳动而能增加工效的一种手段。

(二)科学管理理论的主要内容

1. 工作定额

泰勒认为,提高工人劳动生产率的潜力非常大。工人之所以"磨洋工",是由于雇主和工人对一个人一天究竟能做多少工作心中无数,而且工人工资太低,多劳也不能多得。为了发掘工人的劳动生产潜力,就必须制定出科学的操作方法和有科学依据的"合理的日工作量"。为此,必须进行"时间—动作"的研究。方法是挑选合适且技术熟练的工人,把他们的每一个动作、每一道工序及所使用的时间记录下来,进行分析研究,消除其中多余的不合理的部分,得出最有效的操作方法作为标准。然后,累计完成这些基本动作的时间,加上必要的休息时间和其他延误时间,就可以得到完成这些操作的标准时间,据此制定一个工人的"合理的日工作量"。

2. 标准化

"合理的日工作量"是建立在标准化的前提之下的,因为工人的合理的日工作量是按照在标准化的作业环境之中,使用标准的工具、机器和材料,掌握标准的操作方法制定出来的,如果不合乎这些标准,工人就无法完成日工作量。因此,必须把这些标准做出明确的规定,使一切制度化、标准化和科学化,这就是所谓的标准化原理。

管理故事　泰勒的实验

3. 挑选和训练"第一流的工人"

泰勒认为,为了提高劳动生产率,必须挑选第一流的工人,以改变过去由工人自由选择工作的做法。第一流的工人包括两个方面:一方面该工人的能力最适合做这项工作,另一方面该工人又最愿意做这项工作。这样,工人和工作才能实现最佳的结合。因为人的天赋和才能不同,他们所适合做的工作也不同。只要工作对某个人合适,他就能成为第一流的工人。如身强力壮的人干体力活可能是第一流的,但干精细活就不一定是第一流的;而心灵手巧的女工虽然不能干重活,但干精细活却可能是第一流的。所以要根据人的能力和天赋把他们分配匹配,而且还要教会他们科学的工作方法。

4. 实行有差别的计件工资制

泰勒认为,原有的工资制度是不合理的,必须在科学制定劳动定额的前提下,实行刺激性的工资制度。他主张"差别计件工资制",即根据工人完成定额的不同情况采取不同的工资率。如果工人没有完成定额,就按低工资率付给工资,为正常工资率的75%;如果工人超过了定额,就按高工资率付给工资,为正常工资率的125%,以此来鼓励工人完成和超过定额,提高劳动效率。

5. 计划职能和执行职能相分离

为了提高劳动生产率,泰勒主张将计划职能与执行职能分开,即实行专业分工。计划由管理当局设立专门的计划部门来承担,把分散在工人手中的手工艺知识和实践经验集中起来,使之条理化、系统化、标准化,然后由工人执行,而且对工人执行计划的情况进行控制。

而工人服从管理当局的命令,从事执行的职能,并且根据执行的情况领取工资。

6. 实行职能工长制

泰勒主张实行职能管理,即把管理工作进行细分,使每一管理者只承担一两种管理职能。例如,工长对工人的管理,泰勒提出一种"职能工长制",即将管理工作予以细分,一个工长只承担一项管理职能,每个工长在其业务范围内有权监督和指导工人的工作。

7. 例外原则

泰勒认为,规模较大的企业组织及其管理,需要运用例外原则,即企业的高层管理人员为了减轻处理纷繁事务的负担,把例行的一般日常事务授权给下级管理人员去处理,自己只保留对例外事项(重大事项)的决策权和监督权。"例外原则"对于帮助经理人员摆脱日常具体事务,以集中精力对重大问题进行决策监督是必要而有利的。

8. 劳资双方的"精神革命"

泰勒认为,雇主和工人两方面都必须来一次"精神革命",认识到提高效率对双方都是有利的。双方应把原来的相互对立变为互相协作,共同为提高劳动生产率而努力。双方应把注意力从过去注意剩余的分配转移到如何增加剩余上来。

(三)科学管理理论的评价

泰勒的理论使企业管理掀起了一场声势浩大的革命,开创了科学管理的新阶段。从此,企业管理从只凭经验管理走上了科学管理的道路。泰勒科学管理原理的诞生是人类社会发展史上的重大事件,其意义绝不亚于蒸汽机的发明所导致的工业革命。它不仅为当时的资本主义发展做出了巨大贡献,而且也对当代乃至未来的经济发展产生重大而深远的影响。现代管理学家德鲁克评价说:泰勒的发现是一个转折点,在泰勒以前人们认为取得更多产出的唯一途径是增加劳动强度和劳动时间,但是泰勒发现,要取得更多产出的方法是工作得更聪明一些,也就是更具有生产力。他发现使工作具有生产力的责任不在于工人,而在于管理人员。

但是,泰勒的科学管理也不是完美无缺的。这一时期泰勒等人所研究的科学管理,以工厂内部的生产管理为重点,以提高生产效率为中心,主要研究和解决生产组织方法的科学化和生产程序的标准化问题,没有超出车间管理的范围。受到历史条件和个人经历的限制,泰勒的科学管理也存在诸多缺陷:如他把人仍看成是单纯的"经济人",认为人的一切活动都出于经济动机;只重视技术的因素,不重视人的行为;只注重解决作业效率,而不注重研究整体效率等。

三、法约尔与一般管理理论

与科学管理理论不同,法约尔的一般管理理论以组织的整体利益为研究对象。他的代表作《工业管理和一般管理》于1916年出版,这本著作是法约尔一生的管理经验和管理思想的总结。法约尔在管理学上的贡献,主要是把企业经营划分为六类不同的活动,提出了管理的五大职能和管理的14项原则,从而确立了管理普遍性的概念和一个全面的管理理念。

他的管理理论主要体现在以下三个方面。

(一)明确区分经营和管理

通过对企业经营活动的长期观察和总结,法约尔提出,所有工业企业的经营都包括技术、商业、财务、安全、会计及管理六大类基本活动,管理只是经营六项活动中的一项活动。在经营的六项基本活动中,管理活动处于核心地位,不但企业本身需要管理,而且其他五项活动也需要管理。各种人员应按照其在管理等级中所处的地位和所承担的活动具备相应的能力,这些能力由于职位高低和企业规模大小的不同而各有所侧重。

(二) 管理的五大职能

法约尔指出,管理是一种普遍存在于各种组织的活动,这种活动对应着计划、组织、指挥、协调和控制等五种职能,并对这五大职能进行了详细的分析和讨论。

计划:对有关事件进行预测,并以预测结果为根据,拟订出一项工作方案。

组织:为各项劳动、材料、人员等资源提供一种结构。

指挥:使组织为达成目标而行动的领导艺术。

协调:连接、调和所有的活动和力量,使组织的各个部门保持一致。

控制:根据实际执行情况对计划和指示进行检查,保证计划得以实现。

(三) 管理的一般原则

法约尔在《工业管理与一般管理》中提出了 14 项原则。

1. 分工

通过专业化分工使人们的工作更有效率。

2. 权利与责任

法约尔认为,权利即下达命令的权利和强迫别人服从的力量。他特别强调权利与责任的统一,凡是行使职权的地方,就应当承担相应的责任。

3. 纪律

用统一、良好的纪律来规范人们的行为可以提高组织的有效性,人们必须遵守和尊重组织的规则,违反规则的行为应受到惩罚。

4. 统一指挥

每一个下属应当只接收来自一位上级的命令。

5. 统一领导

围绕同一目标的所有活动,只能有一位管理者和一个计划,多头领导将造成管理的混乱。

6. 个人利益服从整体利益

任何个人或小群体的利益,不应当置于组织的整体利益之上。当两者不一致时,主管人员必须想办法使其一致。

7. 报酬要公平

报酬与支付方式要公平合理,对工作成绩和工作效率优良者给予奖励,但奖励应有一个限度,尽可能使职工和公司双方都满意。

8. 集权

集权与分权反映的是下属参与决策的程度。集权的程度应视管理人员的个性、道德品质、下级人员的可靠性以及企业的规模、条件等情况而定。

9. 等级链

从组织的最高层管理到最低层管理之间应建立关系明确的职权等级系列,它是组织内部权力等级的顺序和信息传递的途径。但当组织的等级太多时,会影响信息的传递速度,此时同一层级的人员在有关上级同意的情况下可以通过"跳板"("法约尔桥")进行信息的横向交流,以便及时沟通信息,快速解决问题。

10. 秩序

秩序包括"人"的秩序和"物"的秩序,要求每个人和每一物品都处在恰当的位置上。管理人员首先要了解每个工作岗位的性质和内容,使每个工作岗位都有称职的职工,每个职工都有适合的岗位;同时还要有条不紊地精心安排物资、设备的合适位置。

11. 公平

管理者应当公平善意地对待下属。

12. 人员稳定

人员的高流动率会导致组织的低效率,为此,管理者应当制订周密的人事计划,当发生人员流动时,要保证有合适的人接替空缺的职务。

13. 首创精神

首创精神指人们在工作中的主动性和积极性。当组织允许人们发起和实施他们的计划时,将会调动他们的极大热情。

14. 团体精神

提倡团体精神,在组织中建立起和谐、团结、协作的氛围。职工的融洽、团结可以使企业产生巨大的力量。

法约尔强调,这些原则不是死板的概念,而是灵活的,是可以适应于一切需要的,关键是要懂得如何根据不同的情况灵活运用。

法约尔的一般管理理论对管理科学的形成与发展做出了重要贡献,主要体现在以下三个方面。

第一,提出了"管理"的普遍性。法约尔不再把管理局限于某一个特定的范围内,即不是仅看成是某一类组织的活动,而是认为所有的组织都需要实行管理。同时,他把管理活动从经营中单独列出来,作为一个独立的功能和研究项目。这种对管理"普遍性"的认识和实践,在当时是一个重大的发现。

第二,提出了更具一般性的管理理论。由于泰勒是以工厂管理这一具体对象为出发点的,因此,泰勒的科学管理理论非常富有实践性,但缺乏一般的理论性。与泰勒的科学管理理论相比较,法约尔的管理理论是概括性的,所涉及的是带普遍性的管理理论问题,其形式和对象均是在极其普遍的条件下得出的有关管理的一般理论,所以更具理论性和一般性。

第三,为管理过程学派奠定了理论基础。法约尔的主张和术语在现代的管理文献中使用得很普遍,这说明一般管理理论对现代管理理论有重要的影响。他所开创的一般管理理论,后来成为管理过程学派的理论基础。

四、马克斯·韦伯与行政组织理论

行政组织理论是科学管理的一个重要组成部分,它强调组织活动要通过职务或职位而不是个人或世袭地位来设计和运作。这一理论的创始者是德国社会学家马克斯·韦伯,他从社会学的研究中提出了"理想的"行政组织,被后人称为"组织理论之父"。

韦伯认为,权力是任何一个组织存在的前提和基础,如果没有某种形式的权力来指导组织,组织就无法实现其目标。权力能消除混乱,带来秩序。韦伯把支撑组织存在的权力分为三种:一是合理合法的权力。这是一种按职位等级合理地分配,经规章制度明确规定,并由能胜任其职责的人,依靠合法手段而行使的权力。二是"世袭"的权力。这是一种由于个人占据着特殊职位而产生的权力。三是"神授"的权力。这是一种由于信徒对某个人的信任和信仰而产生的权力。

在韦伯看来,理想的行政组织应当以合理合法的权力为基础。因为合理的权力表明,管理人员的权力是按照其完成任务的能力分配的;管理人员具有行使权力的法律手段;合理合法的权力都有明确的规定。相比之下,"世袭"的权力将不那么有效,因为其领导人不是根据其能力挑选出来的,而且还会采取行动来维护过去的传统。同样,"神授"的权力太感情用事和太不合理了,因为它回避规章制度和程序。

韦伯研究的重点是大型组织和大规模企业的管理问题。他认为,越是庞大的社会经济组织,越需要严密精细的管理。而对大型组织进行严密精细管理的关键在于建立一种理想的行政组织。这种组织具有分工明确、等级清晰、规章制度详尽等特征。在韦伯看来,运用这种理想的行政组织模式,就可以实现小规模企业向大规模企业管理的过渡。

韦伯提出的理想的行政组织模式如下。

(一)明确的分工

每个职位的权力和义务都应有明确的规定,人员按职业专业化进行分工。

(二)清晰的等级关系

各种职位均按权力等级组织起来,形成一个指挥链或自上而下的等级系统。

(三)人员的任用

人员任用应通过正式选拔,按照职务的要求,通过考试和教育训练来实行。

(四)职业导向

组织中的管理人员是专业的公职人员,而不是该组织的所有者。这些管理人员有固定的薪水和明文规定的升迁考核制度。

(五)正式的规则和纪律

管理人员必须严格遵守组织中规定的规则和纪律,明确办事的程序。

(六)非人格化

组织中成员之间的关系以理性准则为指导,只受职位关系而不受个人情感的影响。这种公正的态度,不仅适用于组织内部,而且也适用于组织与外界的关系。

韦伯的行政组织理论是对泰勒和法约尔的理论的一种补充,对后来的管理学家,特别是组织理论家产生了很大的影响。

五、古典管理理论评析

(一)古典管理理论的特点

1. 以提高生产效率为主要目标

泰勒等人从事的一系列企业管理科学研究,都是以提高生产效率为目标的。

2. 以科学求实的态度进行调查研究

科学管理这一名称本身就蕴含了泰勒等人对企业管理问题研究的科学求实精神。为了提高劳动生产率,泰勒等人运用科学方法对生产方法的改进作了长时间的、大量的调查研究。例如泰勒进行了著名的"铁块搬运试验""金属切削试验",吉尔布雷斯对砌砖工人动作与效率的关系进行了大量调查研究。

3. 强调以物质利益为中心,重视个人积极性的发挥

泰勒认为,生产效率的提高主要取决于工人个人积极性的发挥,而物质利益则是刺激工人劳动积极性的唯一有效手段。

4. 强调规章制度的作用

泰勒等人在企业管理实践中,通过大量调查研究总结出一套科学管理的方法,并主张把科学管理的措施形成企业规章制度,以约束工人在生产经营活动中的行为,并区别表现的好坏,给予一定的奖罚;强调组织中上下级的关系必须遵从规章制度,把规章制度作为企业组织重要的管理工具。

(二)古典管理理论的贡献与局限性

1. 古典管理理论的贡献

古典管理理论家们建立了管理研究和实践的科学基础。他们把提高组织效率作为其研究的目标,把科学的方法运用到管理活动和管理过程中,使管理学成为一个独立的研究领域,使管理活动能够在科学的基础上进行,从而使管理者能够管理大型的复杂的组织。

2. 古典管理理论的局限性

无论是泰勒的科学管理理论,还是法约尔的组织管理理论以及韦伯的行政组织理论,虽然他们研究的侧重点各不相同,但他们却有两个共同的特点:一是把人看成"经济人",认为人的一切行为都是为了获得物质利益,忽视对人的需要及行为的研究,基本上是一种见物不见人的管理;二是着重研究组织内部的管理问题,没有涉及组织与外部环境的联系,属于一种封闭系统的管理。

任务三　人际关系与行为科学理论

一、行为科学理论的产生

科学管理理论尽管在提高劳动生产率方面取得了显著的成效,但由于它片面强调对人进行严格的控制和动作的规范,在管理中,把人当作机器的附属品,不是人在使用机器,而是机器在使用人,这就激起了工人的强烈不满。到了20世纪20年代前后,一方面,随着工人的日益觉醒,工人与企业主之间的矛盾越来越大;另一方面,随着工人收入水平的不断提高,金钱刺激的作用也开始下降。在这种情况下,科学管理已难以适应新的形势的要求,需要有新的管理理论和方法来进一步调动工人的积极性,从而提高劳动生产率。于是,一些学者开

始从生理学、心理学、社会学等方面研究组织中有关人的问题,如人的工作动机、情绪、行为与工作之间的关系等,由此导致了行为管理理论的产生。

行为管理理论始于20世纪20年代,早期被称为人际关系学说,以后发展为行为科学。一般认为,行为管理理论产生的标志是著名的霍桑实验以及梅奥的人际关系理论。

二、霍桑实验与人际关系理论

人际关系理论建立在霍桑实验的基础上,而霍桑实验又因为有了梅奥等人的参加而得以成功地进行。

(一) 霍桑实验

工作的物质环境和职工福利的好坏,同工人的劳动生产率有没有明显的因果关系? 1924年,美国科学院派调查委员会到芝加哥西部电气公司下属的霍桑工厂,对两个继电器装配小组的女工工作场所照明、工间休息、点心供应等物质条件的变化与工人生产率之间的关系进行了实验研究,这就是"霍桑实验"。但因为研究缺乏专业人员的指导,实验没有取得什么进展。从1927年起,以梅奥教授为首的一批哈佛大学心理学工作者将实验工作接管下来,继续进行,直到1932年结束。霍桑实验共分为四个阶段。

1. 照明实验(1924—1927年)

照明实验以泰勒科学管理为指导思想,研究照明情况对生产效率的影响。专家们选择了两个工作小组:一个为试验组,变换工作场所的照明强度,使工人在不同光照强度下工作;另一个为对照组,工人在照明强度不变的条件下工作。两个小组被要求一切工作按照平时那样进行,不需做任何额外的努力。试验组的光照度不断变化,而控制组的光照度始终不变。但最终的试验结果出人意料,两个小组的产量并没有因工作条件的变化而有较大的差异。而且,对试验组来说,当工程师把工作场所的光照度一再降低时,工人的生产率并没有按预期那样下降。实验表明:影响生产率的不是物质条件的变化,而是其他方面的因素——心理因素和社会因素。

2. 观察实验(1927—1928年)

为了测定工作条件、工作日长度、休息时间的次数与长度,以及有关物质环境的其他因素对生产率的影响,梅奥等人对六个装配电话的女工进行了一系列的观察研究。研究人员担任管理者,他们力图创造一种"更为自由愉快的工作环境",这些管理者改变了传统的严格命令和控制的方法,就各种项目的实验向工人提出建议,征询意见。随着研究工作的进行,他们发现,不管物质条件、休息时间、计件方法等有多大变化,生产率仍然提高。这说明研究人员的出现影响了实验结果,因为工人们可以自由发表意见,得到关心的工作环境使工人感觉自己受到重视,士气和工作态度也随之改善,喜欢成为被关注和被研究的对象,他们乐于与研究人员合作,精神状态得到巨大的改变。于是研究人员决定进一步研究工人的工作态度和可能影响工人工作态度的其他因素。

3. 访谈实验(1928—1931年)

研究人员在上述实验的基础上进一步在全公司范围内进行访问和调查,访问调查达2万多人次。他们最初设想,如果工人的态度取决于他们对工作环境的喜爱或厌恶,那么改善环境就能提高他们的满意度或激发积极性。因此,研究者原先访谈的内容,大多是有关管理方面的,如询问职工对管理条例或规章制度的看法等。在执行访谈计划的过程中,研究人员发现,职工对这类设计好的问题并不感兴趣,而更愿意宣泄他们对工厂的各项管理制度和方法的不满。谈话使工人把这些不满都发泄了出来,因而变得心情舒畅。结果,虽然劳动和工作条件并没有提高,但是工人普遍感到自己的处境比以前好多了,工作上的后顾之忧也少了,情绪得到了较好的调节,从而使产量大幅度上升。实验发现,需要对管理人员进行训练,使他们能够倾听并理解工人的想法,能够重视人的因素,这样才能促进人际关系的改善、工人士气的提高以及产量的增加。

4. 群体实验(1931—1932 年)

梅奥等人在这个实验中选择 14 名男工人在单独的房间里从事绕线圈、焊接和检验工作,对这个班组实行特殊的工人计件工资制度。研究人员原来设想,实行这套奖励办法会使工人更加努力工作,以便得到更多的报酬。但观察的结果发现,产量只保持在中等水平,每个工人的日产量平均都差不多,而且工人并不如实地报告产量。研究小组发现,该工作室大部分成员都故意自行限制产量,自己确定非正式标准。工人们一旦完成了自己认定的标准以后,即使还有时间和精力,他们也会自动停工或上报他们认为的"合理工作量"。他们认为,如果生产得太多,工厂可能会提高工作定额,这样就有可能使工作速度慢的人吃亏甚至失业。但是如果生产得太少,又会引起监工的不满。深入调查发现,这个班组为了维护他们的群体利益,自发地形成了一些规范。他们约定,谁也不能干得太多突出自己,谁也不能干得太少影响全组的产量,并且约法三章,不准向管理者告密,如有人违反这些规定,轻则挖苦谩骂,重则拳打脚踢。进一步调查发现,工人们之所以维持中等水平的产量,是担心产量提高,管理者会改变现行奖励制度,或裁减人员,使部分工人失业,或者会使干得慢的伙伴受到惩罚。梅奥据此提出"非正式群体"的概念,认为在正式组织中,存在着一些自发形成的非正式群体,他们具有既定的行为准则,对人们的行为起着调节和控制作用。

霍桑实验的结论:改变工作条件和劳动生产率没有直接关系;提高生产效率的决定因素是员工情绪,而不是工作条件;关心员工的情感和改善员工的不满情绪,有助于提高劳动生产率。

(二) 人际关系理论

通过霍桑实验,梅奥等人提出了人际关系理论,其主要论点如下。

1. 人是"社会人",而非"经济人"

梅奥等人认为在古典管理理论中将人视为"经济人",即认为金钱是刺激人的唯一动力的假设是不对的,工作条件和环境以及工资的支付方式等都不是影响产量的主要原因。梅奥等人提出了与"经济人"观点不同的"社会人"观点。其要点是:人重要的是同别人合作,个人是为保护其集团的地位而行动,人的思想行为更多的是由感情来引导。工作条件和工资报酬并不是影响劳动生产率的唯一原因。对职工的新的激励重点必须放在社会、心理方面,以使他们之间更好地合作并提高生产率。

2. 发现并证实了"非正式组织"的存在

所谓"正式组织"是指为了有效地实现组织的目标,规定组织各成员之间相互关系和职责范围的一定组织体系,其中包括组织结构、组织目标和规章制度等。而"非正式组织"是建立在梅奥等人的人是"社会人"观点基础之上的,他们认为由于人是社会动物,所以在相互交往中会自发地形成一种共同的感情、倾向,进而构成一个无形的体系,这就是所谓的"非正式组织"。霍桑实验的结果表明:非正式组织对人起着两种作用。首先,它保护工人免受内部成员忽视所造成的损失,如生产得过多或过少。其次,它保护工人免受外部管理人员的干涉所造成的损失,如降低工资或提高产量标准。至于非正式组织形成的原因,并不完全取决于经济发展情况,而是同更大的社会组织有联系。不能把这种在正式组织中形成的非正式组织看成是一种坏事,而必须看到它是必需的。它同正式组织相互依存,并对生产率的提高有很大影响。

3. 生产效率主要取决于员工的工作态度和人们的相互关系

泰勒认为生产效率主要取决于工作方法、条件和工资制度等,因此,只要采用恰当的工资制度、改善工作条件、制定科学的工作方法就能提高生产效率。梅奥则认为,在决定劳动生产率的诸因素中,置于首位的因素是工人的满意度,而生产条件、工资报酬只是第二位的。员工的满意度越高,其士气就越高,从而生产效率就越高。高的满意度来源于工人个人需求的有效满足,不仅包括物质需求,还包括精神需求。因此,管理者不仅要具有解决技术、经济问题的能力,而且还要具有与被管理者建立良好的人际关系的能力。管理者应力求了解员工行为产生的原因,认识到满足员工各种需要的重要性;要改变传统的领导方式,使员工有机会参与管理,建立和谐的人际关系。

(三) 人际关系理论的评价

在人际关系理论中,强调个人行为、组织行为对组织成败的重要作用;强调不仅要注意工作的物质环境,而且要更多地关心工作的社会环境,从而引起对"人"的重视,促进对组织中人的行为的一系列研究。这些都极大地推动了行为科学管理理论的发展。在此之后,从事行为科学管理理论研究的人大量出现,其中包括社会学家、心理学家、人类学家和经济学家等,从而使行为科学管理理论进入蓬勃发展的阶段。

人际关系理论创立以后曾遭到不少人的反对。古典管理理论的"经济人"观点过于简单,而人际关系理论的"社会人"观点也同样过于简单。它过分强调人受感情逻辑的影响;过分强调非正式组织对个人行为的决定性影响;过分强调人的社会因素而轻视经济因素等。虽然如此,人际关系理论运用多学科的理论真正地开始了对"人的行为"的研究,这不仅为行为科学管理理论的发展奠定了基础,而且为管理理论开创了一个崭新的领域。

三、行为科学理论的发展

20世纪40年代以来,随着人际关系理论的产生,人际关系运动便在实践界和理论界得到了蓬勃发展,致力于人的因素的研究成果也不断涌现。1949年,一批哲学家、社会学家、心理学家、生物学家、精神病学家等,在美国芝加哥大学研究讨论有关组织中人的行为的理论,并将这种研究人的行为的理论正式定名为行为科学。

行为科学理论主要集中在以下四个领域:对个体行为的研究——人的需要、动机和激励等要素,对人性假设理论的研究,对团体行为的研究,对领导行为的研究。研究重点是人的行为和动机,主要目的都在于调动人的积极性和创造性。

下面介绍最具代表性的马斯洛的需求层次理论、赫茨伯格的双因素理论、麦格雷戈的X-Y理论。

(一) 马斯洛的需求层次理论

亚伯拉罕·马斯洛,美国心理学家和行为科学家,1943 年在其所著的《人类动机的理论》一书中提出了"需求层次理论"。这一理论多年来广为流传,并且成为行为科学管理理论中揭示需求规律的主要理论。

马斯洛把人的各种需求归纳为生理需求,安全、保障需求,社交、归属需求,尊重需求,自我实现需求五大类,并且按照其重要性和先后次序排列成一定等级。

马斯洛的需求层次理论对激励工人的主动性和创造性,提高劳动生产率具有重要的促进作用。该理论一经提出,便得到了人们的广泛关注和认同。但是,马斯洛的需求层次理论也有一定的局限性,如他只是揭示了需求、动机与行为之间的相互关系,并没有提出激励人们行为的具体方法;对人的需求层次也仅是做了一种机械性的排列,并没有考虑其多样性等。

(二) 赫茨伯格的双因素理论

美国心理学家弗里德里克·赫茨伯格在广泛调查的基础上,提出了"激励因素—保健因素理论",也称为双因素理论。他认为,影响人们积极性的因素有两类:一类是与工作性质或工作内容有关的因素,称为激励因素;另一类是与工作环境或工作关系有关的因素,称为保健因素。

激励因素包括 6 个方面的内容:工作上的成就感、职务上的责任感、工作自身的性质、个人发展的前景、个人被认可与重用、提职与升迁。

保健因素包括 10 个方面的内容:公司的政策与行政管理、技术监督系统、与监督者个人的关系、与上级的关系、与下级的关系、工作的安全性、工作环境、薪金、人的生活、地位。

激励因素以工作为中心,具有调动积极性的功能;保健因素与工作以外的环境相关联,具有增强满意感的功能。当激励因素具备时,会对人产生很大的激励作用,使人的积极性提高;当激励因素缺乏时,人的积极性就会下降,但不一定产生不满意感。当保健因素具备时,会使人产生满意感,但不一定能调动其积极性;当保健因素缺乏时,则会使人产生很大的不满意感。

由此看出,在影响人的行为的两类因素中,不管是激励因素还是保健因素,缺少其中的任何一个,都会对工作及人的行为产生不利的影响,要么积极性低下,要么不满意感增加。只有当激励因素和保健因素同时具备时,才能既调动积极性又增强满意感,才能使人们积极主动且又心情愉快地投入工作之中。

(三) 麦格雷戈的 X-Y 理论

麦格雷戈,美国心理学家,他在 1957 年出版的《企业的人性面》一书中,首次提出了"X-Y 理论"。

1. X 理论

麦格雷戈把传统管理对人的"经济人"假定叫做"X 理论",其要点如下:人的本性是坏的,好逸恶劳、尽可能逃避工作;由于人有厌恶工作的特性,因此对大多数人来说,仅用奖赏的办法不足以战胜其厌恶工作的倾向,必须进行强制、监督、指挥,并进行惩罚和威胁,才能使他们付出足够的努力去完成给定的工作目标;一般人都胸无大志,通常满足于平平稳稳地完成工作,而不喜欢具有"压迫感"的创造性的困难工作。

2. Y 理论

与 X 理论相反的是 Y 理论。Y 理论的主要观点是：人们并不是懒惰，他们对工作的喜欢和憎恶决定于这一工作对他们是一种满足还是一种惩罚；在正常情况下人愿意承担责任；人们都热衷于发挥自己的才能和创造性。

行为科学家认为，Y 理论是对于人的乐观主义看法，而这种乐观主义的看法是争取工人的协作和热情支持所必需的。但是，奉行 X 理论的管理人员对此表示不同意见。有人指出，Y 理论有些过于理想化了。所谓自我指导和自我控制，并非人人都能做到。人固然不能说生来就是懒惰而不愿负责任的，但在实际生活中的确有些人是这样而且坚决不愿改变。对于这一些人，采用 Y 理论进行管理，难免会失败。同样，对于那些能够做到自我指导和自我控制的人来说，X 理论也未必奏效。

X 理论和 Y 理论，究竟哪个更好呢？要视具体情况而定，这两种理论都有存在的理由。这一点，已被后来的美国管理学家约翰·莫尔斯提出的"超 Y 理论"证实。莫尔斯认为，X 理论并非全错，Y 理论也并非全对，实施管理方式要根据管理对象的性质和特点进行选择，有些管理对象适合使用 X 理论，而有些对象则适合使用 Y 理论。一般说来，文化素质较低的人，适合采用 X 理论的管理方式，文化素质较高的人，则适合采用 Y 理论的管理方式。

任务四　现代管理理论丛林

第二次世界大战以后，管理学研究掀起了热潮，许多学者提出了新的管理理论和学说，形成了各种不同的流派。1961 年 12 月，美国管理学家哈罗德·孔茨发表了名为《管理理论的丛林》的文章，将当时管理理论的各个流派称为"管理理论丛林"。然而，过了 20 多年，这个"丛林"似乎越来越茂密了。据孔茨的研究，至 20 世纪 80 年代有代表性的管理理论学派至少有 11 个之多，为此孔茨又写出一篇名为《再论管理理论丛林》的论文，在该文中他概要地叙述并分析了这 11 个学派。

一、主要管理学派理论介绍

（一）管理过程学派

管理过程学派又称作业学派。该学派早期的代表人物是亨利·法约尔，后来的主要代表人物是美国管理学家孔茨和奥唐奈。由于该学派的特点是把管理理论与管理人员从事工作的过程联系起来，所以称为管理过程学派。该学派认为，不论组织的性质如何，所处的环境如何，管理人员的职能都是相同的。因此，该学派首先研究的是管理职能，并将这些职能作为管理理论的基础，如法约尔把管理划分为计划、组织、指挥、协调、控制五项职能。之后，各管理学家对管理职能的划分虽不完全一致，但也大同小异。孔茨与奥唐奈把管理解释为"通过别人使事情做成的职能"。管理人员的职能有计划、组织、人事、指挥、控制五项，并按此来分析研究管理理论。管理过程学派认为，一切最新的管理思想都能纳入上述结构中去。

管理理论就是围绕这样的结构,把通过长期的管理实践积累起来的经验、知识综合起来,提炼出管理的基本原则。这些原则对于改进管理实践是有明显的价值的。

（二）社会系统学派

该学派认为,人的相互关系就是一个社会系统,它是人们在意见、力量、愿望以及思想等方面的一种合作关系。管理人员的作用要围绕着物质的、生物的和社会的因素去适应总的合作系统。社会系统学派最早的代表人物是美国的巴纳德。巴纳德的主要贡献有如下几点。

（1）提出了社会的各种组织都是一个协作系统的观点。他认为,组织的产生是人们协作愿望导致的结果。个人办不到的许多事,人们通过协作就可办到。

（2）分析了正式组织存在的三种要素,即成员协作的意愿、组织的共同目标及组织内的信息交流。

（3）提出了权威接受理论。过去的学者是从上到下解释权威,认为权威都是建立在等级系列组织地位基础上。而巴纳德则是从下到上解释权威,认为权威的存在必须以下级的接受为前提。至于怎样才能接受,需具备一定的条件。

（4）对经理的职能进行了新的概括。经理应主要作为一个信息交流系统的联系中心,并致力于实现协作努力工作。

（三）决策理论学派

决策理论学派强调决策和决策者在管理中的作用,认为决策贯穿于管理的整个过程,一旦决策失误,企业的生产效率越高,造成的损失也就越大。因此,企业必须采用一套制定决策的新技术,以实现决策的科学化,减少决策失误。该学派的主要代表人物是美国的西蒙。决策理论的主要观点如下。

（1）强调了决策的重要性。该理论认为,管理的全过程就是一个完整的决策过程,即决策贯穿于管理的全过程,管理就是决策。

（2）分析了决策过程中的组织影响。上级不是代替下级决策,而是提供给下级决策前提,包括价值前提和事实前提,使之贯彻组织意图。价值前提是对行动进行判断的标准,而事实前提是对能够观察的环境及环境作用方式的说明。

（3）提出了决策应遵循的准则。主张用"令人满意的准则"去代替传统的"最优化原则"。

（4）分析了决策的条件。管理者决策时,必须利用并凭借组织的作用,尽量创造条件,以解决知识的不全面性、价值体系的不稳定性及竞争中环境的变化性问题。

（5）归纳了决策的类型和过程。把决策分成程序化决策和非程序化决策两类。

（四）权变理论学派

权变管理理论是 20 世纪 70 年代在美国形成的一种管理理论。该理论认为,世界上不存在最好的、能适应一切情况的、一成不变的管理理论、方法和模式,每一种管理理论和方法的提出都有其具体的适应性。这就意味着,管理者在管理实践中,要根据所处的内外部环境条件和形势的发展变化而随机应变,依据不同的具体情况寻求最适宜的管理方法和模式。其主要观点如下。

（1）权变管理把环境对管理的作用具体化,并使管理理论与管理实践紧密地联系起来。

（2）在某种环境条件下，要采用与之适宜的管理原理、方法和技术，这将有利于组织目标的实现。

（3）环境变量与管理变量之间的函数关系是权变关系，这是权变管理理论的核心内容。权变管理理论的最大特点：一是把组织看作社会系统中的分系统，要求组织各方面的活动都要适应外部环境的变化；二是强调根据不同的具体条件，采取相应的组织结构、领导方式、管理机制。

管理案例　"独特"的规定

在一般管理工作中，条例总是规定迟到、早退都应受到处罚，可是在上海有一家企业却规定工人上班迟到30分钟以内不作任何处罚，而早退则要重罚。这是为什么呢？

该厂领导认为，工人早晨上班时要受到各种环境的影响，尤其交通的拥挤是造成工人上班迟到的直接原因，特别是路途较远的职工，常常提前一两个小时从家里出发，可还不能保证按时到厂。如果迟到一会儿就要受罚，肯定会影响他们的情绪。这样的规定，使工人体会到领导的关心，事实上不但没有出现人人迟到、天天迟到的现象，而且生产积极性还有了一定程度的提高。

（五）经验学派

经验学派又称经理学派。这一学派中，有管理学家、经济学家、社会学家、统计学家、心理学家、大企业董事长、总经理及其顾问等。其代表人物主要有德鲁克、戴尔、纽曼、斯隆等。该学派把管理看作经验性很强的实务，认为科学管理和行为科学都不能完全适应企业发展的实际需要，而应该从企业管理的实际出发，收集各类企业管理的成功经验与失败教训，并把这些经验加以概括和理论化，从而为企业经理人员从事管理活动提出更为实际的建议和方法。经验学派通过案例研究，向一些大企业的经理提供在相同情况下管理的经验和方法。其基本观点是，否认管理理论的普遍价值，主张从"实例研究""比较研究"中导出通用规范，由经验研究来分析管理。他们特别重视关于某个公司组织结构、管理职能和程序等方面的研究。

（六）人际关系学派

该学派主张以人与人之间的关系为中心来研究管理问题。该学派把社会科学方面的许多理论、方法和技术用来研究人与人之间以及个体行为的各种现象，研究内容从个体的个性特点到文化关系，范围广泛，无所不包。该学派注重个体、注重人的动因，把人的动因作为一种社会心理现象。其中有些学者强调处理人际关系的重要性，有些学者强调管理就是领导，还有不少人则着重研究人的行为与动机之间的关系，以及有关激励和领导的问题等。

（七）群体行为学派

该学派同人际关系学派关系密切，但它所研究的是组织中的群体行为，而不是一般的人际关系和个体行为；它以社会学、人类文化学和社会心理学为基础，而不是以个体心理学为基础。该学派着重研究各种群体的行为方式，从小群体的文化和行为方式到大群体的行为特点，均在研究之列。有人把该学派的研究内容称为"组织行为"研究。该学派的最早代表人物和研究活动是梅奥和霍桑实验。20世纪50年代,阿吉里斯提出了"不成熟—成熟交替循环的模式"。

(八) 系统理论学派

系统理论学派认为,一个组织的管理人员必须理解构成整个动作的每一个系统。所谓系统即相互联系或相互依存的一组事物,各部分在动作时像一个整体,来达成特定的目标,或按计划与设计发挥其功能。

系统管理学派的代表人物是理查德·约翰逊、卡斯特和罗森茨·韦克。该理论学派强调管理的系统观点,要求管理人员树立全局观念、协作观念和动态适应观念,既不能局限于特定领域的专门职能,也不能忽视各自在系统中的地位和作用。

(九) 社会技术系统学派

这是较新的学派,其创始人是英国的特里斯特。该学派认为,要解决管理问题,只分析社会系统是不够的,还必须分析研究技术系统对社会系统以及对个体心理的影响。组织的绩效甚至管理的绩效,不仅取决于人们的行为态度及其相互影响,还取决于人们工作所处的技术环境。管理者的主要任务之一就是确保社会系统与技术系统的相互协调。该学派特别注重对工业工程、"人机工程"等方面问题的研究。

(十) 管理角色学派

管理角色学派是一个较新的学派,其推广得力于亨利·明茨伯格。这个学派主要通过观察管理者的实际活动来明确管理者工作的内容,也有人对管理者(从总裁到领班)的实际工作进行研究。明茨伯格系统地研究了不同组织中五位总裁的活动,得出结论,即总裁们并不按传统的职能划分行事,如从事计划、组织、领导和控制,而是进行许多别的工作。明茨伯格根据自己和别人对管理者实际活动的研究,认为管理者执行着十种职务或扮演了十种不同的角色。

(十一) 管理科学学派

第二次世界大战期间,运筹学的方法在组织和管理大规模的军事活动,特别是军事后勤活动中,取得了巨大成功。运筹学家认为,管理基本上是一种数学程序、概念、符号以及模型等的演算和推导。他们自身称为"管理科学家",因此出现了管理科学学派。这一学派的主要代表人物是美国的伯法等人。该学派认为,"管理"就是用数学模型及其符号来表示计划、组织、控制、决策等合乎逻辑的程序,求出最优解,以达到企业目标。因此,他们认为管理科学就是制定用于管理决策的数学和统计模型,并将这些模型通过电子计算机应用于管理实践中。

二、现代管理的主要特点

与传统科学管理相比,现代管理已发生了很大变化,主要表现出以下六个特点。

(一) 现代管理的中心由物向人转变,管理方式由刚性向柔性发展

在传统管理中,大生产以机器为中心,工人只是机器系统的配件,因此人被异化为物,管理的中心是物。随着社会的发展和生产力水平的提高,个人因素(如创造性、个性、才能等)在生产活动中越来越显出重要作用。这就促使管理部门日益重视人的因素,管理工作的中

心也从物转向人。在管理方式上,现代管理则更强调用柔性的方法,注重强调职工参与管理、民主管理,以及人力资源开发和员工激励。例如,实行"民主化管理""扩大工作范围和内容""弹性工作时间""提案制度""目标管理""培育企业文化",重视非正式组织,重视员工的培训和继续教育,用情感手段和办法去做人的工作,协调人际关系,想方设法激发员工的工作干劲,充分体现了现代管理"以人为本"的管理新理念。

(二)现代管理理论十分强调系统、权变、创新等管理观点

现代管理理论认为,管理的对象是一个系统,因此必须运用系统思想和系统分析方法来指导管理实践活动,解决和处理管理的实际问题。管理所处的环境系统是十分复杂和多变的,没有一套固定的管理模式能适应各种组织的发展,每个组织必须根据自己的特点,根据现代管理的基本法则创造性地形成自己的管理特色。这就要求管理者必须具有权变和创新的思想,不断丰富管理实践,不断推动管理理论、方法和手段的发展。

(三)现代管理的组织形式呈现多样化、扁平化发展趋势

现代管理的组织形式多样化,并且随着社会经济的发展进行着不断的变革和完善。在组织形式上,一些新的组织形式不断推出,如事业部制、矩阵制、立体三维制、柔性化经营管理特征的"虚拟组织"以及与资产重组和一体化相适应的控股、参股等管理组织模式等;在组织的结构方面,借助于信息技术,组织的层次逐渐减少,从金字塔形组织结构逐步向扁平化、柔性化的组织结构转变,柔性化的组织结构的有形界限逐渐模糊,有利于借用外力和整合外部资源;在组织成员的配备上,组织中各类人员的比例发生了明显的变化,管理者和业务专家的比例大大提高,他们对组织的影响力也越来越强。

(四)现代管理的目标由传统的单纯追求利润转向追求各方利益的共同满足

被誉为"经营之神"的日本松下电器公司董事长松下幸之助曾说:"如果要扩大自己的公司,仅想赚钱是不够的,着眼点要放在更高的地方,要与社会共同发展,或对社会有所裨益。只有如此,才会产生梦想与希望的力量。"实践证明,企业发展与履行社会职责,从长远上看是一致的。仅仅谋求最大利润的管理目标已经显得过时。与社会共同发展,重视员工和顾客的利益,越来越成为企业经营的强有力信念。

(五)现代管理十分重视对组织环境的研究,以提高管理者的工作成效

组织不是一个封闭的系统,它必然要与周围各种环境发生相互作用。管理者的工作成效通常取决于他们对周围环境的了解、认识和掌握程度,取决于他们是否能够正确、及时地作出反应。现代管理理论,特别是权变管理理论,十分强调环境对管理决策和管理行为的重要性,并对影响管理的环境因素进行了探讨。

(六)现代管理广泛运用现代自然科学新成果和现代化管理工具

现代管理广泛运用运筹学、数学、统计学以及电子计算机等现代科学技术和工具,来提高管理工作的效率和经济效益。例如,运用概率论、线性规划、排队论、对策论、网络技术、预测技术、价值工程等,将经营管理中的复杂问题编制成数学模型,通过计算求解、定量分析,作为制定各种可行的较为满意方案的依据;运用电子计算机进行工资管理、成本核算、存贮控制、订货管理、编制生产计划等。20世纪70年代后出现的管理信息系统(MIS)、人工智能技术、分布式数据库技术、虚拟技术、办公自动化系统(OAS)、专家系统(ES)、决策支持系统(DSS)、经理信息系统(EIS)、计算机集成制造系统(CIMS)等管理手段得到不断的发展和完

善,并在管理各个领域中得到更加广泛和深入的应用。

三、21世纪管理新趋势

21世纪,由于竞争的不断加剧、科学技术的突飞猛进和人们生活水平的不断提高,管理的理论与实践也将发生重大的变化。21世纪的管理呈现出了以下三个新趋势。

(一)信息化导致管理规则重构

21世纪人类所面临的变化之快是史无前例的,其所可能发生的变化不仅比以往更加迅猛,更加捉摸不定,而且更加彻底。从21世纪的管理实践看,大致有三股主要的力量在推动着变化的加速,那就是信息技术的发展、人类需求的多样化和全球化进程。而其中对管理影响最大的是信息技术的发展。

信息技术的发展正在彻底改变着人类的生产经营方式和管理方式。由于信息技术的发展,组织之中以及组织之间的信息处理方式发生了翻天覆地的变化。以前一些不言自明的道理,在信息技术高度发展的今天,往往变得不堪一击。在企业中,不管规则成不成文,当它们被制定或被普遍认可时,多少有其道理存在,而规则中蕴藏着的往往是前人的理论与经验的结晶,但在互联网和智能化技术广泛运用之后,这些规则就有待我们仔细商榷。

信息技术的发展是20世纪最伟大的成果,它使人类的生产方式和生活方式都发生了根本性的变化。工业化时代给我们带来了汽车、冰箱、洗衣机、电脑等有形产品,而信息时代的特点是无形的存在物,即用于搜集、分析、传输和综合处理信息的才智与能力,其结果是新公司和新产业如互联网公司、软件系统、机器人、电子商务等的诞生。在工业化时代,企业得以繁荣发展是因为它们能得到并开发利用原材料、拥有标准化产品和服务及大批量生产能力。而随着科技的进步,产品变为商品的速度大大加快,新产品一旦问世,几个月甚至几天内具有类似特性的无牌产品立即就会出现在市场上。除非消费者能从商标中认出价值,否则很多人购物时只考虑价格。因此,只有当我们善于利用无形资产时,才能将自己与其他竞争者相区别,并超价出售商品。这意味着在21世纪,最有价值的商品是无形资产,而不是有形物,有形物只不过是无形物的载体而已,无形资产成为现代企业管理的重要内容之一。

知识拓展

信息技术对企业固有规则的影响(见表4-1)。

表4-1 信息技术对企业固有规则的影响

旧规则	运用的信息技术	新规则
资料只能出现在一处,地方人员需要办公室或档案室,以接收、储存、修正并传送、查寻资料	云盘、互联网、搜索引擎、云计算、智能手机	资料可以不受限制,同时出现在许多地方;各地人员可随时随地搜索查寻、上传和共享使用
只有专家才能处理复杂的工作	专家系统、人工智能	一般人也能做专家的事

续表

旧规则	运用的信息技术	新规则
企业必须在集权与分权之间选择其一	移动信息网络、数据信息平台、即时交互通信系统	企业能取长补短,同时享有集权与分权的好处
由经理人做一切的决定	决策支持工具(大数据、云计算、智能模拟系统)	每个人都可以只做最终的选择
和潜在客户联络的最好方式,便是面对面亲自接触	多样化的即时交互通信系统	客户联络的最好方式,便是有效的接触
你必须找出东西在哪里,考虑如何合理配置各种资源	物联网、自动辨识与追踪技术、智能软件	东西会告诉你它们在哪里,并自动生成最佳配置方案
计划必须定期修正、控制需要专人负责	高效能软件、在线跟踪系统和报警系统	计划可即时修订,控制可以自动化

(二)创意经济引发知识管理

根据现在的发展趋势,与信息技术的广泛运用相联系的另一个未来变化就是我们将从工业经济走向创意经济时代,在这个社会中最基本的经济资源不再是资本、自然资源和劳动力,而是知识和创意:机器人将取代大部分体力劳动,智能技术的发展也将取代大部分的程式化工作,企业的发展将更多地依赖于是否能在知识基础上形成与众不同的创意。与创意经济相对应,将出现一个全新的管理领域——知识管理。

知识管理的核心是运用集体的智慧提高应变和创新能力。在知识型企业中,难免会出现某些员工为了自己的工作成效而隐瞒知识和信息,使信息和知识不能被共享的情况。这种"信息利己主义者"是对知识型企业管理的挑战。知识管理就是要重新调整公司的管理重心,把它建成知识型公司,并建立有利于员工彼此进行合作的环境,开发员工的知识创新能力。企业未来的生存空间就是创意的空间,有效的知识管理要求企业的领导层把集体知识共享和创新视为赢得竞争优势的支柱。在传统的企业中,员工是作为机器的补充而参与生产的,每一个人就像一架机器中可替换的零件,企业关心的是员工做了多少重复的动作,整个企业就像重复操作的机器,管理者的任务只是为它的运作建立秩序;知识型企业将更加注重人的核心作用,员工作为知识的创造者和载体,成为企业的主体,机器只是他们的工具,企业关心的是员工能为企业创造什么,他们的智慧才是企业最看重的,企业就像一个知识库,企业的价值也主要取决于知识的价值,企业的任务就是管好这个知识库。

值得关注的是,在以知识为基础的经济中,新的知识不断涌现,随后大部分知识很快就变得陈旧过时。企业不能等着自己的知识被竞争对手的创新淘汰,而是要主动地淘汰旧产品和旧知识,以争取走在变革的前面,自己建立"游戏规则",领导新潮流。在知识管理中,最难处理的旧知识不是那些已经证明是错误或不适用的知识,而是曾经很成功但未明确证明已过时的知识。人们往往把过去成功的经验不假思索地搬到未来使用,这就难免招致失败。

（三）环境变化促发网络化组织

信息技术促使经营范围、方式发生着急剧的变化，新产业、新需求、新模式层出不穷，知识经济使得组织的资源重心从劳动力、土地、资本转向知识、信息和创意，物质生活的丰富和个体能力的崛起使大众从经济人向社会人、自我实现人转变，自然环境的恶化则促使组织更多地关注社会整体的利益和发展的可持续性。由于21世纪以来，组织的经营环境发生了巨大的变化，未来组织的管理模式也必然会随之发生变化。根据詹姆斯·吕佩等人的总结，未来的组织将不再是传统的金字塔形式，而是各种适应性网络型组织形式。

在信息社会中，企业不再仅仅追求单纯的庞大和复杂，而是必须极其高效地运作。今后的企业必然以大量的信息交流为基础，管理也必然是富有创造力和综合性的、灵活而迅速的。在网络型组织中，除了一些常规性的工作由常设的职能部门完成外，大部分的工作主要将由一些有不同专业知识的员工组成的跨职能工作组完成，并由一些临时性的应急小组负责解决一些特殊问题和满足顾客的临时需要；决策将尽可能由基层做出，依靠技术手段，丰富的信息足以使智慧型员工完全不必再等上层管理者的指示就可做出自己的判断；按照客户的具体要求提供个性化定制生产或服务，即时生产技术取代以前的批量流水线作业，生产过程将变成公司、合作伙伴与顾客之间同时互动的过程；非正式组织将在网络组织中发挥主导作用，权威的建立更大程度上取决于个人的品质、专长和创造性而不是正式职位；这种结构的最大特点在于它能充分发挥个人的能力，同时赋予组织以快速反应的能力。

知识拓展

20世纪与21世纪企业模式对比（见表4-2）。

表4-2 20世纪与21世纪企业模式对比

比较项	20世纪	21世纪
结构	官僚主义盛行，追求规模	没有盲官僚主义，条条框框少，员工人数少
	多层次，金字塔形	层次少，扁平化，网络结构
	组织安排的原则：高级经理负责管理	组织安排的原则：管理层负责领导，员工负责自我管理
	其政策和程序的特征：存在许多复杂的内部相互依赖关系	其政策和程序的特征：使内部相互依赖关系达到满足服务客户所需的最低限度
体系	几乎不依赖业绩信息体系	依赖许多业绩信息体系，特别是能提供有关客户资料的体系
	只向主管们提供业绩资料	广泛传播业绩资料
	只向高级人员提供管理培训和支持体系	为许多人提供管理培训和支持体系
文化	内向型	外向型
	集权型	分权型
	决策慢	决策快
	保密	开诚布公
	倾向于保守	有更大的冒险意识

任务五 现代管理理论的新思潮

自20世纪90年代以来,经济全球化、信息化和知识化迅猛发展,使现代组织所面临的经营环境日益复杂多变。众多管理者不断探索,提出了许多新的管理观念、原则和方法。

一、知识管理

20世纪90年代,美国经济的高速发展,引发了对知识推动经济增长作用的新认识。利用知识资本获得真正的竞争优势正在成为一种全新的管理理念。因此,对知识的管理变得日益重要。

知识管理是使信息转化为可被人们掌握的知识并以此提高特定组织的应变能力和创新能力的一种新型管理形式。知识管理重在培养集体的创造力并推动组织的创新。创新是知识经济的核心内容,是企业活力之源。技术创新、制度创新、管理创新、观念创新以及各种创新的相互结合、相互推动,将成为企业经济增长的引擎。

从国内外知识管理的实践来看,知识管理项目可分为四类。一是内部知识的交流和共享,这是知识管理最普遍的应用。二是企业的外部知识管理,这主要包括供应商、用户和竞争对手等利益相关者的动态报告,专家、顾客意见的采集,员工情报报告系统,行业领先者的最佳实践调查等。三是个人与企业的知识生产。四是管理企业的知识资产,这也是知识管理的重要方面,它主要包括市场资产(来自客户关系的知识资产)、知识产权资产(纳入法律保护的知识资产)、人力资产(知识资产的主要载体)和基础结构资产(组织的潜在价值)等几个方面。

知识拓展　知识管理方法

二、企业再造

从20世纪80年代初到90年代,一方面,西方发达国家的经济发展经过短暂复苏后又纷纷跌进衰退和滞胀的泥潭,国际竞争已达白热化程度。另一方面,企业规模越来越大,组织机构臃肿,生产经营过程复杂,最终导致"大企业病"产生并日益严重。1993年美国的迈克尔·哈默和詹姆斯·钱皮提出了"企业再造"理论。所谓企业再造指从根本上重新思考,彻底翻新作业流程,以便在现今衡量表现的关键上,如成本、品质、服务和速度等,获得戏剧化的改善。

企业再造理论认为,亚当·斯密创立的劳动分工论是建立在大量生产基础上的,而现在是"后工商业"时代,市场需求多变,企业不能再以量求胜,而是应该以质量、以品种求胜。由于社会大生产的发展,使劳动分工越来越精细、协作越来越紧密,相应的企业行政管理结构和生产经营组织结构也越来越复杂,从而导致管理及生产经营成本不断上升,管理效率不断下降,企业应对市场挑战的能力越来越呆滞。因此,按劳动分工论组建起来的公司无法发挥高度的弹性和灵活性以及市场应变能力,所以要求彻底抛弃亚当·斯密的劳动力分工论,而面对市场需要,在拥有科技力量的状况下,去重新组织工作流程和组织机构。在重组中,强调将过去分割开的工作按工作流程的内在规律并在良好的企业文化基础上重新整合和恢复,通过水平和垂直压缩,合并工作、扁平组织、简化流程、提高效率、节约开支,从而达到企业"减肥"和增强竞争能力的作用。

三、虚拟组织

虚拟组织是指两个以上的独立的实体,为迅速向市场提供产品和服务,在一定时间内结成的动态联盟。它不具有法人资格,也没有固定的组织层次和内部命令系统,而是一种开放式的组织结构。因此可以在拥有充分信息的条件下,从众多的组织中通过竞争招标或自由选择等方式精选出合作伙伴,迅速形成各专业领域中的独特优势,实现对外部资源的整合利用,从而以强大的结构成本优势和机动性,完成单个企业难以承担的市场功能,如产品开发、生产和销售。

不同于一般的跨国公司,虚拟组织中的成员可以遍布在世界各地,也许彼此并不存在产权上的联系,相互之间的合作关系是动态的。这完全突破了以内部组织制度为基础的传统的管理方法。虚拟企业的特征表现在以下三个方面。

一是虚拟组织具有较强适应性,在内部组织结构与规章制度方面具有灵活性和便捷性。

二是虚拟组织共享各成员的核心能力。

三是虚拟组织中的成员必须以相互信任的方式行动。

随着信息技术的发展、竞争的加剧和全球化市场的形成,没有一家企业可以单枪匹马地面对全球竞争,所以由常规组织向虚拟组织过渡是必然的。虚拟组织日益成为公司竞争战略"武器库"中的核心工具。这种组织形式有着强大的生命力和适应性,它可以使企业准确有效地把握住市场机会,对于小型企业来说尤为重要。

四、商业生态系统理论

长期以来,人们形成了一种商场如战场的观念。在这个没有硝烟的战场上,企业与企业之间、企业的部门之间乃至顾客之间、销售商之间都存在着一系列的冲突。

美国学者詹姆士·穆尔于1996年出版的《竞争的衰亡》一书,标志着竞争战略理论的指导思想发生了重大突破。穆尔提出了"商业生态系统"这一全新的概念,打破了传统的以行业划分为前提的竞争战略理论的限制,力求"共同进化"。穆尔站在企业生态系统均衡演化的层面上,把商业活动分为开拓、扩展、领导和更新四个阶段。他建议高层经理人员经常从顾客、市场、产品、过程、组织、风险承担者、政府与社会等七个方面来考虑商业生态系统和自身所处的位置。系统内的公司通过竞争可以将毫不相关的贡献者联系起来,创造一种崭新的商业模式。在这种全新的模式下,作者认为制定战略应着眼于创造新的微观经济和财富,即以发展新的循环来代替狭隘的以行业为基础的战略设计。

商业生态系统能有效地利用生态观念制定企业的策略。

一是鼓励多样化。具有多种生命形态的生态系统是最坚强的生态系统。同样地,多样化的公司是最有创造力的公司。这种多样化不仅表现在公司业务内容与业务模式上,而且表现在用人政策上。

二是推出新产品。在生态系统中,生命靠复制来繁衍,每一代生产下一代,以确保物种生存。产品寿命有限,不论今天多么成功,终将被下一代产品取代,因此需要不断地推出新产品。

三是建立共生关系。共生是指两种或多种生物互相合作,以提高生存能力。传统企业视商业为零和竞争,从不考虑互利或共生关系,主张"绝对别把钱留在桌面上"。新型企业总是寻求双赢的共生关系,既在合作中竞争,又在竞争中合作,由此产生了一个新词汇:竞合。例如,苹果公司与微软公司的关系就是一种竞合关系。

五、企业整体策略理论

美国耶鲁大学企业管理学教授戴维·科利斯与哈佛大学企业管理学教授辛西娅·蒙哥马利在《哈佛商业评论》双月刊上撰文指出,有些企业在多元化的发展上一帆风顺,而有些企业则惨遭失败,其成败关键就在于企业整体策略。他们在"资源竞争论"的基础上,进一步提出"以资源为核心的企业整体策略,指导企业创造更大的整体竞争优势"。卓越的企业整体策略能够通过协调多元事业来创造整体的价值,让"1+1＞2",而不仅是零散的事业集合。企业要制定卓越的整体策略,首先要有整合观念。制定卓越的策略,是许多企业经理人努力的目标。有些人从核心能力着手,有些人重整事业组合,有些人则努力建立学习型组织。但是,这些做法都只是在单一要素上着力,而没有将资源、事业与组织三项因素合为一个整体。以策略创造企业整体协作优势的精髓,就是将资源、事业与组织这三项构成"策略金三角"的要素合为整体。

在卓越的整体策略中,资源是连接事业与组织结构的线,是决定其他要素的要素。企业的特殊资产、技术、能力都是企业的资源。不同的资源需要不同的分配方式(转移或是共享),也需要配合不同的控制系统(财务表现控制或是营运过程控制)。卓越的企业整体策略不是随意的组合,而是精心设计的整体系统。

六、模糊经营理论

模糊与数学、控制等名词连为一体,产生出许多新鲜的概念。如今,随着网络技术和虚拟一体化的发展,模糊经营的新观念在电脑等行业中日趋流行。

美国《纽约时报》载文指出,电脑制造商、经销商和零售商之间的界线正在变得模糊:制造商仅仅承担设计产品和品牌宣传而委托别人装配;零售商面临种种新的竞争者,比如因特网销售商成为直接向客户出售产品的制造商;而原本已被认为将要随市场机制变化而淘汰的中间商,现正以崭新的姿态异常活跃起来,他们往往从制造商和零售商那里把储存和搬运商品的种种后勤工作包揽过来。

随着因特网的发展,制造商逐渐走到前台,直接面对用户。如美国戴尔计算机公司通过电话和因特网得到客户的直接订货并在7个工作日之内交付产品的做法,开创了电脑业一种新的经营模式。这种经营模式没有制造商、经销商与零售商的区别,然而,该公司却表现出比电脑业界平均水平高 3—4 倍的发展速度。

纵观经营方式的演变历程，可以发现，日本人 20 世纪 70 年代开创的"准时生产"方法，使人们感到无库存经营成为可能。今天，新的模糊方法则使人们的视线转向"利用别人时间"的方法。利用这种新方法，库存的负担就落在生产链条中的其他参与者身上。正如一些未来学家所设想的，21 世纪产品开发商、制造商和经销商将通过数据网络紧密联系在一起，以致库存的必要性大大减少。

七、体验经济理论

美国学者约瑟夫·派因与詹姆斯·吉尔摩在《哈佛商业评论》双月刊上撰文认为，到 20 世纪 90 年代，体验经济时代已经来临。继农业经济、工业经济、服务经济之后，体验经济已逐渐成为第四个经济发展阶段。所谓体验，就是企业以服务为舞台，以商品为道具，围绕着消费者，创造出消费者回忆的活动。在这个过程中，商品是有形的，服务是无形的，创造出来的体验则是令人难忘的。体验曾被看成是服务的一部分，但实际上体验是一种经济商品。

在服务经济阶段，许多企业只是将体验与传统产品包在一起，帮助产品卖得更好。未来企业要彻底发挥体验的优势，必须用心设计，让消费者愿意为体验付费。如今，不少企业已经在尝试提供体验。但是，目前大部分的企业还只是对产品与服务收费，显示体验经济尚未成熟。企业要向寻求体验的顾客收取门票，才算将体验当作经济商品营销，真正迈入体验经济。

体验的特质包括消费者是主动参与还是被动参与，以及消费者是融入情境还是仅仅吸收信息。体验因为主动参与或被动参与、融入情境或仅仅吸收信息，可以分为四大类，即娱乐体验、教育体验、遁世体验、美学体验。

有了人类社会，就有了管理活动。人类的管理实践活动，为早期管理思想的产生奠定了基础。

西方早期管理思想的主要代表人物有马基雅维利、亚当·斯密、罗伯特·欧文、查尔斯·巴贝奇等。

泰勒、法约尔和韦伯分别从个人、组织和社会三个不同的角度提出了古典管理理论。由于科学管理理论的产生，管理逐渐发展成为一门学科。

梅奥以他的霍桑实验提出了"社会人"的观点，并发展成为人际关系理论，由此成为行为科学发展的开端。

第二次世界大战后，管理理论引起人们的普遍重视，许多学者从不同角度研究管理学，形成了管理理论的丛林。

20 世纪 90 年代以来，经济全球化、信息化和知识化迅猛发展，现代组织所面临的经营环境日益复杂多变，竞争越来越激烈。众多管理者不断探索，涌现了现代管理理论的新思潮。

1. 比较古典管理学派的三位杰出代表人物的管理思想,他们的管理思想过时了没有?在当今的管理实践中应当如何应用?
2. 关于行为科学理论,你认为它在现实生活中对我们有哪些指导意义?
3. 试述需求层次理论的观点,并结合自身需要谈谈体会。
4. 你认为现代管理理论的哪些思想或方法是从古典管理理论中得到启发的?
5. 在执行管理的各项职能的时候该如何应用权变管理理论,谈谈你的看法。
6. 简述现代企业管理的总体发展趋势。
7. 虚拟组织的基本特征表现在哪几个方面?
8. 在体验经济背景下,服务型企业如何创新营销策略?

案例分析一 离职原因:集体宿舍卫生太差,让人无法忍受

某饭店人力资源部人事状况报表反映,本月进实习生15名,离职2名。离职原因:"集体宿舍卫生太差,让人无法忍受。"

看到此报表,饭店分管领导带领人力资源部、安全部相关负责人走访了饭店所有集体宿舍。宿舍状况是,饭店地处市中心,寸土寸金,没有现成配套统一的集体宿舍,现有的集体宿舍是向饭店周围居民公寓楼分散租用来的,有的一户是两房间一厅一卫生间一厨房,有的一户是三房间一厅二卫生间一厨房,房间大一点的安排3个高低床5人住,房间小一点的安排2个高低床3人住,空调、网络设施齐全,晾衣有阳台。由于宿舍分散在市区的各社区里,没有安排专人专职统一管理和保洁,所以宿舍里脏乱差现象严重,有起床后不叠被子的,有书本、笔记本电脑、日常用品乱堆乱放的,有电器插座床头随便挂的,卫生间纸篓手纸满出无人清理的。难怪两位女生"无法忍受",只能离职。

走访结束,饭店召开了专题会议,一致认为饭店现在的宿舍状况实际上是给外来员工提供了工作之外能栖身的床位,但没有良好的管理和居住品质。长期这样的状况,不但存在安全事故的隐患,而且生活环境卫生质量差、无人管理,还会影响员工下班后居住的生活质量和心情,甚至还会引发室友之间的矛盾,最终导致类似实习生离职情况的再次发生。饭店花钱租用来的宿舍,原本是想解决招工难、难招工,给外来员工解决住宿问题,但缺乏管理和居住品质,也不利于员工的稳定和饭店服务,最终达不到以人为本的初衷。因此,应加强安全、卫生品质管理,保证员工下班后在宿舍能有良好的居住环境,保证员工的心情不因居住环境受到影响和打击。

会后,饭店人力资源部对集体宿舍建立了使用制度和管理制度,建立了寝室长管理制度

和宿舍人员卫生值日轮流制度,人力资源部与安全部每月联合现场检查考评打分,考评结果与寝室长和卫生值日人及住宿人奖惩挂钩。人力资源部每月召开一次全体寝室长会议通报情况,表扬好人好事,研究解决宿舍里的疑难杂症,对严重违反宿舍纪律人和事也按章处理,决不姑息,直至取消住宿资格。

通过集体宿舍制度化的管理、定期检查、责任奖惩,宿舍面貌发生了变化。员工说:"这才叫高星级饭店,以人为本,前台、后台管理一个样,我们休息环境好了,心情好了,上班服务也有劲了。"

讨论分析:请你结合本项目中的双因素理论,对案例进行评价。

案例分析二 绝对物有所值

第二部分

管理技巧篇

Guanli Jiqiao Pian

项目五 决　策

导　语

决策是人类活动的固有行为之一,其历史和人类社会一样悠久。在现代社会中,决策越来越重要,它是管理者的主要管理内容。在跨入21世纪后,组织所面临的环境日渐纷繁复杂,瞬息万变。市场风云的急剧变化,直接影响着组织的生存与发展。管理者必须审时度势,善于从组织内外多种关系的联系及其综合作用中,发现对组织有利的契机,作出正确的决策,以保证和促进组织的长期稳定发展。决策已成为企业管理中的核心问题,决定着企业的兴衰成败。

项目导学

学习目标：理解决策的含义；掌握决策的分类方法；认识决策的重要意义；把握影响决策有效性的各个因素,提高决策的科学水平；掌握决策的主要方法。

关键术语：决策　战略决策　程序化决策　非程序化决策　风险型决策　不确定型决策　"满意"原则　头脑风暴法　德尔菲法　决策树法

任务一　认识决策

一、决策的概念与特点

决策是指决策者在拥有大量信息和丰富经验的基础上,对未来行为确定目标,借助一定的手段、方法和技巧,对有关影响因素进行分析研究后,从两个以上备选方案中选择一个满意方案的分析判断过程。它有以下特点。

(一) 目标性

任何决策都必须首先确定目标。目标明确以后,方案的拟定、比较、选择、实施及实施效果的检查就有了标准与依据。

(二) 可行性

决策方案的拟订和选择,不仅要考察采取某种行动的必要性,更要考虑其可行性。缺乏必要的人力、物力和技术条件,理论上非常完善的方案,也只能是"空中楼阁"。

(三) 选择性

决策的实质是选择,没有选择就没有决策。要有所选择,就必须提供可以相互替代的多种方案。在制订可行方案时,应满足整体详尽性和相互排斥性要求。

(四) 满意性

决策的原则是满意,而非最优。

> **知识拓展**
>
> 在实际工作中应该选择"最优标准"还是"满意标准"?为什么?
> 如果能达到最优标准,何乐而不为呢?但在实际工作中往往难以达到。因为人们的认识受许多因素的限制,如主客观条件、科技水平、信息以及环境、时间等。有的最优方案对某一企业是适用的,在另一企业就不一定适用;有的在短期看是最优的,而长期效果不一定很好。因此,绝对的最优标准是不存在的,最优也是相对而言的。

(五) 过程性

决策是一个过程,而非瞬间行动。决策是为达到目的,在两个或多个可行方案中选择一个合理方案的分析判断和抉择的过程,是一个"决策—实施—再决策—再实施"的连续不断的循环过程。

(六) 动态性

决策建立在大量的组织内外信息的基础上,而且通过决策使组织和外部环境保持平衡。但外部环境(包括自身条件)是变化的,因此应与时俱进,不断掌握新情况,解决新问题。

二、决策的分类

决策所涉及的范围相当广泛,且各有特点。为了便于决策者从不同管理层次上掌握各类决策的特点,根据管理工作的需要,这里介绍几种较为普遍的决策分类。

(一) 按决策层次划分,决策可分为战略决策、管理决策和业务决策

1. 战略决策

战略决策指事关组织未来发展的全局性、长期性的重大决策。战略决策一般由组织的

最高管理层制定,故又称之为高层决策。企业的战略决策主要包括企业经营目标和方针的决策、新产品开发决策、投资决策、市场开发决策等。

2. 管理决策

管理决策指组织为实施战略决策而在人、财、物等方面作出的战术性决策。管理决策一般由组织的中间管理层作出,故又称为中层决策。管理决策具有指令性和定量化的特点,其正确与否,关系到战略决策的顺利实施。企业的管理决策主要包括生产计划决策、设备更新改造决策等。

3. 业务决策

业务决策指在组织的日常工作和活动当中,为提高工作效率和合理开展活动而进行的决策。这种决策一般由组织的基层管理层作出,故又称为基层决策。企业中属于这种决策的有生产作业方法的决策、库存物资发放方式的决策等。

战略决策、管理决策和业务决策之间没有绝对的界限之分,尤其是管理决策和业务决策在不少小企业往往很难截然分开。制定决策的各级管理层次也并非不可逾越。一般来说,为了调动各级管理人员的积极性,提高决策质量,在各管理层重点抓好本层次决策的同时,三个层次的决策者都应或多或少地参与相邻管理层的决策方案的制定工作。

(二)按决策事件发生的频率划分,决策可分为程序化决策和非程序化决策

1. 程序化决策

程序化决策是指能按规定的决策程序和方法解决管理中重复出现的问题的例行决策。由于这类决策问题产生的背景、特点及其规律较为相似,且易被决策者掌握,所以决策者可根据以往的经验或惯例来作出决策。这种决策具有常规性、例行性的特点。如生产决策、采购决策、设备选择决策等均属于此类决策。

2. 非程序化决策

非程序化决策是指由于大量随机因素的影响,很少重复出现,常常无先例可循的决策。由于缺乏可借鉴的资料和较准确的统计数据,决策者大多对处理此类决策问题感到经验不足,所以,决策时没有固定的模式和现成的规律可循。这样就需要充分发挥决策者及其智囊机构的主观能动性,通过敏锐的洞察力、科学的思维方式、丰富的知识积累和经验,来解决好这类决策问题。如经营方向及经营目标决策、新产品开发决策、新市场的开拓决策等均属于此类决策。

(三)按决策的时间跨度长短划分,决策可分为长期决策与短期决策

1. 长期决策

它是指1年以上(一般是3—10年),关系到企业发展前途和方向的决策,属于长期性的、全局性的战略决策。如企业的长期投资决策、市场开拓、技术改造、产品开发、人力资源开发、组织革新等方面的决策均属此类。

2. 短期决策

它是指1年和1年以内的战术性决策,如日常的营销策略、广告策略等。短期决策应该服从和服务于长期决策。

（四）按决策的确定性程度划分，决策可分为确定型决策、风险型决策和不确定型决策

1. 确定型决策

确定型决策指决策者对每个备选方案未来可能发生的各种情况（自然状态）及其后果十分清楚，特别是对哪种自然状态将会发生已有确定的把握。此时只需要对各备选方案的结果进行比较，就可从中选择一个最有利的方案。此种决策在组织中较为普遍。

2. 风险型决策

风险型决策指决策事件未来多种自然状态的发生是随机的，决策者可根据类似事件的历史统计资料或实验测试等估计出各种自然状态所发生的概率，计算各备选方案的期望损益值，然后根据计算的结果作出决策。此种决策带有一定风险，主要源于自然状态的概率是估计值。

3. 不确定型决策

不确定型决策指决策者无法确定事件未来多种自然状态的概率，只是凭借决策者的经验、感觉和估计所作出的决策。此类决策在企业外部环境变化较大时，也是经常发生的。

（五）按决策主体的不同划分，决策可分为个人决策和群体决策

1. 个人决策

个人决策是指决策机构的主要领导成员通过个人决定的方式，按照个人的判断力、知识、经验和意志所进行的决策。在某些随机性很强的突发事件面前，要求当机立断时，应当承认个人决策的必要性。个人决策一般用于日常工作中程序化的决策和管理者职责范围内的事情的决策，它具有合理性和局限性。

2. 群体决策

对于复杂的决策问题，不仅涉及多目标、不确定性、时间动态性、竞争性，而且个人的能力已远远达不到要求，为此需要发挥集体的智慧，由多人参与决策分析。这些参与决策的人，我们称之为决策群体，群体成员制订决策的整个过程就称为群体决策。

（1）群体决策的优点。

①更完全的信息和更全面的知识。

②观点的多样性。

③提高了决策的可接受性。

④增加合法性。

（2）群体决策的缺点。

①浪费时间。

②存在从众压力。

③可能被少数人控制。

④责任不清。

管理案例　　通用公司的"全民决策管理制度"

美国通用电气公司（GE）是一家集团公司，1981年杰克·韦尔奇接任总裁后，

认为公司管得太多，而领导得太少，"工人们对自己的工作比老板清楚得多，经理们最好不要横加干涉"。为此，他实行了"全民决策"制度，使那些平时没有机会互相交流的职工、中层管理人员都能出席决策讨论会。"全民决策"的开展，打击了公司中官僚主义的弊端，减少了繁琐的程序。实行"全民决策"，使公司在经济不景气的情况下取得巨大进步。

三、决策的意义与作用

（一）决策的正确与否关系着组织的兴衰存亡

决策的过程就是从多个可行性方案中选定理想方案的过程，也就是选取代价最低、耗时最短、效果最佳的方案。决策成功是最大的成功，决策失败是最大的失败，决策正确与否关系着组织和事业的兴衰存亡。因此，管理者必须掌握正确的决策艺术与技巧，审时度势，纵观全局，于千头万绪之中找出关键问题所在，权衡利弊，及时作出正确可行的决策。

管理案例　日本尼西奇公司的一次经营决策

在战后初期，日本尼西奇公司仅有30余名职工，生产雨衣、游泳帽、卫生带、尿布等橡胶制品，订货不足，经营不稳，企业有朝不保夕之感。公司董事长多川博从人口普查中得知，日本每年大约出生250万婴儿，如果每个婴儿用两条尿布，一年就需要500万条，这是一个相当可观的尿布市场。多川博决心放弃尿布以外的产品，把尼西奇公司变成尿布专业公司，集中力量，创立名牌，成为"尿布大王"。资本仅1亿日元，年销售额却高达70亿日元。此例说明，经营决策正确，可以使企业在风雨变幻的市场上独居领先地位，并可保持企业立于不败之地。

（二）决策是充分发挥管理职能的重要前提条件，是管理的核心

决策理论的创始人西蒙说："管理就是决策。"他认为，要经营好一个企业，使其发挥最大的效益，就必须具备有效的组织、合理的决策和良好的人际关系。三者之间，决策是基础和核心，脱离了决策就谈不上管理。西蒙认为，管理可以从纵向和横向两个方面来看。纵向就是从管理的程序看，包括计划、组织、人员配备、领导与指挥以及控制等。从横向看，各项管理职能中都存在着如何合理决策的问题，决策是管理中最本质的东西。

（三）科学决策是市场经济的客观要求

决策将使我们避免盲目性和风险性。随着现代社会化大生产的迅速发展和科学技术的进步，人们的生活也更加复杂多变。领导者单靠个人经验、才能进行决策已经远远不够了，需要运用科学决策的手段和方法。

决策具有社会性的特点，决策是否讲求艺术，决定着行动效果的好坏。随着现代社会化大生产的不断发展，各个部门、各个领域联系广泛，往往"牵一发而动全身"，产生一系列连锁反应。成功的领导者，必须做到多谋善断，科学决策。

任务二　提高决策有效性的要素

一般意义上讲,有效的决策包括四个方面的内容,即有效的决策标准、充分的决策依据、科学的决策程序和优秀的决策者。

一、有效的决策标准

决策必须有一个科学、有效的标准,这个标准要确保组织目标的实现。管理实践表明,用最优化作为决策的标准是十分困难的。西蒙提出用"满意"原则代替"最优化"原则。以往的经济学家和管理学家往往把人看成是以"绝对理性"为指导,按"最优化准则"行动的"经济人"或"理性人"。事实上,这是一种理想状态。因为要做到完全合理地进行决策,需要具备以下几个前提条件。

(1) 决策者对各种方案及其执行结果无所不知。
(2) 决策者能对预测对象今后的发展趋势作出准确无误的推测。
(3) 决策者对各种期望目标能按照事先规定的顺序贯彻始终。
(4) 决策可在无时间限制的条件下进行。
(5) 决策约束条件是固定不变或同步变化的。

这一切实际上都是不可能的。在企业的管理工作中,西蒙提出的"满意"原则就是拥有适当的市场份额、适当的利润、公平的价格等。企业要达到足够满意化,应该是在对社会无害的前提下,选择经济上合理和技术上先进的方案,使企业的外部环境、内部条件和经营目标达到令人满意的平衡。因此,"满意"的标准,就是合理和有效的决策标准。

二、充分的决策依据

管理者在决策时离不开信息。信息的数量和质量直接影响决策水平。管理者在决策之前以及决策过程中应尽可能地通过多种渠道收集信息,作为决策的依据。但这并不是说管理者要不计成本地收集各方面的信息。管理者在决定收集什么样的信息、收集多少信息以及从何处收集信息等问题时,要进行成本—收益分析。只有在收集的信息所带来的收益(因决策水平提高而给组织带来的利益)超过因此而付出的成本时,才应该收集信息。

三、科学的决策程序

在决策过程中,为了使决策能达到预期的效果,提高决策的水平,减少决策的失误,除了要采用有效的决策标准外,还必须严格按照决策的程序进行。这里,我们将决策程序划分为六个阶段:判断问题、认识和分析问题、确定决策目标、寻求可行方案、对备选方案进行评价和选择、方案选择与实施、方案监督与反馈。决策过程其实跟人类的逻辑思维过程是一致的,即问题是什么?有哪些解决方案?哪一个方案最好?最后一阶段是实施情况的一个总结,它往往是下一轮决策的一个起点。

(一) 判断问题、认识和分析问题

发现问题是决策过程的起点,及时发现问题的苗头,正确界定问题的性质和问题产生的根源是解决问题、提出改进措施的关键。这就要求企业各级管理人员具备正确发现问题的能力。所谓问题,就是目标与现实之间存在的差距。

怎样才能正确地判断问题呢?首先,确定是否存在需要解决的问题。确定问题是否存在的有效方法是将现状与理想状况(或期望目标)加以比较,若两者之间存在着较大的差异,管理者就可断定他面临着一系列需要解决的问题。其次,要确定问题出在何处。除非问题产生的原因昭然若揭,否则,管理者就要像高明的医生那样,通过收集与问题有关的信息,透过问题的表面现象,找出妨碍目标实现的阻力或出现差异的原因到底是什么。最后,明确真正的问题及其可能的原因。通过收集大量的信息,对各种限制因素进行分析,从而确定真正的问题(原因)。只有找到了真正的问题及其原因,才能为正确决策奠定基础。

(二) 确定决策目标

确定决策目标阶段的目的在于澄清解决问题的最终目的,明确应达成的目标,并对目标的优先顺序进行排序,从而减少以后决策过程中不必要的麻烦。目标的确定十分重要,同样的问题,由于目标不同,可采用的决策方案也会大不相同。

决策目标往往不止一个,而且多个目标之间有时还会有矛盾,这就给决策带来了一定的困难。要处理好多个目标,可以采用三种方法:一是尽量减少目标数量,把要解决的问题集中起来;二是把目标依重要程度的不同进行排序,把重要程度高的目标先行安排决策,减少目标间的矛盾;三是进行目标协调,即以总目标为基准进行协调。

管理案例　　确定决策目标的重要性

1985年,由马来西亚国有重工业公司和日本三菱汽车公司合资2.8亿美元生产的新款汽车"沙格型"隆重推向市场。马来西亚政府视之为马来西亚工业的"光荣产品"。产品在推出后,销售量很快跌至低谷。专家们经过研究,认为"沙格型"汽车的一切配件都从日本运来,由于日元升值,它的生产成本急涨,再加上马来西亚本身的经济不景气,所以汽车的销售量很小。此外,最重要的因素是政府在决定引进这种车型时,主要考虑到满足国内的需要,因此技术上未达到先进国家的标准,无法出口。由于在目标市场决策中出现失误,"沙格型"汽车为马来西亚工业带来的好梦,只是昙花一现而已。此例说明,科学决策的前提是确定决策目标。它作为评价和监测整个决策行动的准则,不断地影响、调整和控制着决策活动的过程,一旦目标错了,就会导致决策失败。

(三) 寻求可行方案

在诊断出问题的根由及澄清解决此问题的真正目标之后,应寻求所有可能用来消除此问题的对策。这些可能的备选方案应互相具有替代作用。提出的可行方案应尽可能详尽,方案的数量越多、质量越好,选择的余地就越大。方案的探索离不开三个基本要素:一是决策目标。方案的探索必须以实现决策目标为出发点。二是外部环境。可行方案的寻求一定要充分地利用外部环境提供的条件,并且充分利用外部环境所提供的各种情报信息。三是组织内部条件。在组织内部条件可能的条件下,充分利用组织现有的各种资源。

1. 从过去的经验中找对策

最容易的对策寻找方法,是从自己及别人过去处理类似问题的经验中寻找可行对策,并套用于新遭遇的问题上,即"援例引用""模仿使用"。假使问题的性质相同,并一再发生,而对问题所采用的措施也接近,则这种问题的解决过程即称为程序化行为。一般地,组织内部越是基层主管,越多应用程序化的例行决策行为,企业内部运作中越简单或无竞争的业务活动,越应使用例行决策,因为这样做既便宜又适当。

2. 从未来创造中找对策

企业经理要求管理人员将主要力量放在以未来为导向的创新过程中,力求突破改进,有效达成目标。凡是所有决定增加某些新的、有用的因素的决策,都可以称为"创造性"决策。当然,管理人员可以在整个决策过程中,充分运用创造的力量,改进决策品质,如在发现问题时,在明确目标时,在思考对策时,在寻求相关因素时,在评估优劣时,都可使创造力发挥作用。

(四) 对备选方案进行评价和选择

方案的评价与选择是决策过程最关键的环节,为此,首先要建立一套有助于指导和检验判断正确性的决策准则。决策准则表明了决策者关心的主要是哪几个方面,一般包括目标达成度、成本(代价)、可行性等。

其次,根据组织的大政方针和所掌握的资源来衡量每一个方案的可行性,并根据此项列出各方案的限制因素。

再次,确定每一个方案对于解决问题或实现目标所能达到的程度,并对采用这些方案后可能带来的后果进行分析。

最后,根据可行性、满意度和可能产生的后果,比较哪一个方案更有利。

(五) 方案选择与实施

在对各个方案分析评价的基础上,决策者最后要从中选择一个满意方案并付诸实施。在抉择时要注意以下问题。

1. 任何方案均有风险

即使在决策过程中选定了一个似乎满意的方案,也必定具有一定程度的风险。这是因为,因素的不确定性只能减少到最低限度而不可能完全消除。

2. 不要一味追求最佳方案

由于环境的不断变化和决策者预测能力的局限性,以及备选方案的数量和质量受到不充分信息的影响,决策者可能期望的结果只能是作出一个相对令人满意的决策。

3. 在最终选择时,应允许不做任何选择

有时,与其乱来,不如不采取任何行动,以免冒不必要的风险。

一旦做出决策,就要予以实施。实施决策,应当首先制定一个实施方案,包括宣布决策、解释决策、分配实施决策所涉及的资源和任务等,要特别注意争取他人对决策的理解和支持,这是决策得以顺利实施的关键。

知识拓展　布里丹毛驴效应

（六）监督与反馈

我们把监督、控制和评价决策结果也列入了决策过程,要求在决策实施过程中建立信息反馈渠道,及时检查实施情况,发现差异查明原因,对已有的决策进行不断的修正和完善,直至解决问题。

四、优秀的决策者

组织的决策是通过决策者的工作来进行的。决策者可能是个人,也可能是群体。决策者是科学决策的最基本要素,也是诸要素中的核心要素和最积极、最能动的要素,是决策成功的关键所在。

（一）决策者应遵循的原则

1. 从实际出发,以需要和可能为前提条件

需要,是指在组织的活动中确实存在着必须通过决策才能解决的问题,决策执行的结果是实际需要的,是符合组织外部条件和自身条件的。可能,是指实施决策已具备很多有利条件,组织将采取的措施是主客观条件所允许的。只有具备了主客观条件的决策才是可行的决策,只有符合实际需要的决策才有实施的必要。

2. 贯彻群众路线,集中集体智慧

决策所要解决的问题往往复杂多变,性质各异,每个问题的解决又要涉及组织内外各种因素和影响组织的工作。同时,决策所解决的相当多的是偶尔出现的新问题,需要制定多个备选方案。这就需要多方面的知识和丰富的经验,单靠某个人独自完成是非常困难的。所以,应动员各部门管理人员参加决策,并广泛地发动广大员工通过一定方式参加组织的决策,为决策的实施打下坚实、广泛的群众基础。

3. 遵守国家的法律规定,适应社会发展的各种要求

组织的决策会受到社会的政治、经济、法律、道德、社会习俗等的影响和制约。决策必须符合国家的方针和政策,正确地处理各种经济利益关系,在法律规定、道德规范、社会习俗等允许的范围内进行决策。

4. 要勇于开拓,敢于创新

组织的外部环境是不断变化的,所面临的许多问题是新问题和非程序化问题,对此没有现成的解决办法;即使是与过去相同的老问题,也会有新情况和新要求,仅靠老办法难以取得较好的效果。因此,决策必须发扬开拓与创新精神,打破旧框框,抛弃老习惯,解决新问题,开辟新道路,创造新思维,寻找新办法。

5. 注重决策效果,提高决策效益

只有重视决策的效果,才能使决策达到预期的目的。决策所产生的经济效益在决策效

果中占有十分重要的地位。经济效益主要是指决策引起的经济收益与所投入资源(货币表现)两者间的比较。在衡量决策的经济效益时,不仅要比较组织某一局部的收益与投入,还应比较整个组织范围内的全部收益和投入。同时,决策者还要从整个国民经济的角度,分析和考察决策所产生的社会效益。

(二) 决策者的素质与能力

1. 决策者应具备的知识、意志素质

决策是一种通过人脑进行逻辑选择和分析推理的活动,本质上是一种技术性较强的活动。因此,要求决策者具有与复杂的决策活动相适应的知识储备和良好的意志品质。

(1) 决策者应具有合理的知识结构。决策者必须具有相应的社会科学知识、自然科学知识、管理科学知识。在决策实践中,决策者水平的高低,在很大程度上取决于知识的多寡以及知识结构的优劣。

(2) 决策者应具有坚强的意志。决策是一种复杂的意志活动,每个决策者都应该具有坚强的意志。坚定不移的目的性、果断性和顽强性,是科学决策的必备积极因素。

2. 决策者应具备良好的修养

一个有效的决策者,必须具备应有的现代决策修养,这是科学决策的基础和前提。

(1) 勇于创新,敢担风险。决策是一项创造性活动,没有创新就没有决策。要走前人没有走过的路,敢为人先,敢于冒险。传统习惯、老规矩、老套路,这些都是以往的决策模式,可以采取"扬弃"的态度,有分析地继承。在继承时,必须有所发挥和创新。

(2) 博学多识,深谋远虑。决策者应具有广博和综合的知识结构。为了应对市场变幻莫测、错综复杂的局面,决策者应该做到高瞻远瞩,居安思危。

(3) 作风民主,善于决断。科学决策要发扬民主,集思广益,虚心听取各方面的意见,尤其要注意听取有关专家智囊的意见,并善于从中吸取有价值、有见解的内容。决策者还必须具有不失时机的决断魄力。

(4) 尊重事实,敢于修正。如果决策出现失误,决策者应主动承担责任,这是决策者优秀品质和素养的表现。如果实践证明决策存在一定问题,决策者就应该勇敢地去修正错误。高水平、务实的决策不可能尽善尽美,而在于尊重事实,注重信息反馈,不断总结经验教训,及时调整和完善决策方案。

3. 决策者应具有的决策能力

决策者还必须具有较强的决策能力。决策能力是对某事出主意、想办法,作出合理抉择的能力。决策能力是一种综合能力,它主要由五种能力构成。

(1) 分析问题能力。决策者要能够透过现象看到本质,善于抓主要矛盾,分清轻重缓急,权衡利弊得失,识别真假是非,提出正确方案。

(2) 逻辑判断能力。决策者能够准确判断事物的前因后果,能够对事物发展的可能性作出较确切的判断,从大量复杂的管理活动中发现对组织的振兴和发展最关键、最急切需要解决的问题。

(3) 开拓创新能力。决策者应对新事物反应敏锐,具有丰富的想象力,思路开阔,有较强的开拓创新能力,善于提出新思路、新方案、新方法,能用确立的组织目标激励组织员工不断进取,不断追求。

(4)直觉能力。决策者应对实际问题具有直接感应、敏锐判断的能力。在问题无法从容应对且情况紧急的时刻,能凭直觉及时决断,紧急应变。

(5)决断能力。决策者应根据有效的决策标准,毫不犹豫地作出决断。面对急剧变化的形势,决策者必须机智果断,敢于接受各种挑战。

在决策中,除了要充分发挥决策者个人的聪明才智以外,还应十分重视发挥决策群体的作用。一个具有合理智力结构的决策群体,能使每个决策者人尽其才,通过有效的结构组合产生巨大的群体能量。智力结构包括专业结构、年龄结构、知识结构、智能结构和素质结构等。合理的智力结构应符合知识互补、能力叠加、性格包容、年龄梯形的要求。

管理故事

第二次世界大战的硝烟刚刚散尽,以美、英、法为首的战胜国几经磋商,决定在美国纽约成立一个协调处理世界事务的联合国。一切准备就绪之后大家才蓦然发现,这个全球最权威的世界性组织,竟没有自己的立足之地。联合国对此一筹莫展。

听到这一消息后,美国著名的家族财团洛克菲勒家族经过商议,马上果断出资870万美元在纽约买下一块地皮,将这块地皮无条件地赠予了这个刚刚挂牌的国际性组织——联合国。同时,洛克菲勒家族亦将毗邻的大面积地皮全部买下。

对洛克菲勒家族的这一出人意料之举,当时许多美国大财团都吃惊不已。870万美元,对于战后经济萎靡的美国和全世界,都是一笔不小的数目,洛克菲勒家族却将它拱手相赠,并且什么条件也没有。这条消息传出后,美国许多财团主和地产商都纷纷嘲笑说:"这简直是蠢人之举。"并纷纷断言:"这样经营不要10年,著名的洛克菲勒家族财团,便会沦落为著名的洛克菲勒家族贫民集团。"

但出人意料的是,联合国大楼刚建成完工,毗邻四周的地价便立刻飙升起来,相当于捐赠款数十倍、近百倍的巨额财富源源不断地涌进了洛克菲勒家族财团。这种结局,令那些曾讥讽和嘲笑过洛克菲勒家族捐赠之举的商人们目瞪口呆。

任务三 决策方法

我们可将众多的决策方法概括为两大类,即定性分析法和定量决策法。

定性分析法是建立在人们的经验、知识、智慧等基础上,对决策方案进行评价和判断的一种方法。在管理工作中,有许多问题有时很难量化处理,往往要依靠经验进行判断,因而它是一种常用的不可缺少的方法。此类方法尤其注重发挥人的主观能动性,简便灵活。它的局限性是,决策是建立在个人主观判断基础上的,主观成分大,缺乏严格的科学论证,易受传统观念的影响。此类方法主要适用于受社会因素影响较大、所含因素错综复杂的战略决策。

定量决策法是根据已有的实际数据以及各个变量的相互关系,建立一定的数学模型,通过运算,取得结果,进行判断。它可以解决单靠经验很难精确判断的复杂问题,同时能把大量的程序化决策工作计算机化,减轻了决策工作量,使决策者能集中时间和主要精力去解决更重要的问题,提高决策的效率。但定量决策法也有其局限性,尤其是许多社会因素无法估量,使此类方法的使用受到限制。此类方法主要适用于常规决策、程序化或规范化决策等。

一、定性分析法

(一) 头脑风暴法

它是一种比较常用的集体决策方法,通常是将对解决某一问题有兴趣的人集合在一起,在完全不受约束的条件下,让大家开动脑筋,敞开思路,畅所欲言,经过互相启发,产生连锁反应,集思广益,进而决策的方法。

头脑风暴法的四项原则如下。

(1) 对别人的建议不作任何评价,将相互讨论限制在最低限度内。

(2) 建议越多越好,在这个阶段,参与者不要考虑自己建议的质量,想到的都说出来。

(3) 鼓励每个人独立思考,广开言路,想法越新颖、越奇异越好。

(4) 可以补充和完善已有的建议,使它更具说服力。

头脑风暴法的目的在于创造一种畅所欲言、自由思考的氛围,诱发创造性思维的共振和连锁反应,产生更多的思维火花。这种方法的时间安排应在 1—2 小时,参加者以 5—6 人为宜。

管理实训

头脑风暴小游戏——粉笔有哪些用途?

要求:反应速度要尽可能快,不能重复别人说过的,但可以更加具体,保持安静,不能嘲笑、反驳别人(我们只对事不对人),可以把别人的想法记录下来。

(二) 德尔菲法

德尔菲法,又称专家意见法。其基本程序是:由企业外的见多识广、具有专长的市场专家做市场预测。首先确定预测课题,再请专家(10—50 人)背靠背地对需要预测的问题提出意见,主持人将各人意见综合整理后又反馈给每个人,使他们有机会比较一下他人的不同意见,并发表自己的看法,再寄给主持人。主持人综合整理后再次反馈给每个人,如此重复四五次后,一般可得出一个比较一致的意见。

运用该方法的关键如下。

(1) 选择好专家,主要取决于决策所涉及的问题或机会的性质。

(2) 专家人数要适当,一般 10—50 人较好。

(3) 拟定好意见征询表,它的质量直接关系到决策的有效性。

德尔菲法可以让每位专家充分发表自己的意见,免受权威人士左右。具有多次反馈性、收敛性、匿名性的特征。但此法主要是靠主观判断,若专家选择不合适,预测结果难保准确;而且,意见反馈多次,一是比较费时间,二是可能引起专家反感。

二、定量决策法

定量决策法包括确定型决策方法、风险型决策方法和不确定型决策方法三大类。

（一）确定型决策方法——量本利分析方法

它是有关产品的产（销）量、成本和盈利三者的相互关系，分析各计划方案相对应的经营效益或相关问题，属于经营决策。

已知：　销售收入＝总成本＋目标利润　销售收入＝销售量×销售单价
　　　　总成本＝固定成本＋变动成本　变动成本＝销售量×单位变动成本

将销售量用 Q 表示，销售单价用 P 表示，固定成本用 F 表示，单位变动成本用 V 表示，目标利润用 B 表示。

则：
$$Q \times P = F + Q \times V + B$$
$$Q = (F+B)/(P-V)$$

当 $B=0$ 时，即目标利润为 0，不盈不亏，称盈亏平衡点，此时：
$$Q = F/(P-V)$$

盈亏平衡点的计算公式看似繁琐，但却能帮经营者理清思路，认清目标。饭店餐饮部经理有必要测算一下自己部门的盈亏平衡点。因为餐饮有淡旺季之分，所以每个月的盈亏平衡点是不同的。你可以拿出以前的旧账本，逐项计算，所得数字对经营者明年同一时期的经营会有一定的参考价值。

例 5-1　某饭店在中秋期间计划生产一种月饼，月固定成本（厂房设施设备折旧、利息、管理人员工资、广告费、办公费用等）为 100000 元，单位变动成本为 50 元/盒，产品销售价格为 75 元/盒。请计算：

1. 该饭店生产月饼的当月盈亏平衡点产量应是多少盒？其盈亏平衡点的销售额为多少？
2. 如果要实现当月 50000 元的利润，其产量应为多少盒？

解：1. $Q=F/(P-V)=100000/(75-50)=4000$（盒）

销售额 $=Q \times P=75 \times 4000=300000$（元）

2. $Q=(F+B)/(P-V)=(100000+50000)/(75-50)=6000$（盒）

例 5-2　某三星级饭店有 200 间客房，固定资产折旧、管理人员工资、公用区域费用等固定成本每天为 19200 元，每间客房的单位变动成本（人员工资、水电费、一次性用品等）为 40 元，实际销售平均房价 200 元/间。问：

1. 该饭店客房的保本销售量应为多少？
2. 每天要实现 10000 元的利润，其销量应为多少？
3. 上述两种情况的出租率又为多少？

解：1. $Q=F/(P-V)=19200/(200-40)=120$（间）

2. $Q=(F+B)/(P-V)=(19200+10000)/(200-40)=182.5 \approx 183$（间）

3. 保本出租率＝销售量÷单价＝120÷200＝60％

每天实现利润 10000 元的出租率＝销售量÷单价＝183÷200＝91.5％

例 5-3　某酒店餐饮部的盈亏平衡分析如下：

1. 月度固定总成本：工资（300000 元）；折旧费用（100000 元）；广告（20000 元）；保险

(10000元);其他费用(30000元,包括水费、电费、电话费等)。总计:460000元。

2. 平均每客的销售额:假如根据该餐饮部 4 月的详细销售记录,计算得出当月平均每个客人的销售额为 300 元。

3. 平均单位变动成本:通过相关资料算出每个客人的消费额中的平均进价成本为 150 元。

计算每日的销售量和销售收入是多少,才能盈亏平衡?

解:月盈亏平衡点销售量=460000÷(300-150)≈3067(人次)

盈亏平衡点销售收入=3067×300=920100(元)

因此,该酒店餐饮部为达到盈亏平衡,若每月经营 30 天,则每天必须销售:

每日平均销售量=3067÷30≈103(人次)

每日平均销售收入=920100÷30=30670(元)

即每日销售额为 30670 元时达到盈亏平衡。

思考:若每月利润要达到 20 万元,则每天的销售量为多少?销售收入为多少?

(二) 风险型决策方法——决策树分析方法

决策树法是风险型决策的常用方法,适用于未来可能有几种不同情况(自然状态)并且各种情况出现的概率可以根据资料来推断的情况。它用树型图来表示各备选方案、自然状态、自然状态所发生的概率及其条件损益,然后计算各备选方案的损益期望值,最后进行比较抉择,它属于投资决策。

1. 决策树的构成

决策树由决策点、方案枝、状态结点、概率枝、损益点等要素构成。决策树是以决策点为出发点,引出若干条方案枝,有几个方案就有几条方案枝,每一条方案枝代表一个备选方案。方案枝的末端有一个状态结点,从状态结点引出若干条概率枝,有几种概率就有几条概率枝,每一条概率枝代表一种自然状态,概率枝上标明每种自然状态下的概率损益值。这样层层展开,形同树状,由此而得名(见图 5-1)。

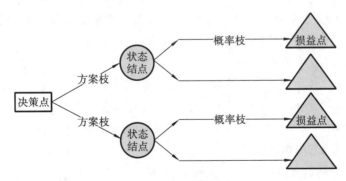

图 5-1 决策树构成图

2. 决策树的操作步骤

(1) 绘制树枝图。绘制程序是从左向右分层展开。在进行决策条件分析的基础上,确定有哪些方案可供决策的选择,估计各种备选方案实施后可能产生哪几种自然状态及各自的概率。如果是多级决策,则应确定是几级决策,并逐级展开其方案枝、状态结点和概率枝。

(2) 计算损益期望值。损益期望值的计算由右向左逐步进行。首先将各种自然状态下的损益值分别乘上各自概率枝上的概率,再乘上方案使用的期限(容易忽视的地方),最后将各概率枝上的值相加,将其标在状态结点的上方。

(3)剪枝。比较各备选方案的损益期望值(如方案实施过程中有费用发生,还应将状态结点值减去方案费用后再进行比较),减掉损益期望值小的方案,最后只保留损益期望值最大的那一条方案枝,在剪掉的方案枝上标上"//"记号,将最大的损益期望值标在决策点上方。

决策树分析法是一种风险决策方法,在投资决策中是常用的方法。

(三)不确定型决策方法

不确定型决策方法是指在决策问题的未来不能确定的情况下,通过对决策问题的变化的各种因素分析,估计有几种可能发生的自然状态,计算其损益值,按一定的原则进行选择的方法。这种决策方法主要有大中取大法、小中取大法、最大最小后悔值法。

例 5-4 某公司准备生产一种新产品,市场预测表明可能有三种情况:销路好、销路一般、销路差。制造该产品有三种方案:A. 改进生产线;B. 新建生产线;C. 协作生产。各方案在不同情况下的收益估计值如表 5-1 所示。

表 5-1 不同情况下的收益估计值   单位:万元

行动方案	销路好	销路一般	销路差
A. 改进生产线	180	120	−40
B. 新建生产线	240	100	−80
C. 协作生产	100	70	16

1. 大中取大法(乐观原则)

找出每个方案在各种自然状态下的最大损益值,取其中最大者,所对应的方案即为合理方案。

上例中,A 方案最大收益值为 180 万元,B 方案最大收益值为 240 万元,C 方案最大收益值为 100 万元。可见,对应最大值 240 万元的 B 方案应为最优方案。因为这个方案是最有利条件下的最好方案,因此风险也很大,应谨慎采用。

2. 小中取大法(悲观原则)

找出每个方案在各种自然状态下最小损益值,取其中大者所对应的方案即合理方案。

上例中,A 方案最小收益值为 −40 万元,B 方案最小收益值为 −80 万元,C 方案最小收益值为 16 万元。经比较可知,应选择 C 方案。因为这个方案是最不利条件下的最好方案,因此是不冒险而稳当的决策方法。

3. 最大最小后悔值法

由于不确定型问题中各方案的自然状态出现的概率未予估计,在各种不同的自然状态下,可能有不同的理想方案。当选择了某一自然状态下的理想方案,而实际出现另一种自然状态时,就会产生"后悔"感觉。因此,这个方法是假定因失误而"后悔",那么,就应当把"后悔"的损失控制在最低限度。采用这个方法时,先计算同一自然状态下各方案比较的"后悔值"。

后悔值 = 该自然状态下最优方案的效益值 − 该自然状态下其他方案效益值

然后,按每一个备选方案取其最大的"后悔值"。最后,从这些最大"后悔值"中找出最小的作为决策方案(见表5-2)。

表5-2 决策方案　　　　　　　　　　　　　　　　　　　　　　　　　单位:万元

行动方案	收益值			后悔值			最大后悔值
	销路好	销路一般	销路差	销路好	销路一般	销路差	
A.改进生产线	180	120	−40	60	0	56	60
B.新建生产线	240	100	−80	0	20	96	96
C.协作生产	100	70	16	140	50	0	140
最大后悔值中的最小值							60
决策方案	A.改进生产线						

任务四　决策技巧

决策既是一门科学,又是一门艺术。影响决策的因素众多,其中主要的影响因素包括以下几种。

问题的类型。是"需改变"的问题还是"需实现"的问题,是"结构良好"的问题还是"结构不良"的问题,是"经常性"的问题还是非常规的"例外"问题,问题不同,决策的方式方法就不同。

环境的制约。特别是信息的可得性和组织文化的影响,信息的数量和质量直接影响决策的正确性,而组织文化则会影响决策者对问题的认识、所采用的决策准则和所可能采取的决策方式。

决策者的个性特点。决策是决策者基于客观事实所做的主观判断,必然受到决策者的价值观念、经验、能力等的影响,其中,决策者的价值取向、风险倾向、决策风格是更为直接的决策影响因素。

我们虽然无法排除不确定因素和各种风险的干扰,但完全可以通过学习增强识别它们的能力。决策能力可通过两条相关的途径得到提高:一是通过对科学决策理论和方法的学习;二是学以致用,通过反复实践以提高决策技能。

在进行重大问题的决策时,遵循理性决策过程有助于提高决策的正确率。尽管按照理性的决策过程进行决策,并不能够保证最终的决策一定正确,但如果决策出现失误,必然是因为没有遵循理性决策过程,在其中的一个环节或几个环节出现了失误。在实际决策时,要特别注意以下问题。

一、准确地收集和利用信息

信息是决策的基础。决策的正确性在很大程度上取决于决策时所依据的信息量大小。如果可以获得完全信息,就可以做出最优决策。为了理解问题、找出真正的问题,需要准确地收集和分析与问题有关的各种信息。

为了扩大决策时所依据的信息量,使决策建立在群体信息基础之上,从而提高决策的正确率,我们一方面要认识到个人能力和知识、经验的局限性,愿意听取别人的意见;另一方面要注重方式方法,善于征求他人的意见。

另外,在收集、利用信息时,管理者要避免因疏忽而误入"陷阱"。

不要轻信别有用心或与该决策有根本利害关系的人提供的信息,偏见会导致信息的扭曲。要从各方面听取意见,并注重分析比较。要注意平均水平与实际情况的差异。平均水平往往掩盖了实际存在的特殊情况。如果50%以上的实际情况与平均水平相比,要相差25%以上;或25%以上的实际情况与平均水平相比相差50%以上,则马上可认为这种平均水平很值得怀疑。

不要轻易放弃相互矛盾或截然相反的意见。既然有不同意见,就必然存在一些问题,要注意深入调查,在弄清事实的基础上做出决策。

对专家意见要避免盲从。同样的一组事实或信息,可做出种种不同的解释,专家的解释和建议为决策者以同样的方式去理解信息提供了便利,但不可盲从专家的意见。无论何时,只要有可能,就应当根据专家提供的有关建议得出自己的结论。

要注意信息的时间性和获取信息的代价,不要指望在收集到所有的信息后再做决策。"信息"本身并不能告诉我们解决问题的方案,而且情况随时在变,收集有关问题的每一点信息都需要付出相应的代价。

二、正确运用直觉

在决策过程中依靠直觉是有一定的时间、地点和角色限制的。人们在思考问题时,本能上具有偏重左脑思维或右脑思维的倾向。左脑思维是线性的、逻辑的和分析性的思维方式;右脑思维是整体的、相关的和非线性的思维模式。左脑思维和右脑思维在决策中分别表现为理性决策和直觉决策。尽管严格区分这两种思维方式非常困难,但通常倾向于这两种思维模式的人各占一半。

一个优秀的管理者应努力学会正确运用自己的直觉,在普通管理者尚未发觉之前就能感知到问题的存在,在最终决策时能够运用直觉对理性分析的结果进行检查,从而协助其做出正确的抉择。

直觉不是理性的反义词,更不是随意的猜测过程。相反,它建立在分析问题和解决问题的广泛的实践经验基础之上,只要这些实践经验是有根据的,是合乎逻辑的,那么直觉也会是合乎逻辑的。当我们面临一个新问题时,我们的思维就开始在我们长期记忆的分类信息中搜索,一旦发现存在类似或相关的情况,我们的脑海中就会闪出一个念头,这就是直觉。

其实,我们每个人每天都在利用我们的直觉进行日常问题的决策。例如,大多数人在挑选一件衣服时就常依赖于自己的直觉;在穿衣镜前审视自己穿上衣服后的整体效果,通过视觉观察产生一个整体感觉,并最终确定合不合适。

在以下情况下,直觉在决策时常发挥着重要的作用:客观事实很少且不相干,但仍要求做出决策时;事实摆在面前,但并不能指明方向,我们看不出应当怎么做时;时间很紧,广泛收集信息进行分析已不太可能时。有数种可行的解决方案,在逻辑上都说得通,但需要做最后评判时。

应当明确,直觉不是对严密的理性分析的替代,而是对理性分析的补充,两者相辅相成。一般地,在理性分析的基础上再依据直觉做出的决策,从理论上而言,其正确的概率比单纯地依赖理性分析或直接依靠直觉做出的决策更高,因为前者决策时所依赖的信息比后两者更宽广。

三、明智地把握决策时机和确定决策者

应该懂得,在不适当的时候做出正确的回答仍是一项低劣的决策。轻率浮夸是工作的大敌,过早做出决策或在时机尚未成熟的情况下草率做出决策,很可能得不到应有的效果;而拖延决策,可能会进一步扩大矛盾,带来不可收拾的后果。因此,在工作中要明确各类问题的核心和关键,分清轻重缓急,以准确把握决策时机。

正确的判断是决策的关键。决策不仅仅表现为在适当的时机果断决策,还表现为在适当的情况下改变决策。把一个决策当作是最终的决策,是决策实施阶段常犯的错误。我们生活在一个多变的时代,没有任何东西可长期保持不变。一个决策在上周看还很好,而在这周就可能变得不切实际。因此,我们必须认识到决策是一个开放的不断反复的过程,在决策实施过程中密切关注事态的发展,一旦原有的决策方案不再能够达到原有的决策目标,就要准备重新开始决策。

另外,对于管理者而言,还要认识到,并不是所有问题都必须由你来解决。作为管理者,与其说是个问题解决者还不如说是个问题发现者。对于现实中发生的很多问题,并不需要管理者亲自去解决。在面对问题时,管理者更多的时候不是直接决策,而是问一些简单的问题:在这个组织中,谁最适合来解决这个问题?可不可以只作适当的指示,然后把整个问题的解决都交给下属?

四、克服决策过程中的心理障碍

在面临决策问题时,有些管理者会表现出以下三种典型的心理。

1. 优柔寡断

有些管理者在实践中惯于采用"回避决策的战术",包括决策前过于强调信息的不足;决策时希望问题会自生自灭,拖延决策;让他人代为决策或不到万不得已不做出决策等。他们考虑最多的常常是如何避免风险、明哲保身,如何把个人承担风险的可能性降至最低,而不是考虑如何解决问题,因此面临决策时总是犹犹豫豫、唯恐出错。

2. 急于求成

与优柔寡断者相反,有些管理者不愿意忍受问题的煎熬,希望问题能迅速得到解释决。因此在决策时,他们几乎从不考虑问题的根源,而只是穷于应付。他们常常采用应急管理方法,处理问题时仅凭条件反射,在考虑还不周到的情况下就贸然决策,强行采取行动。这些管理者实际上常常只是在同问题的表面现象打交道。"欲速则不达",当我们发现存在某个问题时,最好是把它当作一种症状来处理,然后通过各种方法找出真正的问题,就事论事只会导致同一问题的一再发生。

3. 追求完美

有的管理者面临问题时,总是希望找到一个十全十美的方案,这会导致问题迟迟不能得到解决。如果我们要开发出完美的产品才把它推向市场,那么我们能够实施决策的机会非常少。我们寻求的是能解决问题的方案,它们不一定要非常完美,只要这些方案可行、能解决问题、易于管理并能满足目标要求就可以了。

五、学会处理错误的决策

人无完人,决策者在决策时,或因为知识面窄,处理某些问题感到力不从心,或由于决策能力的限制,或由于只凭经验看待问题,难免会出现决策差错。通过自我反省认识错误,并采取适当方法予以弥补,可提高我们的决策能力。因此,一旦决策错误,应当采取以下积极的行动。

承认。要有勇气承认客观事实,错误已经发生,就应当承认过失,以集中精力分析原因,及时加以弥补,而不要忙于追究责任或推卸责任。

检查。由于决策过程中包含了很多步骤,因此要追溯决策的全过程,逐一检查,以找出在哪一步上犯了错误。此外,还要分析决策的时间、方式和方法。通过检查反思,可使你学到一些决策的技巧,并避免重蹈覆辙。

调整。若一个决策总的来看是可行的,而只是在贯彻执行上发生了问题,则可通过发现薄弱环节予以调整,使这一决策趋于完善。

改正。若一项决策经过检查和调整仍无法修正,则要针对原因拟订一个修正计划,以改正决策错误,减少由于决策失误而可能造成的损失。

知识拓展　德鲁克:有效决策的五个要素

决策是组织决策者在拥有大量信息和丰富经验的基础上,对未来行为确定目标,并借助一定的计算手段、方法和技巧,对影响决策的因素进行分析研究后,从两个以上备选方案中选择一个合理方案的分析判断过程。决策具有目标性、可行性、选择性和动态性等特点。

决策可根据不同划分标准分类为:战略决策、管理决策、业务决策;程序化决策、非程序化决策;长期决策、短期决策;确定型决策、风险型决策、不确定型决策;个人决策、群体决策等。

提高决策有效性的要素包括有效的决策标准、充分的决策依据、科学的决策程序和优秀的决策者。

决策的方法有定性分析法和定量决策法两类。

1. 决策有哪些主要特点?你是如何理解的?

2. 优秀的决策者应该具备哪些基本素质和能力?
3. 决策要经过哪些步骤?各步骤的工作重点是什么?
4. 如何才能提高决策的正确率?
5. 简述头脑风暴法的原则。
6. 某企业在市区租了一幢厂房,租期10年。现打算改造成饭店。据市场预测,生意好的概率为0.7,生意差的概率为0.3,有两种方案可供选择。

方案一:投资300万元装修,据估计,生意好时,每年可获利100万元;生意差时,每年亏损20万元。使用年限10年。

方案二:投资100万元装修,据估计,生意好时,每年可获利60万元;生意差时,每年可获利20万元。使用年限10年。问哪种方案更好?

7. 假定你有2000元钱可投资股市或存于银行,银行年利率是10%,而股市收益取决于经济状况,若情况好,每年可赚500元;一般情况下可得300元;情况不好时可能损失100元。问题:按照大中取大法、小中取大法、最大最小后悔值法各选取哪个方案?

案例分析一 该由谁骑这头驴?

一位农民和他年轻的儿子到离村12千米的城镇去赶集。开始时老农骑着驴,儿子跟在驴后面走。没走多远,就碰到一位年轻的母亲,她指责农夫虐待他的儿子。农夫不好意思地下了驴,让给儿子骑。走了一里地,他们遇到一位老和尚,老和尚见年轻人骑着驴,而让老者走路,就骂年轻人不孝顺。儿子马上跳下驴,看着他父亲。两人决定谁也不骑。两人又走了四里地,碰到一学者,学者见两人放着驴不骑,走得气喘吁吁,就笑话他们放着驴不骑,自找苦吃。农夫听学者这么说,就把儿子托上驴,自己也翻身上驴。两人一起骑着驴又走了三里地,碰到了一位外国人,这位外国人见他们两人合骑一头驴,就指责他们虐待牲口!

讨论分析:你若是那位老农,你会怎么做?

案例分析二 85%大公司死于决策失误,腾讯、华为、阿里靠什么活下来?

项目六 计　划

导　语

　　凡事预则立，不预则废。管理作为一项有意识的活动，必须经过周密的规划与运筹。计划是管理的首要职能，它统驭并渗透于其他后续的管理职能。计划既包括选定和分解组织目标，又包括确定实现这些目标的方案与途径。管理者必须围绕计划规定的目标，去从事组织、领导、协调、控制等管理活动。

　　一个企业、一个地区或一个国家的命运，从某种意义上讲取决于管理其事务的人的思想和计划。在现代社会里，计划工作已成为组织生存的必备条件，对企业而言更是如此，良好的计划是增强竞争力的重要途径和有力工具。

项目导学

　　学习目标：认识计划的含义、内容、作用、分类；了解计划的编制程序；掌握目标管理的基本思想与目标管理的过程；了解现代计划的几种方法，如运筹学法、滚动计划法、甘特图法、网络计划技术等。

　　关键术语：计划　5W2H　战略计划　战术计划　作业计划　指导性计划　项目计划　宗旨　预算　目标管理　滚动计划法　网络计划技术

任务一　认识计划

　　计划是关于组织未来的蓝图，是对组织在未来一段时间内的目标和实现目标途径的策划与安排。正如哈罗德·孔茨所言:"计划工作是一座桥梁,它把我们所处的此岸和我们要去的彼岸连接起来,以克服这一天堑。"

一、计划的含义和内容

(一)计划的含义

计划包括确定目标和制定全局战略任务,以及完成任务和目标的行动方案。计划有广义和狭义之分。

广义:计划包括从分析预测未来的情况与条件,确定目标,决定行动方针与行动方案,并依据方案去配置各种资源,进而执行任务,最终实现既定目标的整个管理过程。

狭义:它是组织在未来一定时期内的行动目标和方式在时间和空间上的进一步展开,又是组织、领导、控制等管理活动的基础。

(二)计划的内容

计划通俗地概括为以下七个方面的任务和内容,简称为"5W2H"。

What——做什么?明确计划的具体任务和要求,明确每一个时期的中心任务和工作重点。

Why——为什么做?明确计划工作的宗旨、目标和战略,并论证可行性。

Who——谁去做?计划的实施离不开人的行为,因此计划必须明确由哪些部门、哪些人来完成规定的各项任务和目标。

Where——何地做?规定实施地点或场所,了解计划实施的环境条件和限制。

When——何时做?一个切实可行的计划,必须明确指出各项行动的时间要求,而这种时间安排必须和组织内外部状况相适应。

How——怎样做?计划的具体实施措施以及相应的政策和规则。计划实施可以有多种途径,应尽可能选择好的方法和手段,以保证计划的有效性。

How much——成本和产出多少?计划的实现程度,完成的数量和质量水平,投入的成本以及有效的产出。

(三)计划和决策的关系

决策与计划既相互区别又相互联系。这两项工作需要解决的问题不同。决策是关于组织活动方向、内容以及方式的选择。计划则是对组织内部不同部门和不同成员在一定时期内行动任务的具体安排,它详细规定了不同部门和成员在该时期内从事活动的具体内容和要求。

计划与决策的联系体现在:①决策是计划的前提,计划是决策的逻辑延续。决策为计划的任务安排提供了依据,计划则为决策所选择的目标活动的实施提供了组织保证。②在实际工作中,决策与计划是相互渗透,有时甚至不可分割地交织在一起的。

二、计划的特点和作用

(一)计划的特点

计划作为管理的基本职能之一,具有首要性、普遍性、目的性、实践性、效率性和创造性等特点。

1. 首要性

计划是进行其他管理职能的基础或前提条件。计划在前,行动在后。计划在管理职能中处于首要地位,管理过程当中的其他职能都是为了支持、保证目标的实现,因此这些职能只有在计划确定了目标之后才能进行。

2. 普遍性

计划涉及组织中的每一位管理者及员工,总目标确定后,各级管理人员为了实现组织目标,都需要制订相应的分目标及分计划,因此计划具有普遍性。

3. 目的性

任何组织或个人制订计划都是为了有效地达到某种目标。

4. 实践性

计划的实践性主要是指计划的可操作性和必要的弹性。符合实际、易于操作、目标适宜,是衡量一个计划好坏的重要标准。

5. 效率性

计划工作追求效率,计划的效率可以用计划对组织目标的贡献来衡量。对一个企业来说,制订合理的计划是否带来更大的绩效,就要看这个计划对目的和目标的贡献。一项好的计划,可以使企业以合理的代价实现目标,这样的计划才是有效率的。

6. 创造性

计划工作是一项创造性工作,是根据内、外环境的变化对管理活动的重新组合和设计,而不是过去计划的翻版。

(二) 计划的作用

1. 计划是管理活动的依据

计划为管理工作提供了基础,是管理者行动的依据。管理者要根据计划分派任务并确定下级的权利和责任,促使组织中的全体人员的活动方向趋于一致,形成复合的组织行为,以保证达到计划所制定的目标。

2. 计划有助于组织目标实现

计划工作把决策所确立的组织目标及其行动方式分解为不同时间段(如长期、中期、短期等)的目标及其行动安排,分解为组织内不同层次(如高层、中层、基层等)、不同部门(如生产、认识、销售、财务等部门)、不同成员的目标及其安排。组织的各种计划及其各项计划工作有助于完成组织的目标。

3. 计划是合理配置资源、减少浪费、提高效率的方法

计划工作的重要任务就是使未来的组织活动均衡发展。计划可以使组织的有限资源得到合理的配置。由于有了计划,组织中各成员的努力将合成一种组织效应,将大大提高工作效率,从而带来经济效益和社会效益。

4. 计划是预测变化、减少冲击的手段

计划工作可以让组织通过周密细致的预测,预见变化的冲击,制定适当的对策。计划工作可以减少不确定性,使管理者能够预见行动的结果,从而尽可能地变"意料之外的变化"为"意料之内的变化",用对变化深思熟虑的决策来代替草率的判断,从而变被动为主动,变不利为有利,减少变化带来的冲击。

5. 计划是管理者进行控制的标准

计划的重要内容是组织目标,它是制定控制标准的主要依据。有了控制标准才能衡量

实际的实施效果,发现偏差,及时纠正,使组织活动不偏离管理者所期望的发展方向。

三、计划体系

(一) 计划的类型

管理实践活动的复杂性,决定了组织计划的多样性。组织的管理系统具有层次性,不同层次的计划有不同的表现形式和内容。

1. 长期计划、中期计划和短期计划

按时间的长短可以将计划分为三种,即长期计划、中期计划和短期计划。一般是将1年及其以内的计划称为短期计划,1年以上5年以内的计划称为中期计划,5年以上的计划称为长期计划。当然,这种计划时间的界限不是绝对的,会因组织的规模和目标的特性而有所不同。

2. 战略计划、战术计划和作业计划

计划可以按照所涉及的组织活动范围分成战略、战术和作业计划。在这三种计划中,战略计划是对组织全部活动所作的战略安排,为组织设立总体目标和寻求组织在所对应的环境中的地位的计划。战术计划一般是一种局部性的、阶段性的计划,它多用于指导组织内部某些部门的共同行动,以完成某些具体的任务,实现某些具体的阶段性目标。作业计划则是部门或个人的具体行动计划。作业计划通常具有个体性、可重复性和较大的刚性,一般情况下是必须执行的命令性计划。战略计划、战术计划和作业计划强调的是组织纵向层次的指导和衔接。

具体来说,战略计划往往由高层管理人员负责,战术计划和作业计划往往由中层、基层管理人员甚至是具体作业人员负责。战略计划对战术计划、作业计划具有指导作用,而战术计划和作业计划要确保战略计划的实施。

3. 指导性计划和具体计划

计划按明确性程度可划分为指导性计划和具体计划。指导性计划只规定一些重大方针,而不局限于明确的特定目标或特定的活动方案上。这种计划可为组织指明方向,统一认识,但并不提供实际的操作指南。具体计划则恰恰相反,要求必须具有明确的可衡量目标以及一套可操作的行动方案。具体计划不存在模棱两可、容易引起误解的问题。

4. 综合计划、专业计划和项目计划

计划也可以按照其所涉及的活动内容分成综合计划、专业计划与项目计划。其中综合计划一般会涉及组织内部的许多部门和许多方面的活动,是一种总体性的计划。专业计划则是涉及组织内部某个方面或某些方面活动的计划,例如企业的生产计划、销售计划、财务计划等,它是一种单方面的职能性计划。项目计划通常是组织针对某个特定课题所制订的计划,例如某种新产品的开发计划、某项工程的建设计划、某项具体活动的组织计划等,它是针对某项具体任务的事务性计划。

(二) 计划的表现形式

计划包含组织将来行动的目标和方式。计划是面向未来的,而不是过去的总结,也不是现状的描述;计划与行动有关,是面向行动的,而不是空泛的议论,也不是学术的见解。面向未来和面向行动是计划的两大显著特征。哈罗德·孔茨和海因茨·韦里克从抽象到具体,把计划分为一种层次体系:宗旨和使命、目标、战略、政策、程序、规则、方案、预算。

1. 宗旨和使命

它指明一定的组织机构在社会上应起的作用和所处的地位。它决定组织的性质,决定此组织区别于其他组织的标志。各种有组织的活动,如果要使它有意义的话,至少应该有自己的目的或使命。宗旨可以看作一个组织最基本、最深远、最高的目标,是一个组织存在的基本理由。比如现在人们常说的奥林匹克宗旨是"更快、更高、更强"。

为了实现组织的宗旨,组织就可以为自己选择一项使命。这项使命的内容就是组织选择的服务领域或事业。例如,奥林匹克的使命是:彰显公正、公平、自由、平等,崇尚规则,遵循秩序;大学的使命是教书育人和科学研究;企业的使命是生产和营销商品及服务。这里应该强调的是,使命只是组织实现宗旨的手段,而不是组织存在的理由。组织为了自己的宗旨,可以选择这种事业,也可以选择那种事业。

2. 目标

组织的使命往往比较抽象和原则,需要进一步具体为一定时期内的目标和各部门的目标,而组织的目标则更加具体地说明了组织从事这项事业的预期结果。使命支配着组织各个时期的目标和各部门的目标,而且组织各个时期的目标和各部门的目标是围绕组织存在的使命所制定的,并为完成组织使命而努力。在通常情况下,人们可以把组织目标进一步细化,从而得出多方面的目标,形成一个互相联系的目标体系。组织的目标包括组织在一定时期内的目标以及组织各个部门的具体目标。

知识拓展

有效目标的"SMART 原则"

(1) Specific——具体的、明确的。
(2) Measurable——可以量化考核的。
(3) Achievable——能够实现的。
(4) Result-oriented——注重结果的。
(5) Time-limited——有时间期限的。

3. 战略

战略是为实现组织目标所确定的发展方向、行动方针、行为原则、资源分配的总体谋划等。战略是指导全局和长远发展的方针,对于组织的思想和行动起引导作用。

战略的重点是要指明方向和资源分配的优先次序。组织在制定战略时不能"闭门造车",而要仔细研究其他相关组织,特别是竞争对手的情况,以取得优势地位,获得竞争优势。例如"百年竞争"中的两个主角——可口可乐公司和百事可乐公司,它们在制定各自的战略时必须研究对方的战略。

4. 政策

政策是组织在决策或解决问题时用来指导和沟通思想与行动方针的规定或行为规范。不同层次的组织可以相应地制定不同层次的政策,用于指导和规范各个职能部门的工作。

用统一的政策指导,才能保证策略及整个计划体系的一致性。

5. 程序

程序是完成未来某项活动的方法和步骤。程序规定了某些经常发生的问题的解决方法和步骤。程序是一种经过优化的计划,是通过对大量经验事实的总结而形成的规范化的日常工作过程和方法,并以此来提高工作的效率。程序往往还能较好地体现政策的内容。

6. 规则

规则是一种最简单的计划。它是在具体场合和具体情况下,允许或不允许采取某种特定行动的规定。例如"上班不允许迟到""销售人员规定范围外的费用开支需由副总经理核准"等。

7. 方案

方案是一个综合性的计划,它包括目标、政策、程序、规则、任务分配、要采取的步骤、要使用的资源以及为完成既定行动方针所需的其他因素。通常情况下,一个主要方案(规划)可能需要很多支持计划,所有这些计划都必须加以协调和配套。

8. 预算

预算是用数字表示预期结果的一种报告书,是一种数字化的计划。预算作为一种计划,勾勒出未来一段时期的现金流量、费用收入、资本支出等具体安排。

任务二 计划的编制、执行与调整

一、计划编制的程序

计划编制也是一个过程。在编制完整有效的计划时,要遵循一定的程序。以下是普遍应用的计划编制的程序。

(一) 描述宗旨

计划编制工作起源于组织的使命和宗旨,鉴于以下两种情况,使得对宗旨的描述至关重要。一是组织并不存在明确的宗旨,界定并描述组织的宗旨便成为计划工作的重要内容。这通常出现在新创办的组织或处于重大变革时期的组织计划工作中。二是有既定宗旨,需要的是正确地理解组织的宗旨,并将其贯彻到计划的制订和实施工作中。在正确理解组织的使命和宗旨的基础上,还要把组织的使命和宗旨传播给组织成员、顾客及多种多样的相关利益群体,让参与计划的制订与实施工作有关的人员了解并接受组织的使命和宗旨,这有利于计划的快速有效实施。

(二) 评估状况

计划工作的一个重要的工作环节是对组织的当前状况作出评估,这是制订和实施计划工作方案的前提。评估主要是对组织自身的优势和劣势、外部环境的机会和威胁进行综合分析,即 SWOT 分析。对于局部的作业性质的计划工作,不需要特别复杂和综合的内外部环境分析,而只要对内部的资源与外部关系作出基本的判断。

（三）确定目标

目标是组织期望达到的最终结果,在这一步,要说明基本的方针和要达到的目标,说明制定战略、政策、规则、程序、规划和预算的任务,指出工作重点。组织目标指明主要计划的方向,这些主要计划根据反映组织目标的方式,规定各个主要部门的目标,而主要部门的目标,又依次控制下属各部门的目标,如此等等,依此类推。

知识拓展　篮球架子原理

（四）确定前提条件

把握和利用关键性的计划前提条件,有助于编制计划人员取得一致意见。前提条件是关于要实现计划的环境假设条件。凡承担编制计划的每个人越彻底地理解和同意使用一致的计划前提条件,组织的计划工作就越协调。前提条件就是限于那些对计划的贯彻实施最有影响的假设条件。

（五）制定计划方案

计划方案类似于行动路线图,是指挥和协调组织活动的工作文件。它可以清楚地告诉组织管理人员和员工要做什么、何时做、由谁做、何处做以及如何做等。

编制计划时,没有可供选择的合理方案的情况是不多见的,但更加常见的问题并非是寻求过多的可供选择的方案,而是减少可供选择方案的数量,以便可以分析最为合理的方案。

（六）评价备选方案

本步骤会根据前提和目标来权衡各种因素,比较各个方案的利弊,对各个方案进行评价。在多数情况下,存在很多可供选择的方案,而且有很多可考虑的可变因素和限制条件,评估会极其困难。由于存在这些复杂因素,我们可以借助于运筹学、数学方法和电脑计算技术来评价方案。

（七）挑选可行方案

这是采用计划的关键一步,也是作出决策的紧要环节。有时候,可供选择方案的分析和评估表明两个或两个以上的方案是合适的。在这种情况下,管理人员在确定首先采取的方案的同时,可以把其他几个方案作为后备方案,这样可以加大计划工作的弹性。

（八）制订辅助计划

辅助计划就是总计划下的分计划,例如一个企业组织发展战略中的投资计划、生产计划、采购计划、培训计划等。总计划要靠辅助计划来支持,而辅助计划又是总计划的基础。

（九）编制预算

这是计划工作的最后一步,即把计划转变成预算,使之数字化。组织的全面预算体现收入和支出的总额,所获得的利润或者盈余,以及主要资产负债项目的预算。如果预算编得好,则可以成为汇总各种计划的一种手段,也可以成为衡量计划完成进度的重要标准。

管理实训

一家食品公司通过市场调查和分析,发现儿童营养食品具有非常广阔的市场前景,而该食品公司又有能力研究开发和生产此类产品,因此这是一种市场机会。该公司估量了这次机会之后,就确立了生产儿童营养食品的目标。食品公司确定生产儿童营养食品后,具体预测分析了当前的消费水平,公司制造能力,产品市场价格,原材料的种类、来源、价格,市场潜力,市场竞争者情况等。食品公司具体拟订了多个可供选择的方案,接着组织专家评估各种备选方案,最后从诸多可行方案中选择一个较优方案作为决策方案,确定了具体生产何种儿童营养食品,每年生产多少,需要投入多少人力、物力和财力,各部门具体应该做哪些工作等。决策方案下达后,各业务部门和下层单位又拟订了具体的部门计划,如生产计划、销售计划和财务计划等,以支持总计划得以实现。然后进行方案的实施,并进行检查和收集反馈。

请评析这家食品公司的计划程序。

二、计划的执行

计划工作的目的是通过计划的制订和组织实施来实现决策目标。因此,编制计划只是计划工作的开始,更重要、更大量的工作还在于计划的执行。

组织计划执行的基本要求是:保证全面地、均衡地完成计划。所谓全面地完成计划,是指组织整体、组织内的各个部门要按整体主要指标完成计划,不能有所偏废;所谓均衡地完成计划,则是指要根据时段的具体要求,做好各项工作,按年、季、月,甚至旬、周、日完成计划,以建立正常的活动秩序,保证组织稳步发展。

计划的执行需要依靠组织全体成员的努力,能否全面、均衡地完成计划,在很大程度上取决于在计划执行中能否充分调动全体组织成员的工作积极性。为了调动组织成员在计划执行中的积极性,我国一些企业于20世纪80年代初开始引进目标管理,并取得了一定的成效。

(一) 目标管理

1. 目标管理的由来

目标管理(Management by Objectives,MBO)是美国管理学界20世纪50年代提出的。它是在泰勒的科学管理理论和行为科学理论基础上形成的一套管理制度。1954年,德鲁克在他所著的《管理的实践》一书中首先提出了"目标管理和自我控制"的主张,并对目标管理的原理作了较全面的概括。与此同时,还有许多先驱者对目标管理也同样做出了重大贡献,在此基础上,形成了目标管理制度。由于这种制度在产生的初期主要用于对主管人员的管理,所以它被称为"管理中的管理",后来推广到针对企业的所有人员的各项工作中。MBO在强化企业素质、实现有效管理方面,取得了较好的效果。20世纪50年代末,MBO在美国、日本、西欧各国广泛流传起来。现在,它已成为世界上普遍流行的一种组织管理体制。

2. 目标管理基本思想

目标管理是指组织的最高领导层根据组织所面临的形势和社会需要,制定出一定时期内组织经营活动所要达到的总目标,然后层层落实,要求下属各部门管理者直至每个员工根据上级制定的目标制定出自己工作的目标和相应的保证措施,形成一个目标体系,并把目标完成的情况作为各部门和个人工作绩效评定的依据。

目标管理基本思想主要如下。

(1) 组织的任务必须转化为目标,各级管理人员必须通过目标对下级进行领导并以此来保证企业总目标的实现。

(2) 目标管理是一种程序,使一个组织中的各级管理人员共同来制定目标,并确定彼此的责任。

(3) 每个主管人员和员工的分目标就是组织总目标对其的要求,同时也是这个员工对组织总目标的贡献。

(4) 组织管理人员对下级进行考核也依据这些分目标。由组织的最高管理层出发,经过分解和转换后,由各级主管和全体员工共同参与制定出的目标,通过这样一整套自上而下的目标体系和自我激励过程,来保证总目标的实现。

(5) 管理人员和员工是由目标来管理的,以所要达到的目标为依据,进行自我指挥、自我控制,而不是由其上级来指挥和控制的。

3. 目标管理的特点

(1) MBO 是参与管理的一种形式。员工参与决策,有利于目标的实现,形成总目标—层次目标—下一层次目标—下下一层次目标的"目标链条"。总目标指导分目标,分目标保证总目标。

(2) MBO 既重视科学管理,又重视人的因素,强调"自我控制"方法,并在工作中发挥聪明才智,实现自我控制、自我管理。

(3) MBO 促使权力下放,授权下级是提高目标管理效果的关键。

(4) MBO 注重成果。实行 MBO 后,由于有了一整套的目标考核体系,能根据员工实际贡献的大小如实地评价员工的表现,克服了以往凭印象、主观判断等传统管理方法的不足。

(二) 目标管理的过程

实行目标管理一般要开展以下步骤的工作。

1. 制定目标

制定目标包括确定组织的总体目标和各部门的分目标。总目标是组织在未来从事活动要达到的状况和水平,其实现有赖于全体成员的共同努力。为了协调这些成员在不同时空的努力,各个部门的各个成员都要建立与组织目标相结合的分目标。这样,就形成了一个以组织目标为中心的一贯到底的目标体系。在制定每个部门和每个成员的目标时,上级要向下级提出自己的方针和目标,下级要根据上级的方针和目标制定自己的目标方案,在此基础上进行协商,最后由上级综合考虑后作出决定。

2. 执行目标

组织中各层次、各部门的成员为达到分目标,必须从事一定的活动,活动中必然会利用一定的资源。为了保证他们有条件组织目标活动的开展,必须授予相应的权力,使之有能力调动和利用必要的资源。有了目标,组织成员便会明确努力的方向;有了权力,他们便会产生强烈的与权力使用相应的责任心,从而能充分发挥他们的判断能力和创造能力,使目标执行活动有效地进行。

3. 评价成果

成果评价既是实行奖惩的依据,也是上下左右沟通的机会,同时还是自我控制和自我激励的手段。成果评价既包括上级对下级的评价,也包括下级对上级、同级关系部门相互之间以及各层次自我的评价。上下级之间的相互评价,有利于信息、意见的沟通,从而实现对组织活动的控制;横向的关系部门相互之间的评价,有利于保证不同环节的活动协调进行;而各层次组织成员的自我评价,则利于促进他们的自我激励、自我控制以及自我完善。

4. 实行奖惩

组织对不同成员的奖惩是以上述各种评价的综合结果为依据的。奖惩可以是物质的,也可以是精神的。公平合理的奖惩有利于维持和调动组织成员饱满的工作热情和积极性,奖惩有失公正,则会影响这些成员行为的改善。

5. 制定新目标并开始新的目标管理循环

成果评价与成员行为奖惩,既是对某一阶段组织活动效果以及组织成员献的总结,也为下一阶段的工作提供参考和借鉴。在此基础上,为组织及其各个层次、部门的活动制定新的目标并组织实施,展开目标管理的新一轮循环。

管理实训

北斗公司刘经理在一次职业培训中学习到很多目标管理的内容。他对于这种理论逻辑上的简单清晰及预期的收益印象非常深刻。因此,他决定在公司内部实施这种管理方法。首先,他需要为公司的各部门制定工作目标。刘经理认为,由于各部门的目标决定了整个公司的业绩,因此应该由其本人为各部门制定较高目标。确定了目标之后,刘经理就把目标下发给各个部门的负责人,要求他们如期完成,并口头说明在计划完成后要按照目标的要求进行考核和奖惩。但是刘经理没有想到的是,中层经理在收到任务书的第二天,就集体上书表示无法接受这些目标,致使目标管理方案无法顺利实施。刘经理感到很困惑。

根据目标管理的基本思想和目标管理实施的过程,分析刘经理的做法存在哪些问题?他应该如何更好地实施目标管理?

三、计划的调整

在计划的执行过程中,有时需要根据情况进行调整计划。这不仅因为计划活动所处的客观环境可能发生了变化,而且可能因为人们对客观环境的主观认识有了改变。为了使组织活动更加符合环境特点的要求,必须对计划进行适时的调整。

滚动计划是保证计划在执行过程中能够根据情况变化适时修正和调整的一种现代计划方法。

滚动计划法的具体做法是:在制订计划时,同时制订未来若干期的计划,但计划内容采用近细远粗的办法,即近期计划尽可能地详尽,远期计划的内容则较粗;在计划期的第一阶段结束时,根据该阶段计划执行情况和内外部环境变化情况,对原计划进行修订,并将整个计划向前滚动一个阶段;以后根据同样的原则逐期滚动(见图 6-1)。

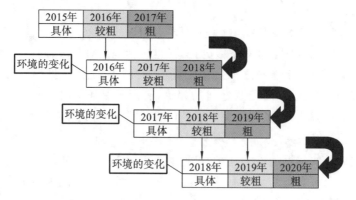

图 6-1　滚动计划法

滚动计划法是一种动态方法。它不像静态分析那样,等计划全部执行完了之后再重新编制下一个时期的计划,而是在每次编制或调整计划时,将计划按时间顺序向前推进一个计划期,即向前滚动一次。依据此方法,对于距离现在较远的时期的计划编制得较粗,只是概括性的,以便以后根据计划因素的变化而调整和修正,而对时期较近的计划要求则比较详细和具体。

滚动计划法能够根据变化了的组织环境及时调整和修正组织计划,体现了计划的动态适应性。而且,它可使中长期计划与年度计划紧密衔接起来。滚动计划法还可用于编制年度计划或月度作业计划。采用滚动计划法编制年度计划时,一般将计划期向前推进一个季度,计划年度中第一季度的任务比较具体,到第一季度末,编制第二季度的计划时,要根据第一季度计划的执行结果和客观情况的变化以及经营方针的调整,对原先制订的年度计划做相应的调整,并在此基础上将计划期向前推进一个季度。采用滚动计划法编制月度(旬)计划,一般可将计划期向前推进 10 天,这样可省去每月月末预计、月初修改计划等工作,有利于提高计划的准确性。

滚动计划法的缺点在于加大了计划的工作量。但其优点也是很明显的,这种计划方法推迟了对远期计划的决策,增加了计划的准确性,提高了计划工作的质量;同时这种计划方法使长、中、短期计划能够相互衔接,既保证了长期计划的指导作用,使得各期计划能够基本保持一致,也保证了计划应具有的基本弹性,特别是在环境剧烈变化的今天,有助于提高组织的应变能力。

四、计划工作中常见的错误

尽管有效的管理非常强调计划的重要性,但在管理实践中,对计划工作的怠慢和抵制仍大量存在:有的管理者以各种理由拒绝进行书面计划的制订;有的组织的计划只有大体框架,而无具体内容,或者只有近期计划,而无长远规划;有的组织的计划只存在于组织高层管理者的头脑当中,其他成员无法知晓;有的组织计划一套,工作起来却是另外一套。在计划工作中,管理人员常犯的错误如下。

（一）认识错误，不注重计划的制订

尽管大多数人都知道计划的必要性，但在实践中，人们常常以各种理由，忽视计划的制订。如认为计划不如变化快，与其花时间去制订无用的计划，还不如用此时间多做些事情，或者认为现在的事就已经做不过来了，没有必要再为将来去浪费时间，因而忙于应付现实问题，而不注重为实现未来的目标制订计划；轻视计划，把制订计划看作一件无足轻重、枯燥无味的事，懒得为此下功夫；认为计划既然常常难以完成，就不如没有计划，而没有认识到计划的有效性就在于保证在发生各种预想不到的情况时，能将有限的资源首先用于最重要的事情，有时没有按计划执行反而是正确的；此外，有的管理人员由于缺乏信心，害怕承担责任，因而不愿意为自己制订有明确时间限制的计划和目标。

（二）缺乏知识，制订的计划缺乏可行性

计划工作本身缺乏计划，各项计划之间互不衔接支持，职权又不相符，从而使计划在实际中无法贯彻。有些计划只是口头上的，连像样的计划文本也没有；有的计划目标没有弹性，以至于在需要改变时无法加以改变；也有的计划无确定的目标，在执行过程中稍遇困难，即行放弃。

有的管理人员缺乏计划工作的必要知识，制订出来的计划常常内容不完整，从而使计划无法实施或难以应变。如只列出要做哪些工作，却不说明完成这些工作最终是为了什么，一旦情况发生变化就不知所措；事前没有确立适当的评价标准，使计划无从检查、评价等等。

（三）固守计划，不能适应环境的变化

环境总是处于不断的变化之中，尽管预测技术在不断进步，但它仍不能保证准确地预见未来可能发生的一切变化，因此计划工作要考虑到环境的多变性，及时地加以调整。但在许多情况下，人们即使认识到或预见到未来环境会发生变化，也不一定能及时地改变自己的计划和行动，以使资源的利用趋于效益最大化。思维和行为模式的固化，常常会使人们对计划的变更不自觉地采取抵制的态度，从而使计划受挫。

（四）运用不当，缺乏明确的交流与授权

有的管理者只注重计划的保密，不将计划内容让有关的人员知道，使执行计划的人不知道为什么要做、自己的工作与组织目标的实现有何关系等，使计划失去了应有的动员和激励作用。如果组织成员不了解在整个计划中自己的责任与权利以及与其他人员之间的关系，他们是不可能很好地执行计划的。

经常注意和防止这些错误的发生，将有助于管理者提高自己的计划能力，提高计划的有效性。

任务三　现代计划技术与方法

提高计划工作效率的最好方法就是采用科学的计划方法。计划制订的效率高低和质量好坏在很大程度上取决于所采用的计划方法。运筹学法、滚动计划法、甘特图法、情景计划

法、网络计划技术等是目前常用的计划方法。

一、传统计划方法

定额换算法:根据有关的技术经济定额来计算确定计划指标的方法。例如,根据各人、各岗位的工作定额求出部门应完成的工作量,各部门的工作量加总即得到个组织的计划工作量。

系数推导法:利用过去两个相关经济指标之间长期形成的稳定比率来推算确定计划期的有关指标的方法,也称比例法。例如,在一定的生产技术条件下,某些原材料的消耗量与企业产量之间有一个相对稳定的比率,根据这个比率和企业的计划产量,就可以推算出这些原材料的计划需用量。

经验平衡法:根据计划工作人员以往的经验,把组织的总目标和各项任务分解分配到各个部门,并经过与各部门的讨价还价最终确定各部门计划指标的方法。

在稳定可预测的环境中,上述计划方法简单易行,表现出了较大的优越性。但进入21世纪以后,现代组织面对的是更加复杂和动荡的环境,组织规模也在不断地扩大,依靠传统的计划方法常常难以适应现代计划工作的要求。因此,需要采用一些更有效的计划方法,帮助我们确定各种复杂的经济关系,提高综合平衡的准确性,并能采用计算机辅助工作,加快计划工作的速度。

二、运筹学法

运筹学法是一种有效的计划方法。这种方法的核心是运用数学模型,力求将相关因素都转化为变量形式反映在模型中,然后通过数学和统计学的方法在一定的范围内解决问题。这种方法的具体步骤如下。

(1)根据问题的性质建立数学模型,同时界定主要变量和问题的范围。为了简化问题和突出重点影响因素,还需要做出各种假定。

(2)根据模型中变量和结果之间的关系,建立目标函数作为比较结果的工具。

(3)确定目标函数中各参数的具体数值。

(4)求解,即找出目标函数的最大或最小值,以此得到模型的最优解即问题的最佳解决方法。

运筹学法在运用于解决如何合理利用有限资源实现既定目标的问题上,获得了很好的效果。虽然运筹学法并不是一种最完美的方法,但这无疑要比简单地依靠经验推断和定性方法来作出计划要科学得多。在某些领域中,运筹学法还是一种不可替代的有效的计划方法。

三、甘特图法

甘特图法是以发明者的名称命名的,又名线条图、展开图、横线工作法,实际上是一种常用的日程工作计划进度图表。这种图表以纵轴展示计划项目,横轴展示时间刻度,在纵轴与横轴的交叉点上用直线或箭头表示两者的关系。

甘特图适用于具体实施计划的管理,操作简便,绘制也简便。绘制关键字包括序号、工作项目、时间刻度、责任人和备注等。

甘特图的最大特点是清楚地展示了工作的日程计划，尤其是较好地展示了计划的递进性，十分有利于日程计划的管理。

四、情景计划法

情景计划法也是在不确定的环境中管理者较常用的计划方法之一。

情景计划又称权变计划，是管理者对未来的情况进行多重预测并分析如何有效应对各种可能出现的情况，从而得到的一系列如何应对不同情形的行动方案。

计划的目的是能够对未来可能出现的机遇和威胁早做准备。然而，未来的不确定性是客观存在的，那么，管理者进行有效计划的合理方法就是首先要对未来可能出现的状况进行各种假设，并在此基础上形成一组"多样未来"情景（例如未来的石油价格可能出现的情景：石油被其他能源取代，长期低于30美元，高于100美元，在30—100美元波动），然后针对各种情景制订出相应的计划，详细描述一旦假设的任何一种未来情景果真出现时，企业应该怎么做。

情景计划的优点不仅在于能够形成有用的计划，还能够促使各级管理者清醒地认识到组织所处环境的动态特征和复杂性，以及可供组织采用的战略的多样性。也就是说，情景计划法不仅能够对充满不确定性的未来可能出现的挑战进行预测，还能够激励管理者从战略的角度对未来进行思考。情景计划法的缺点是难以确定应该对哪几种未来情景制订计划。

五、网络计划技术

网络计划技术是根据分析技术的基本原理转化而来的，有时也称之为计划评审技术。网络计划技术是20世纪50年代后期在美国产生和发展起来的。这种方法包括各种以网络为基础制订计划的方法，如关键路径法、计划评审技术、组合网络法等。1956年美国的一些工程师和数学家组成了一个专门小组首先开始这方面的研究。1958年美国海军武器计划处采用了计划评审技术，使北极星导弹工程的工期由原计划的10年缩短为8年。1961年，美国国防部和国家航空署规定，凡承制军用品必须用计划评审技术制订计划上报。从那时起，网络计划技术就开始在组织管理活动中被广泛地应用。

（一）网络计划技术的基本步骤

网络计划技术把一项工作或项目分成各种作业，然后根据作业顺序进行排列，通过网络的形式对整个工作或项目进行统筹规划和控制，以便用最少的人力、物力和财力资源，用最快的速度完成任务。

（二）网络图

网络图是网络计划技术的基础。任何一项任务都可以分解成许多工作，根据这些工作在时间上的衔接关系，用箭线表示它们的先后顺序，画出一个由各项工作相互联系并注明所需时间的箭线图，这个箭线图就称作网络图。

1. 网络图的构成要素

（1）箭线。"→"代表工序，是一项工作的过程，有人力、物力等参加，经过一段时间才能完成。图中箭线下的数字便是完成各项工作所需的时间。此外，还有一些工序既不占用时间,也不消耗资源,是虚设的,叫虚工序,在图中用虚线箭头表示。网络图中应用虚工序的目的也是为避免工序之间关系的含混不清,以正确表明工序之间先后衔接的逻辑关系。

(2) 结点。"○"代表事项,是两个工序间的连接点。事项既不消耗资源,也不占用时间,只表示前道工序、后道工序开始的瞬间。一个网络图中只有一个始点事项,一个终点事项。

(3) 路线。路线是在网络图中由始点事项出发,沿箭线方向前进,连续不断地到达终点事项为止的一条通道。一个网络图中往往存在多条路线,例如,图6-2中从始点①连续不断地到终点⑩的路线有4条。

①：①→②→③→⑦→⑩。
②：①→②→③→⑦→⑨→⑩。
③：①→②→④→⑥→⑨→⑩。
④：①→②→⑤→⑧→⑩。

图 6-2　网络图

比较各路线的路长,可以找出一条或几条最长的路线,这种路线被称为关键路线。关键路线上的工序被称为关键工序。关键路线的路长决定了整个计划任务所需的时间。关键路线上各工序完工时间提前或推迟都直接影响着整个活动能否按时完工。确定关键路线,据此合理地安排各种资源,对各工序活动进行进度控制,是利用网络计划技术的主要目的。

2. 网络图的绘制原则

(1) 有向性：各项之间都用箭线表示。

(2) 无回路：网络图中不能出现循环回路。网络图中严禁出现从一个结点出发,沿箭线方向又回到原出发结点的循环回路。

(3) 两点一线：两个节点之间只能有一条箭线,不能出现双向箭头和无箭头的连线。

(4) 从左到右：节点编号应从小到大、从左到右,不能重复,以避免出现循环回路现象。

3. 网络计划技术的评价

网络计划技术虽然需要大量而繁琐的计算,但在计算机广泛运用的时代,这些计算大都已程序化了。这种技术之所以被广泛地运用是因为它有一系列的优点。

(1) 该技术能把整个工程的各个项目的时间顺序和相互关系清晰地表明,并指出了完成任务的关键环节和路线。因此,管理者在制订计划时既可以统筹安排,全面考虑,又不失重点。在实施过程中,管理者可以进行重点管理。

(2) 可对工程的时间进度与资源利用实施优化。在计划实施过程中,管理者调动非关键路线上的人力、物力和财力从事关键作业,进行综合平衡。这既可节省资源又能加快工程进度。

(3) 可事先评价达到目标的可能性。该技术指出了计划实施过程中可能发生的困难点,以及这些困难点对整个任务产生的影响,准备好应急措施,从而减少完不成任务的风险。

(4) 便于组织与控制。管理者可以将工程,特别是复杂的大项目,分成许多支持系统来分别组织实施与控制,这种既化整为零又聚零为整的管理方法,可以达到局部和整体的协调一致。

(5) 易于操作,并具有广泛的应用范围,适用于各行各业,以及各种任务。

任务四　管理者的时间计划：有效的时间管理

对于管理者而言，时间是最为宝贵的一种稀缺资源。时间是一种不可再生资源，正因为如此，每个人都要珍惜时间，合理地运用时间。时间对于每一个人都是公平的，每一个人每天都拥有 24 小时，只不过有的人利用得好，有的人利用得差。通过对时间进行计划，有助于管理者有效地利用有限的时间资源。

一、响应时间和自由时间

作为一名管理者，他的时间并不都是可控的。一般地，管理者的时间可分为两部分：一部分为响应时间，用于响应其他人提出的各种请求、要求和问题，这部分时间难以控制，管理者一天中的大部分时间属于响应时间；另一部分是管理者可以自行控制的，叫自由时间。正因为自由时间是可控的，所以通常时间管理的重点也就在如何用好自由时间上。

对于大多数管理者而言，特别是中下层管理者，自由时间只占其工作时间的四分之一左右，而且，是以分散的形式存在的：这里五分钟，那里五分钟。因此，要有效地运用时间，就必须首先管理好响应时间，并了解自己对时间的运用情况。

为了管理好响应时间，首先要对响应时间做出规划，如规定一周中哪几个时间段为对外响应时间，以集中处理某些事务性响应工作；其次要对他人请求响应的事情在了解情况的基础上，根据组织价值取向和目标定位确定是否需要响应，根据组织内的角色定位和职责分工确定是否需要自己响应，尽量减少可做可不做或做他人职责范围之内的事，以集中精力做必须做和能体现自己最大价值的事。同时，在响应过程中，也要考虑好响应的方式方法，尽量减少无谓的会议和不断的反复。只有首先管理好响应时间，管理者才有可能拥有更的自由时间来履行自己的职责。

将自己在过去的两周内所做的每一件事按照表 6-1 中的标准注出其重要性和紧迫性，如果所做的大多数事情都属于 C 类或 D 类，那么就说明你的时间运用有问题。

表 6-1　重要性和紧迫性程度区分标准

类别	区分标准	
	重要性	紧迫性
A 类	非常重要：必须做	非常紧迫：必须马上做
B 类	重要：应该做	紧迫：应该马上做
C 类	不那么重要：有用但不必须	不那么紧迫：可以稍候再做
D 类	不重要：无关紧要	时间上没有限制

二、时间管理的步骤

时间管理的目的是有效地利用时间。这就要求管理者明确在一定的时期内所要达到的目标、所需进行的活动和每一项活动的重要性和紧迫性。时间管理一般包括以下几个步骤。

（1）列出目标清单。即列出你或你所管理的部门在未来一段时间内所要实现的目标，假如你运用了目标管理方法，那么这些目标应该是清楚的。

（2）将这些目标按其重要程度排序。不是所有的目标都是同等重要的，既然每一个人所拥有的时间是有限的，我们首先要做的应该是重要的事情。

（3）列出实现目标所需进行的活动。即明确为了实现上述目标，应开展哪些活动。假如运用了目标管理方法，那么这些活动也应该是清楚的。

（4）对实现每一个目标所需进行的活动排出优先顺序。排序时按每一项活动的重要性和紧迫性程度排列。可将所有活动按其重要性和紧迫性程度分成四类：必须马上做的、有时间就应该做的、可授权给他人做的和没有必要做的。必须马上做的是非常重要的或重要且非常紧迫的事，有时间就应该做的是重要的事，而不重要的事则可授权他人来做。在重要与紧迫之间，要做到"要事优先"。

（5）按所给出的优先顺序制定每日工作时间表或备忘录。在前一天晚上，将第二天所要做的事情按其重要性和紧迫程度列出清单，并制定相应的时间表。要注意的是，所列事情不要超过5件。

（6）按工作时间表开展工作。在工作中，要严格按时间表进行，每做完一件事都要看一看下面一件事是什么，可以有多少时间来处理这件事。尽可能地按时完成，若不能按时完成或临时出现了新事情，则要重新评价其重要性和紧迫性，并据此确定将此事推后或修改工作时间表。

（7）每天结束工作时，要回顾一下当天的时间运用情况，并安排第二天的活动。不断地总结经验，管理者也会不断地提高工作效率。

三、时间管理的技巧

在时间管理中，管理者可以灵活运用以下技巧。

（1）每一个人在一天的不同时间里，其工作效率是不同的。管理者应掌握自己的效率周期，并以此制订自己每天的工作计划，把最重要的事情放在自己效率最高的时候做，而把日常事务和不重要的事安排在生物钟处于低潮的时候做。一般而言，这样安排将大大提高工作效率。

（2）牢记帕金森定律。帕金森定律指出，只要还有时间，工作就会不断地扩展，直至用完所有的时间。据此，在时间管理中，我们不要给一项工作安排太多的时间。如果你给一项工作分配了较多的时间，很可能你就会慢慢来，直至用完所分配的所有时间。

（3）自我管理。首先应该学会诊断时间，要了解时间是怎么被耗费的，都耗费在哪些方面。比如，使用时间管理的工具，每天记录，定期进行自我检讨，过一段时间后，就会发现自己的时间浪费在哪些小事上，持之以恒，就会提高时间管理效率。其次要科学规划，实现可持续发展。例如，在工作中，要不断地了解自己岗位的职责，了解工作的性质，了解整个团队的整体工作情况，从中发现漏洞，及时记录，从而制订出切实有效的计划。

（4）把不太重要的事情集中在一起处理。在每天的日程中安排一段固定的时间用于处理信函、接待下属、回答问题等。一般而言，这段时间应安排在生物钟处于低潮时

(5) 一次只做一件事。要想让时间有效率,就得一个一个去做。很多人在做不喜欢的工作的时候,其实是喜欢被干扰的,在他们的潜意识中,这样让他们显得很忙,而且一旦做得不好,也就有了借口。

(6) 把事情至少做到 80% 才结束。把事情做到一个无法倒退的点,下次再做才不至于从头再来。

(7) 尽可能减少干扰。为了充分利用时间,可把生物钟处于高潮时的时间固定为自由时间。在这段时间里,要排除干扰,关起门来静心考虑问题,不接电话、不接待下属,把这些事情放在另外一段时间里。能拥有的自由时间的多少主要取决于所处的地位,一般地,高层管理者的自由时间较多,而基层管理者的自由时间较少。

(8) 提高会议效率。会议是管理者履行责任的手段。开会在管理者的时间表中占有较大的份额。但大多数情况下,一般会议有一半以上的时间会被浪费掉。作为会议组织者,就要事先确定会议主题、制定时间安排、控制会议发言人、控制会场秩序、避免脱离主题的争论、掌控发表意见的技巧、会后及时总结等,确保每一场会议的质量。

计划包括确定目标和制定全局战略任务,以及完成任务和目标的行动方案。计划可以指明方向,减少因变化所带来的影响,使浪费和冗余减至最少,以及设立标准以利于控制。

计划的类型多种多样,可划分为战略计划、战术计划与作业计划,长期计划、中期计划与短期计划,指导性计划与具体计划等几大类。

计划的编制程序:描述宗旨;评估状况;确定目标;确定前提条件;制定计划方案;评价备选方案;挑选可行方案;制订辅助计划;编制预算。

典型的目标管理过程包括制定目标、执行目标、评价成果、实行奖惩、制定新目标并开始新的目标管理循环等阶段。

计划制订方法主要有滚动计划法、运筹学法、甘特图法、网络计划技术等。

时间是一种不可再生资源,通过对时间的计划和管理,将有助于管理者有效地利用时间资源。

1. 中国有句古话:"凡事预则立,不预则废。"从计划的角度,你如何看待这句话?
2. 解释计划内容的"5W2H"。
3. 你如何理解计划的层次体系?它与计划的编制是什么关系?
4. 计划的制订包括哪几个阶段的工作?
5. 何谓目标管理?其特点是什么?如何利用目标管理组织计划的实施?
6. 各种现代计划方法的优缺点是什么?分别适用于什么场合?

7. 为什么在现实生活中常有效率不高的"马拉松"会议?

8. 通过访谈、调查等方法,了解一家企业的年度总计划中包含的具体要素有哪些?每个要素的具体含义或指标是什么?就此写一份书面报告。

案例分析一　行走实验

某企业在对员工进行培训时,做过这么一项活动:让30个员工参加户外徒步行走项目,参加训练的30人被分为三组,由培训讲师分别带队,各组的具体做法如下。

第一组:不告诉他们去哪儿,也不告诉他们有多远,只叫他们跟着培训师走即可。

第二组:告诉他们去哪儿,要走多远。

第三组:既告诉他们去哪儿和有多远,又在沿路每隔一千米的地方树一个标志性的路牌,将整段路程划分为几个阶段性的目标,直至达到终点。

在行走过程中发现,队伍刚走了三千米左右,第一组的员工就开始抱怨且情绪低落;再走了一段路程,第二组的员工情绪比活动开始初期明显降低,当走完路程的三分之二时,他们已兴致全无,都无精打采地缓慢前进;第三组的员工,因每走一段便知晓目标完成的情况,一路上,大家情绪较高,最后,领先其他两组到达目的地。第二小组次之,第一小组最后到达。

讨论分析:

1. 目标在计划体系中有什么作用?

2. 什么样的目标是有效的?

3. 你怎样理解总体目标和分目标之间的关系?

案例分析二　阿里巴巴绩效管理的7个原则和4个理念

项目七
组　　织

导　语

　　人们在确定了目标以后,为保证组织目标顺利实现,任务圆满完成,就必须将实现目标所必须完成的工作进行合理分配,并将各类任务交给合适的人来负责完成。人们在完成各种任务时,互相之间如何分工和协调,这是组织必须统筹解决的问题。这些问题处理得好,组织才能高效率运行。组织实际上为决策和计划的有效实施创造了条件。

　　要使组织高效率运转,实现组织与环境的动态平衡,必须科学合理地构建组织,并且以组织文化构成组织有效运行的内在驱动力。

项目导学

　　学习目标:掌握组织设计的基本概念和原则;学会在管理中处理好集权与分权的关系;理解各种组织结构的特点、适应范围;了解组织文化的含义、特征及功能。

　　关键术语:组织　组织设计　管理幅度　管理层次　组织结构　集权　分权　授权　组织文化　组织价值观　正式组织　非正式组织　学习型组织

任务一 组织设计

一、什么是组织

组织是指组织活动,即按照一定的目的、任务和形式,对做事的人进行编制并形成工作秩序。

从实体角度来看,组织是为实现某一共同目标,经由分工与合作,以不同层次的权利的责任制度而构成的人群集合系统。从无形角度来看,组织是指在特定环境中为了有效地实现共同目标和任务,确定组织成员、任务及各项活动之间关系,对资源进行合理配置的过程。其主要内容有:组织结构的设计;人员的配备和管理;组织力量的整合。

二、组织的构成要素

组织作为一个系统,一般包含特定目标、人员与职务、组织环境和人际环境四个基本要素。

(一) 特定的目标

目标是组织存在的前提。没有目标,也就没有组织存在的必要性。目标是组织形成的最根本原因。

(二) 人员与职务

组织是由人组成的,不同层次的人群形成了组织的有机体。明确每个人在系统中所处的位置以及相应的职务,便可形成一定的组织结构。组织中的管理者合理安排每个人的职务,使人人都各尽所能、各司其职。

(三) 组织环境

组织环境可分为外部环境和内部环境。一个组织只有不断调整自己的内部环境去适应外部环境,才得以生存和发展。

(四) 人际环境

人际环境指在一个组织中,存在上下级之间、同级之间、部门与部门之间等各种关系。

三、组织设计

组织设计就是设计清晰的组织结构,规划和设计组织中各部门的职责和职权,确定组织中各种职权的活动范围并编制职务说明书。

(一) 组织设计的原则

1. 目标明确化

任何一个组织的存在,都是由它特定的目标决定的。所以,组织结构形式必须为经营业务服务,服从企业的经营目标,使组织机构与企业的目标密切相连,并把各级管理人员和全体员工组成一个有机的整体。

2. 等级链

等级链是组织中从上到下形成若干管理层次,从最高层次的管理者到最低层次的管理者之间组成一条等级链,依次发布命令、指挥业务。等级链强调层次管理、责权统一、命令统一。

3. 分工协作

分工就是按照提高管理专业程度和工作效率的要求,把单位的任务、目标分成各级、各部门、个人的任务和目标,以避免共同负责而实际上职责不清、无人负责的混乱现象。协作就是在分工的基础上,明确部门之间和部门内的协调关系和配合方法。

管理故事

有一个在医院里实习的牙科医生,由于是第一次给病人拔牙,所以非常紧张。当他用镊子刚把一颗龋齿拔下来时,不料手一哆嗦,没有夹住,牙齿便掉进了病人的喉咙里。

"先生,非常抱歉",这个牙科医生说,"你的病已不在我的职责范围内,你去找一下喉科医生。"

当这个病人捂着嘴巴,来到耳鼻喉科室时,他的牙齿已被其咽下肚了。喉科医生给他做了检查。"非常抱歉",医生说,"你的病已不在我的职责范围内,你应该去找胃病专家。"

胃病专家用 X 光为病人检查后,说:"非常抱歉,牙齿已到你的肠子里了,你应该去找肠病专家。"

肠病专家同样做了 X 光检查后,说:"非常抱歉,牙齿已经不在肠子里,它肯定到了更深的地方了,你应该去找肛门科专家。"

最后,病人趴在肛门科医生的检查台上,摆出一个屁股朝天的姿势。医生用内窥镜检查了一番,然后吃惊地叫道:"啊,天啊!你这里长了一颗牙齿,赶紧去找牙科医生!"

请问:这个医院科室齐全,可为什么解决不了这个拔牙病人的问题?

4. 权责对等

为了保障分工与协作关系的落实,在明确分工与协作关系的同时,要明确每一个部门和岗位的职责,并赋予其相应的职权。拥有一定的职权是保障职责履行的条件之一,在组织设计过程中,要做到责任与权利对等。

5. 人尽其才

组织结构的建立要充分考虑人员的可得性和人事匹配性,要有利于人员在工作中得到培养、提高与成长,有利于吸引人才,发挥员工的积极性和创造性。

6. 控制幅度

控制幅度原则是指一个上级的管理幅度应该控制在合理的范围以内,即由其直接领导与指挥的下属人数应该有一定的控制限度。

7. 精简高效

所谓精简高效,就是在保证完成目标,达到高质量的前提下,设置最少的机构,用最少的人完成组织管理的工作，真正做到人人有事干，事事有人干，保质又保量，负荷都饱满。

（二）组织设计的程序

组织结构的设计一般包括以下几个步骤。

1. 工作划分与工作专门化

组织结构设计的第一步是将实现组织目标必须进行的活动划分成内在的有机联系的部分，以形成相应的工作岗位，划分活动的基本要点是工作专门化。工作专门化是指组织中把工作任务划分成若干步骤来完成的细化程度，即组织先把工作分成若干步骤，每一步骤安排一个人去完成。因此，每个人只完成所从事的工作的一部分，而不是全部。

管理案例　　福特公司的做法

20世纪初，亨利·福特通过建立汽车生产线而富甲天下，享誉全球。他的做法是，给公司每一位员工分配特定的、重复性的工作。例如，有的员工只负责装配汽车的右前轮，有的只负责安装右前门。通过把工作划分成较小的、标准化的任务，使工人能够反复地进行同一种操作，福特利用技能相对有限的员工，每10秒钟就能生产出一辆汽车。

问题：工作专门化适合于所有类型的组织吗？

人们已经认识到了在不同类型的工作中工作专门化所起的作用，但是并不是所有的工作类型或组织形式都适用专门化的工作分工。比如，在麦当劳快餐店，管理人员使用工作专门化来提高生产和销售汉堡包和炸鸡的效率。但是，像苹果公司这样的高科技企业则可以通过丰富员工的工作内容，降低工作专门化的程度来提高生产率。

2. 工作归类与部门化

一个组织的各项工作可以按各种原则进行归并，常见的有职能部门化、产品部门化、地区部门化、顾客部门化等。

（1）职能部门化：按工作的相同或相似性进行分类。由于职能部门化与工作专业化有密切的联系，因此，按职能划分部门是许多组织广泛采用的一种方法。

（2）产品部门化：由于不同的产品在生产、技术、市场、销售等方面可能很不相同，就出现了根据不同的产品种类来划分部门的需要。在这种情况下，各产品部门的负责人对某一产品或产品系列在各方面都拥有一定的职权。

（3）地区部门化：对于地区分散的组织来说，按地区划分部门是一种普遍采用的方法。

（4）顾客部门化：根据目标顾客的不同利益需求来划分组织的业务活动。

3. 确定组织层次

确定组织层次就是要确定组织中每一个部门的职位等级数。组织层次的多少与某一特定的管理人员可直接管辖的下属人员数即管理幅度的大小有直接关系。当组织规模一定时，管理幅度越大，管理的层级就越少；相反，管理幅度越小，管理层级就越多。管理层级与管理幅度的反比例关系决定了两种基本的管理组织形态：扁平结构形态和高耸结构形态。

扁平结构指的是管理幅度大而管理层级较少的一种组织结构形态。其优点是由于层级较少,因此管理费用低、信息交流速度快,信息在传递过程中失真少,从而使高层管理者能尽快发现信息所反映的问题,并及时采取相应的纠偏措施。由于管理幅度大,成员有较大的自主性,因而满足感增加。其缺点是不能严密监督下级的工作,上下级协调较差。

高耸结构又称锥形结构,是指幅度小、层次多的一种组织结构形态。其优点是管理严密,分工明确,上下级协调容易。其缺点是,由于管理层级较多,增加了管理费用,信息在传递过程中受多层过滤而容易失真,不利于全局的计划和控制。另外,由于管理严密,易降低下属成员的满意感和创造性。

4. 实行授权,建立职权关系

授权是指组织内部授予的指导下属活动及行为的决定权,这些决定一旦下达,下属必须服从。授权是组织设计的重要内容,它与组织结构内的职位紧密相连,而与个人特质无关。

任何组织内的各个部门及每个管理层次中,必须设置一系列的职位,而且在每个职位上配置合适的人选,每个人都要具有与职位相称的职务,负有一定的责任、义务,同时具有完成工作、履行职责的权利。

四、组织结构形式

下面介绍几种企业中常见的组织结构。

(一)直线型组织结构

直线型,顾名思义是按直线垂直领导的组织形式,这是一种最简单的组织形式。企业管理自上而下层层制约,实行垂直领导(见图7-1)。

优点:结构简单、权责分明、命令统一、运转敏捷、信息沟通迅速。

缺点:最高管理者必须具备全面的知识和才能,部门间的协作比较差。

适用:产品单一、规模较小、业务单纯的小型企业。

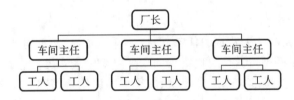

图7-1 直线型组织结构

(二)直线—职能型组织结构

直线—职能型又称混合型,它是以直线型组织结构为基础,吸取职能制中充分发挥专业人员作用的优点综合而成的一种组织结构。直线—职能型是各类组织中最常采用的一种组织结构形式(见图7-2)。

优点:职能高度集中、职责清楚、秩序井然、工作效率较高、整个组织有较高的稳定性。

缺点:直线部门和职能部门容易出现脱节,当职能部门和直线部门之间目标不一致时,容易产生矛盾,致使上层主管的协调工作量增大。同时,整个组织系统的适应性较差。

适用:多数上规模的单体企业通常采用这种结构。

(三)事业部制组织结构

事业部制是一种适用于企业集团公司的分权式组织结构,实行集中决策下的分散经营。

图 7-2 直线—职能型组织结构

其主要特点是,在总公司与各产业之间,增设一级组织,即事业部或分公司。这种结构的特点是集中决策,分散经营(见图 7-3)。

优点:它使最高管理层摆脱日常行政事务,集中精力研究公司的战略方针。同时能充分发挥各事业部的积极性,培养"多面手"式的管理人才。

缺点:职能部门重复,管理人员增多,管理成本提高。

适用:多元化经营的企业集团。

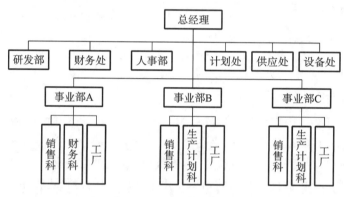

图 7-3 事业部制组织结构

(四)项目组组织结构

项目组是指为了完成某个特定的任务,而把一群不同背景、不同技能和来自不同部门的人组织在一起的一种组织形式,是现代组织和未来组织中最常见的组织结构形式。例如,电影制片厂的摄制组、企业中的技术革新小组、高校里的课题组等。

项目组的特点是根据任务的需要,把各种人才集合起来进行攻关,任务完成了,小组就解散。项目组的人员也不固定,需要谁,谁就来,当他的任务完成后,他就可以离开,所以,一个人可以同时参加几个项目组。

优点:适应性强,机动灵活,容易接受新观念、新方法;各个成员像一个球队的运动员一样,都了解整个项目组的任务,目的明确,责任感强。

缺点:缺乏稳定性,在规模上有很大的局限性。

项目组形式适用于需要各种不同专长的人在一起才能完成的工作,以及具有许多事先不确定的复杂因素的工作。随着网络技术的发展,进一步出现了不在同一地点工作的虚拟项目组形式。

(五)矩阵型组织结构

它是由纵横两套管理系统组成的矩形组织结构,一套是纵向的职能管理系统,另一套是为完成某项任务而组成的横向项目系统,横向和纵向的职权具有平衡对等性。矩阵型结构打破了统一指挥的传统原则,它有多重指挥线。当组织面临较高的环境不确定性,组织目标需要同时反映技术和产品双重要求时,矩阵型结构应该是一种理想的组织形式(见图7-4)。

优点:可以取得专业化分工,可以跨越各职能部门获取其所需要的各种支持活动,资源可以在不同产品之间灵活分配,可以有效地克服职能部门之间相互脱节的弱点。

缺点:组织中的信息和权力等资源一旦不能共享,项目经理与职能经理之间就会发生矛盾。项目成员需要接受双重领导,要具备较好的人际沟通能力和平衡协调矛盾的技能。

适用:适用于一些重大攻关项目。企业可用来完成涉及面广的、临时性的、复杂的重大工程项目或管理改革任务。特别适用于以开发与实验为主的单位,例如科学研究,尤其是应用性研究单位等。

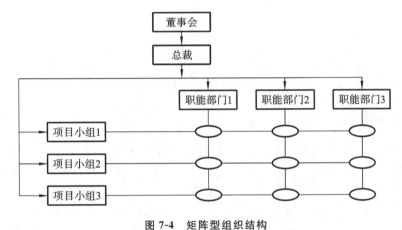

图7-4 矩阵型组织结构

(六)动态网络型组织结构

动态网络型组织结构是一种以项目为中心,通过与其他组织建立研发、生产制造、营销等业务合同网,有效发挥核心业务专长的协作型组织形式。

优点:以项目为中心的合作可以更好地结合市场需求来整合各项资源,组织中的大多数活动都实现了外包,使得组织结构进一步扁平化。

缺点:组织的可控性差,员工的组织忠诚度比较低。

动态网络型组织有时也被称为"虚拟组织",即组织中的许多部门是虚拟存在的,管理者最主要的任务是集中精力协调和控制好组织的外部关系。近几年来,随着电子商务的发展以及外部合作竞争的加强,更多的知识型企业依靠网络等信息技术手段,并以代为加工(OEM)、代为设计(ODM)等网络合作方式取得了快速响应市场变化的经营绩效。

管理案例　　某图书馆的组织结构

某小城市的图书馆共有员工18人。其中馆长1人和馆员17人,馆员中有5人是图书馆专业的硕士毕业生,其余为非专业人员。馆长为该图书馆设计了一种组织结构,确定了每个人的任务,制定了许多规章制度,并采用集中决策方法。馆长直接管理的有3人:1名助理,1名负责图书编目和技术服务的副馆长,1名负责日常工作和参考资料编辑的副馆长。两名副馆长常常跟馆长抱怨,馆长在做出重大

决策时,即使这些决策会影响到两名副馆长各自管理的部门,馆长也从不与他们商量。对此,馆长回答说:"我们只是一个很小的图书馆。我熟悉内部的所有事情,知道下一步将发生什么事和应该怎么去做。所以协调馆内工作最好的方法,就是由我一个人做出决策。"

请问:该图书馆的组织结构是怎样的?

任务二 组织运行

现代的组织理论是动态的,既要包括组织结构设计,又要包括组织运行机制。组织运行机制的核心就是组织运行过程中的集权、分权和授权。

一、职权的含义

所谓"职权"就是组织设计中赋予某一管理职位做出决策、发布命令和希望命令得到执行而进行奖惩的权力。职权与组织内的一定职位相关,而与占据这个职位的人无关,所以它通常也被称作制度权或法定权力。

职权是权力的一种。职权来源于职位的权力,是一种制度化的权力。它是上级正式授予的,来源于上级的委任,与其他权力相比具有以下特征。

(1) 它是职位产生的权力,具有相应的职责和义务。

(2) 它是一种合理合法的权力,职权是由制度或法律所赋予的,所以有人称职权是"正式的权力"。

(3) 它拥有奖罚权利以维护权力的有效性。

职权分为三种形式:直线职权、参谋职权和职能职权。

二、集权、分权与授权

(一) 集权与分权

集权和分权是组织层级化设计中的两种相反的权力分配方式。

集权指决策指挥权在组织层级系统中向较高层次上的集中,下级部门和机构只能依据上级的决定、命令和指示办事,一切行动必须服从上级指挥。

分权指决策指挥权在组织层级系统中向较低管理层级上的分散。一个组织内部要实行专业化分工,就必须分权。否则,组织便无法运转。

集权和分权是两个相对的概念。绝对的集权意味着组织中的全部权力集中在最高领导一个人,组织活动的所有决策均由他做出,他直接面对所有的命令执行者,中间没有任何管理人员,也没有任何中层管理机构。这在现代社会经济组织中几乎是不可能的,也是做不到的。而绝对的分权则意味着将全部权力分散下放到各个管理部门中去,甚至分散至各个执行、操作层,这时,主管的职位就是多余的,一个统一的组织也不复存在。因此,将集权和分权有效地结合起来是组织存在的基本条件,也是组织既保持目标统一性又具有柔性和灵活性的基本要求。

(二) 授权

在组织层级化设计中,当今组织都注意到了纵向权力高度集中的层级式组织所带来的组织僵化和臃肿的问题。单纯地凭借高层主管进行决策很难动态地响应环境的变化。随着信息时代的到来,组织越来越意识到,把权力分解下去可以更好地使组织成员自由、圆满、高效地完成各项工作,向下授权成为组织发展的一个必然趋势。

1. 授权的概念

授权就是组织为了共享内部权力,调动员工的工作积极性,而把某些权力或职权授予下级。这些职权授予给下级之后,下级可以在其职权范围内自由决断,自主处置。同时也负有完成任务并报告上级的义务,上级仍然保留对下级的指挥与监督权。授权的含义如下。

(1) 分派任务。向被托付人交代所要委派的任务。

(2) 授予权力或职权。授予被托付人相应的权力或职权,使之能有权履行原本无权处理的事务。

(3) 明确责任。要求被托付人对托付的工作负全责。所负责任不仅包括需要完成的指定任务,还包括向上级汇报任务的具体情况和成果。

2. 授权的程序

授权的过程大致可以分为以下三个阶段。

第一阶段是授权诊断阶段。在这一阶段,组织设计者应该重点对组织内部的权力分布状况进行全面的诊断,仔细分析是哪一些因素导致了权力的不平衡和分配的不合理,进而识别在授权阶段所必须变革的基本要素。

第二阶段是授权实施阶段。在这一阶段,组织设计者首先要对诊断阶段所出现的不合理要素进行变革,然后要努力创造和提供有效授权所必须具备的一些要素条件,如共享信息、知识与技能、权力和奖励制度等。

第三阶段是授权反馈阶段。在这一阶段,组织设计者应将重点放在对授权实践之后员工绩效的考核上,使贡献优异的员工能够得到及时的回报反馈,这样,就可以对授权的效果进行巩固,并对偏差进行及时的反馈和调整。

3. 授权的原则

有效的授权必须掌握以下原则。

(1) 重要性原则。组织授权必须建立在相互信任的基础上,所授权限不能只是一些无关紧要的部分,要敢于把一些重要的权力或职权放下去,使下级充分认识到上级的信任和管理工作的重要性,把具体任务落到实处。

(2) 适度原则。组织授权还必须建立在效率基础上。授权过少往往造成主管工作量过大,授权过多又会造成工作杂乱无序,甚至失控,因此不能无原则地放权。

(3) 权责一致原则。组织在授权的同时,必须向被托付人明确所授任务的目标、责任及权利范围,权责必须一致,否则,被托付人要么可能会滥用职权并导致形式主义,要么会对任务无所适从,造成工作失误。

(4) 级差授权原则。授权必须逐级进行,上级只能向由自己直接领导、指挥的下级授权,不能越级授权。越级授权等于否定了中间管理层的作用,会干涉中间管理层的工作,打击中间管理层的积极性。

知识拓展

> 授权并不表示上级将权力无限制下放,也不表示授权之后上级就把一切工作都交给别人了;相反,授权是指上级管理者依据任务或组织目标的需要委授给下属一定的权力,使下属在一定的监督之下享有一定的自主权和行动权。在授权过程中,授权者对于被授权者还有指挥权和监督权,被授权者对授权者负有报告工作以及完成任务的责任。所以有人说,授权就像"放风筝"。

4. 授权的技巧

实际授权中出现的问题,大多并不是管理者不了解授权的性质和原则,而是因为他们没能或不愿遵循这些原则。导致管理者没能或不愿授权的主要原因如下。

管理者自身计划组织能力差。管理者不知道给下级授什么权以及如何进行授权。这一类管理者平时工作也没什么计划,眉毛胡子一把抓,而且往往对小事投入较多的关注,而对有些大事由于没有切肤之痛而忽视。在授权时,往往是随意而为,结果授权不是职大于权,就是权大于职。

对他人的不信任。这种不信任可能是对下级能力的不信任,怕下级没有能力来完成所要做的工作,认为要把某件事做好就必须由他自己去做,因而拒绝把这些工作放手给别人;也可能是对下级动机的不信任,怕下级"要职要权",或者担心别人比自己干得更好,从而影响自己现有的地位和未来的晋升,因此不愿授权,或只授权给那些唯唯诺诺不会威胁其地位的人。

职业偏好的影响。一个人善于从事某项职业,往往与其所具有的某些个性特征有关,而通过专门的职业训练又会强化某些个性特征。例如,受过会计、医学、工程学长期训练的人,往往强调严格的程序、较高的精确性、仔细的观察和缜密的考虑,使他们养成了事无巨细、亲自过问的习惯。一旦他们走上管理岗位,这种职业习惯就会影响他们进行授权:当他们授权给别人时,总感到不放心、不踏实,一旦有可能,他们就尽可能自己做。

管理者的权力偏好。有些管理者则是因为本身对权力有特别的偏好,喜欢自己掌握权力,因而不愿意授权。他们喜欢通过干预下属的活动来体现自己的地位,因此一旦走上管理者的岗位,就喜欢对他人指手画脚,以显示自己在这个组织中"老大"的地位。这类管理者对于下属职责范围内的事情,只要他看到了,不管自己懂还是不懂,都喜欢发表评论或指示,同时也喜欢下属无论大小事情都向自己请示汇报。他最希望看到的一种景象就是组织中的人都围着自己转。正因为如此,即使自己忙得要死也不愿意授权。

授权过程涉及授予和接受两个方面,下级人员有时也有可能不愿接受上级的授权。下级不愿意接受上级授权的原因一般有如下几个方面。

担心因干不好而受到上级的训斥或惩罚,因而不愿接受过多的职权,上级说什么,就干什么。在一个管理者经常因下属干不好而予以训斥或惩罚的组织中,人们普遍地倾向于避免接受更多的职权:多做多错,不如不做。

害怕承担更多责任。可能是由于缺乏自信,或者是觉得相应的压力太大,因而不愿承担风险,希望一切由上级决策。即使授予其一定的职权,他们也喜欢事事请示上级,形成"反授权",以便少负责任。

有的人认为即使是多做工作也不会带来更多报酬,因而不愿多承担责任。当一个组织缺乏对于承担额外责任的奖励时,授权往往是困难的。

如何克服这些心理障碍呢?下面是管理者在实际工作中可以参考的一些建议。

建立良好的组织文化。高层管理者要致力于建立相互信任和鼓励承担风险的组织文化。在这种文化中,管理者将会允许下属在改正错误的过程中不断提高,下属也会乐意承担更多的责任,因为他们相信只要他们尽心尽力干,就不会因为干不好而使自己受到伤害。

进行充分的交流。当管理者分派任务时,应确保下属理解所授权力的大小、希望达成的预期结果和所要承担的责任。在授权后,要加强对工作进展的了解,当下属有困难时,管理者要及时予以指导和帮助。

对承担更多责任者予以额外的奖励。当管理者对接受更多责任的下属予以可观的额外奖励时,下属将会愿意接受更多的授权。奖励可以是金钱、晋升,也可以是口头的表扬、优越的工作条件等。

提高管理者的素质。要使管理者认识到授权的重要性,懂得有关正确授权的知识;同时要使管理者形成相信下级、愿意放手让人干和允许别人犯错误的心态。一个人的时间、精力、知识是有限的,不可能任何事都自己去做,而要授权,就必须信任下属并允许下属犯些错误。

建立一定的制度强迫管理者授权。为了防止管理者由于各种个人的原因而不愿授权,组织可采取一些政策,迫使其授权。例如,加大管理者的管理幅度,同时对他们的工作提出一个较高的标准,这时,管理者为了确保任务的完成,除了授权,别无他法。

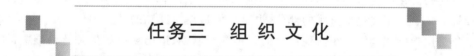

任务三 组织文化

一、组织文化

(一) 组织文化的概念

组织文化是组织在长期的实践活动中所形成和发展起来的日趋稳定的、独特的文化理念,为组织成员普遍认可和遵循,它是具有本组织特色的价值观念、团体意识、工作作风、行为规范和思维方式的总和。

(二) 组织文化的主要特征

1. 独特性

每个组织都有其独特的组织文化,这是由不同的国家和民族、不同的地域、不同的时代背景以及不同的行业特点所形成的。

2. 相对稳定性

组织文化是组织在长期的发展中逐渐积累而成的,具有较强的稳定性,不会因组织结构的改变、战略的转移或产品与服务的调整而变化。一个组织中,精神文化又比物质文化更具有稳定性。

3. 融合继承性

每一个组织都是在特定的文化背景之下形成的,必然会接受和继承这个国家和民族的文化传统和价值体系。但是,组织文化在发展过程中,也必须注意吸收其他组织的优秀文化,融合世界上最新的文明成果,不断地充实和发展自我。

4. 发展性

组织文化随着历史的积累、社会的进步、环境的变迁以及组织变革逐步演进和发展。

(三)组织文化对管理的影响

组织文化对组织成员的行为有重大的影响,当组织文化形成并得到加强时,它会到处蔓延并影响组织成员所做的一切,并通过左右组织成员的知觉、思想和感觉影响组织成员的行为。组织文化之所以能对管理产生重大影响,是因为它建立了在这个组织中可以做什么和不可以做什么的规范。

组织文化对组织成员的约束很少是直截了当的,它们可能并没有写下来,甚至在口头上也很少明确地说起,但它们确实存在,并影响着组织成员的行为和组织的决策。例如,在一个致力于利润的平稳增长,并认为利润的增加主要要通过降低成本来取得的公司里,人们不太可能去建议那些创新的、风险大的、时间长的项目;而在一个以"用户至上"为服务宗旨的组织中,也不会容许员工与用户争执。

(四)组织文化的结构

一般认为,组织文化有三个层次结构,即表层文化、中介文化、深层文化。

表层文化又称物质层文化,是指凝聚着组织文化抽象内容的物质体的外在显现,包括了组织实体性的文化设备、设施等,如带有本组织色彩的工作环境、作业方式、图书馆、俱乐部等。表层文化是组织文化最直观的部分,也是人们最易于感知的部分。

中介文化指体现具体组织文化特色的各种规章制度、道德规范和员工行为准则的总和,也包括组织体内的分工协作关系的组织结构。它是组织文化核心层与显现层之间的中间层,是由深层文化向表层文化转化的中介,是制度文化和行为文化的综合体。

深层文化是体现组织理念潜层次的精神层,是指组织文化中的核心和主体,包括组织的精神、价值观念、道德观念等。

(五)组织文化的要素

从最能体现组织文化特征的内容来看,组织文化包括组织价值观、组织精神、组织道德以及组织素养等。

1. 组织价值观

组织价值观就是组织内部管理层和全体员工对该组织的生产、经营、服务等活动以及指导这些活动的一般看法或基本观点。

2. 组织精神

组织精神是指组织经过共同努力奋斗和长期培养所逐步形成的,认识和看待事物的共同心理趋势、价值取向和主导意识。组织精神是一个组织的精神支柱,是组织文化的核心。

3. 组织道德

组织道德是通过道德伦理规范表现出来的。它由组织向组织成员提出应当遵守的行为准则,通过组织群体舆论和行为压力规范人们的行为。组织文化内容结构中的伦理规范既体现组织自下而上环境中社会文化的一般性要求,又体现着本组织各项管理的特殊需求。

4. 组织素养

组织素养包括组织中各层级员工的基本思想素养、科技和文化教育水平、工作能力、精力以及身体状况等。其中,基本思想素养的水平越高,组织中的管理哲学、敬业精神、价值观念、道德修养的基础就越深厚,组织文化的内容也就越充实、丰富。

(六)组织文化的功能

1. 整合凝聚功能

组织文化通过培育组织成员的认同感和归属感,建立起成员与组织之间的相互信任和依存关系,使个人的行为、思想、感情、信念、习惯以及沟通方式与整个组织有机地整合在一起,形成相对稳固的文化氛围,凝聚成一种无形的合力和整体趋向,以此激发出组织成员的主观能动性。

2. 约束适应功能

组织文化能从根本上改变员工的原有价值观念,建立起新的价值观念,以适应组织正常实践活动的需要和外部环境的变化要求。一旦组织文化所提倡的价值观念和行为规范被成员接受和认同,成员就会作出符合组织要求的行为选择,倘若违反,则会感到内疚、不安或自责,从而自动修正自己的行为。组织文化具有一定程度的改造性。

3. 激励导向功能

组织文化的核心是具有共同的价值观,它并不对组织成员进行硬性要求。与组织成员必须强行遵守的、以明文规定的制度规范不同,组织文化主要是一种软性的理智约束,通过组织的共同价值观不断地向个人价值观渗透和内化,使组织自动生成一套自我调控机制,以一种适应性文化引导着组织个体成员的行为和活动,以"看不见的手"协调着组织的管理行为和实务活动。组织文化这种激励导向功能以尊重个人思想、感情为基础,形成一种无形的非正式控制,使组织目标自动地转化为个体成员的自觉行动,达到个人目标与组织目标在较高层次上的统一。

4. 自我完善功能

组织文化的形成是一个复杂的过程,往往会受到政治、社会、人文和自然环境等诸多因素的影响,因此,它的形成需要长期的倡导和培育。组织文化不断深化和完善的行为一旦形成良性循环,就会持续地推动组织不断发展。反过来,组织的进步和提高又会促进组织文化的丰富、完善和升华。组织在不断发展过程中所形成的文化积淀,通过反复反馈和强化,随着实践的发展而不断创新和优化,推动组织文化从一个高度向另一个高度迈进。

(七)组织文化的塑造途径

1. 选择合适的组织价值观标准

组织价值观是整个组织文化的核心。选择组织价值观要立足于本组织的具体特点,根据自己的目的、环境要求和组成方式等特点选择适合自身发展的组织文化模式。要把握住组织价值观与组织文化各要素之间的相互协调。

在此基础上,选择正确的组织价值标准要注意以下四点。

(1) 组织价值标准要正确、明晰、科学,具有鲜明特点。

(2) 组织价值观和组织文化要体现组织的宗旨、管理战略和发展方向。

(3) 要切实调查本组织员工的认可程度和接纳程度,使之与本组织员工的基本素质相和谐,过高或过低的标准都很难奏效。

(4) 选择组织价值观要发挥员工的创造精神,认真听取员工的各种意见,并经过自上而下和自下而上的多次反复,审慎地筛选出既符合本组织特点又反映员工心态的组织价值观和组织文化模式。

2. 强化员工的认同感

在选择并确立了组织价值观和组织文化模式之后,就应把基本认可的方案通过一定的强化灌输方法使其深入人心。具体做法如下。

(1) 利用一切宣传媒体,宣传组织文化的内容和精要,使之家喻户晓,以创造浓厚的环境氛围。

(2) 培养和树立典型。榜样和英雄人物是组织精神和组织文化的人格化身与形象缩影,能够以其特有的感召力和影响力为组织成员提供可以仿效的具体榜样。

(3) 加强相关培训教育。有目的的培训与教育,能够使组织成员系统地接受组织的价值观并强化员工的认同感。

3. 精心提炼定格

组织价值观的形成不是一蹴而就的,必须经过分析、归纳和提炼方能定格。

(1) 精心分析。在经过群众性的初步认同实践之后,应当将反馈回来的意见加以剖析和评价,分析和比较实践结果与规划方案的差距,必要时可吸收有关专家和员工的合理意见。

(2) 全面归纳。在系统分析的基础上,进行综合化的整理、归纳、总结和反思,去除那些落后或不适宜的内容与形式,保留积极进步的形式与内容。

(3) 精练定格。把经过科学论证的和实践检验的组织精神、组织价值观、组织伦理与行为,予以条理化、完善化、格式化,再经过必要的理论加工和文字处理,用精练的语言表述出来。

4. 强化巩固落实

要巩固落实已提炼定格的组织文化,首先要建立必要的制度保障。在组织文化演变为全体员工的习惯行为之前,要使每一位成员在一开始就能自觉主动地按照组织文化和组织精神的标准去行动比较困难,即使在组织文化业已成熟的组织中,个别成员背离组织宗旨的行为也是经常发生的。因此,建立某种奖优罚劣的规章制度十分必要。其次,领导者在塑造组织文化的过程中起着决定性的作用,应起到率先示范的作用。

5. 在发展中不断丰富和完善

任何一种组织文化都是特定历史的产物,当组织的内外条件发生变化时,组织必须不失时机地丰富、完善和发展组织文化。

二、正式组织与非正式组织

(一) 正式组织

1. 含义

正式组织是指为实现一定目标并按照一定程序建立起来的有明确职责和组织结构的组织。

2. 特点

(1) 目的性。

正式组织有明确的目标。它是经过设计、规划,为了实现组织目标而有意识建立的。

(2) 合法性。

正式组织是经过政府认可的实体,不是自发形成的。

(3) 正统性。

正式组织是一个系统,它建立不同层次机构并配备相应的人员、职务、权利与责任,其成员在各自岗位上为实现目标而分工合作。正式组织通过其所制定的严格规章制度来规范成员行为,正式组织还建立了考核和奖惩制度。

(4) 稳定性。

正式组织一经建立,通常会维持一段时间相对不变,只有在内外环境条件发生了较大变化而原有组织形式明显不适应时,才会提出组织重组和变革的要求。

(二) 非正式组织

1. 含义

非正式组织最早由梅奥通过霍桑实验提出,是指人们在共同的工作过程中自然形成的以感情、喜好等情绪为基础的松散的、没有正式规定的群体。

2. 产生的原因

(1) 利益的结合。

在组织的正式目标之下,各个成员都有自己的利益,如果一部分成员的共同利益比较接近或相同,就容易对一些问题作出同样的反应,久而久之,就会自然而然地形成一种非正式组织。

(2) 兴趣爱好的一致。

正式组织中,如果一部分成员在性格、爱好、情趣、志向等方面存在一致性,就自然而然地会经常接触,形成伙伴关系,从而发展为非正式组织。

(3) 经历背景的一致或相似。

正式组织中,同乡、同事、同学、师徒等具有类似的经历或背景的人都会加强相互之间的接触和往来,并在工作中互相作用,进而形成非正式组织。

(4) 亲属关系。

正式组织中,有些成员可能有血缘或姻缘关系,正是这类原因,使之形成非正式组织。

(5) 地理位置的一致。

正式组织中某些成员工作地点在地理上比较接近,譬如在同一个办公室,甚至仅上下班同路等,易形成非正式组织。

3. 特征

(1) 非正式组织是不受正式组织制度束缚的自发性群体。

(2) 非正式组织是以情感为纽带、有弹性的团体。

(3) 非正式组织内的活动是自愿的,对于其成员来说是没有任何报酬的,他们所得到的只是感情上的需要和心理上的满足。

(4) 非正式组织的行为规范是非制度化的。

(5) 非正式组织一般会有一位核心人物,但大多不是正式组织中的领导。

(三) 如何看待非正式组织

非正式组织的作用:非正式组织是以感情为基础的,相互尊重,自由沟通,给组织成员带来归属感、地位感、自尊等。

非正式组织混合在正式组织中,容易促进工作的完成。当职工属于某一非正式组织时就能够产生一种强烈的归属感,这样就能给正式组织的工作产生良好的作用;相反,如果职工不属于任何非正式组织时,离心力就相当严重。

通过非正式组织传递信息的作用,让组织成员对组织目标有更深刻的理解,产生认同感和协作意愿,促进组织目标的实现。非正式组织往往会传达基层员工的观念、态度以及工作执行的实际情况,有利于上层领导了解组织内各部分的真实情况,获得许多在组织内无法获得的情报、消息。

非正式团体具有控制成员顺从的力量,因而可以获得组织的稳定和发展。可以运用非正式组织来提高组织成员的士气。

非正式组织可能造成的危害:非正式组织的目标如果与正式组织冲突,则可能对正式组织的工作产生极为不利的影响。非正式组织要求成员一致性的压力,往往也会束缚成员的个人发展。非正式组织的压力还会影响正式组织的变革,发展组织的惰性。

对待非正式组织的态度:一是要积极发挥非正式组织的作用。要认识到非正式组织存在的客观必然性和必要性,允许乃至鼓励非正式组织的存在,并努力使之与正式组织吻合。二是通过建立和宣传正确的组织文化来影响非正式组织的行为规范,引导其发挥积极作用,提供有益的帮助。对非正式组织的活动应加以引导,可以通过借助共同认可的组织文化,影响和约束非正式组织的活动。

三、组织文化的新发展——学习型组织

(一) 学习型组织的含义

美国麻省理工学院彼得·圣吉教授在《学习型组织的艺术与实践》一书中提出企业应成为"学习型组织"。所谓"学习型组织",指的是通过培养弥漫于整个组织的学习气氛,充分发挥员工的创造性思维能力而建立起来的一种有机的、高度柔性的、扁平的、符合人性的、能持续发展的组织。这种组织具有持续学习的能力,具有高于个人绩效总和的综合绩效。

(二) 学习型组织的特征

1. 共同的愿景

组织的共同愿景,来源于员工个人的愿景而又高于个人的愿景。它是组织中所有员工的共同理想。它能使不同个性的人凝聚在一起,朝着组织共同的目标前进。

2. 组织由多个创造性个体组成

在学习型组织中,团队是最基本的学习单位,团队本身应理解为彼此需要配合。组织的所有目标都是直接或间接地通过团队的努力来达到的。

3. 善于不断学习

学习型组织通过保持学习的能力,及时铲除发展道路上的障碍,突破组织成长的极限,从而保持持续发展的态势。

知识拓展　学习型组织的学习特点

4. "地方为主"的扁平式组织结构

传统的企业组织通常是金字塔式的,学习型组织的组织结构则是扁平的。所谓扁平结构是指高层管理人员与具体操作层人员之间相隔层次较少,沟通顺畅。这样,企业内部才能形成互相理解、互相学习、整体互动思考、协调合作的群体,才能产生巨大的、持久的创造力。

管理案例　通用电气公司的管理层次

美国通用电气公司目前的管理层次已由九层减少为四层。只有这样的体制,才能保证上下级的有效沟通,下层才能直接体会到上层的决策思想,上层也能亲自了解到下层的动态,掌握第一线的情况。

5. 自主管理

所谓自主管理是使组织成员能边工作边学习,使工作和学习紧密结合的方法。通过自主管理,使组织成员自己发现工作的问题,自己选择伙伴组成团队,自己选定改革进取的目标,自己进行现状调查,自己分析原因,自己制定对策,自己组织实施,自己检查效果,自己评定总结。团队成员在"自主管理"的过程中,能形成共同愿景,能以开放求实的心态互相切磋,不断更新知识,不断进行创新,从而增加组织快速应变、创造未来的能力。

6. 员工家庭与事业的平衡

学习型组织努力使员工丰富的家庭生活和充实的工作生活相得益彰。对员工承诺支持每位员工充分的自我表现发展,而员工也以承诺对组织的发展尽心尽力作为回报。这样一来,个人与组织之间的界限将变得模糊,工作与家庭之间的界限也将逐渐消失,两者之间的冲突也必将大为减少,从而提高员工家庭生活质量(满意的家庭关系、良好的家庭教育和健全的天伦之乐),达到家庭与事业之间的平衡。

7. 组织的边界将被重新界定

学习型组织的边界的界定,建立在组织要素与外部环境要素互动关系的基础上,超越了传统的根据职能或部门划分的"法定"边界。

8. 领导者的新角色

在学习型组织中,领导者是设计师、仆人和教师。领导者不只是设计组织的结构和组织政策、策略，更重要的是设计组织发展的基本理念。领导者的仆人角色表现在他对实现愿景的使命感，他自觉地接受愿景的召唤。领导者作为教师角色的首要任务是界定真实情况，协助人们对真实情况进行正确、深刻的把握，提高他们对组织系统的了解能力，促进每个人的学习。

（三）学习型组织的核心

彼得·圣吉的"五项修炼"模型，就是学习型组织的核心。学习型组织的五项修炼包括以下五个方面。

1. 自我超越

自我超越包括三个方面的内容：一是建立愿景（指一种愿望、理想、远景或目标）；二是看清现状；三是实现愿景。即组织中的每一成员都要看清现状与自己的愿景间的距离，从而产生出"创造性张力"，进而能动地改变现状而达到愿景。原先的愿景实现后，又培养起新的愿景。随着愿景的不断提升，又产生出新的"创造性张力"。显然，组织成员的自我超越能力是组织生命力的源泉。

2. 改善心智模式

心智模式是人们的思想方法、思维习惯、思维风格和心理素质的反映。一个人的心智模式与其个人成长经历、所受教育、生活环境等因素密切相关，因此并非每个人的心智模式都很完美。人们通过不断的学习就能弥补自己心智模式的缺陷。

3. 建立共同愿景

共同愿景源自个人愿景，它是经过各成员相互沟通而形成的组织成员都真心追求的愿景，它为组织的学习提供了焦点和能量。企业有了共同愿景，才能形成强大的凝聚力，推进企业不断地发展。

4. 团队学习

组织由很多目标一致的团队构成。团队学习是指团队中各成员通过深度会谈与讨论，产生相互影响，以实现团体智商远大于成员智商之和的效果。

管理案例　微软公司的学习型组织

5. 系统思考

系统思考指以系统思考观点来研究问题、解决问题。其核心就是：从整体出发来分析问题，分析关键问题；透过现象分析问题背后的原因；从根本上解决问题。系统思考是见识，也是综合能力。这种见识和能力只有通过不断学习才能逐渐形成。

（四）学习型组织对管理实践的意义

学习型组织的真谛在于：学习一方面是为了保证企业的生存，使企业组织具备不断改进的能力，提高企业组织的竞争力；另一方面更是为了实现个人与工作的真正融合，使人们在工作中活出生命的意义。

学习型组织的基本理念,不仅有助于企业的改革和发展,而且对其他组织的创新与发展也有启示。人们可以运用学习型组织的基本理念,去开发各自所在组织创造未来的潜能,反省当前存在于整个社会的种种学习障碍,思考如何使整个社会早日向学习型社会迈进。

学习型组织与组织文化都是以人为本,运用企业文化建立学习型组织可以真正地激发人的学习热情和开发人的学习潜力。通过发挥企业文化的指导功能、激励功能、分享功能,完成企业的五项修炼,从而不断地完善学习型组织。

组织是管理的一种基本职能。设计组织结构是执行组织职能的基础工作,组织设计的任务是设计清晰的组织结构,规划和设计组织中各部门的职能和职权,确定组织中各种职权的活动范围并编制职务说明书。

组织结构的主要形式有直线型组织结构、直线—职能型组织结构、事业部制组织结构、矩阵型组织结构、动态网络组织结构和项目组。

组织运行机制的核心是组织运行过程中的集权、分权和授权。

组织的成功或失败经常归因于组织文化的良莠。组织通过培养、塑造组织文化,来影响成员的工作态度,引导组织目标的实现。

1. 组织设计的任务是什么?应遵循哪些基本原则?
2. 管理幅度与组织层次有什么关系?管理幅度的大小受哪些因素的影响?
3. 一个组织管理人员的需要量是根据什么确定的?
4. 如何描述一个岗位的特性?如何提高一个岗位对员工的吸引力?
5. 人们不愿授权或不愿接受授权的原因是什么?
6. 正式组织和非正式组织有何区别?如何利用非正式组织开展好组织的各项工作?
7. 组织文化有哪些基本要素?有哪些功能?

案例分析一 两种不同的组织文化

例一,这是一个制造厂。该厂有员工必须遵守的许多规章制度;每一个员工都有其特定的工作目标,管理者严格管理员工以确保不发生偏差;员工对其工作几乎没有任何决策权,

有任何不平常的问题,都必须向其上司报告,由上司来决定如何处理;要求所有的员工都必须按正式的权力线进行信息传递;组织雇用管理者或员工都要按一定的程序先在基层各个部门锻炼,使其成为多面手而不是专业人员;组织高度赞扬和奖励的是努力工作、团结协作、不犯错误和忠诚的员工。

例二,这同样是一个制造厂。但在这个厂,规章制度很少;员工们被认为是努力工作和值得信赖的,因此监控比较松散;它鼓励员工自己解决问题,但当他们需要帮助时,可随时向其上司请教;各部门之间分工明确;组织鼓励员工开发其专业技能;人与人之间和部门之间存在不同意见或差异被认为是正常现象;组织根据管理者所在部门的业绩和该部门与组织其他部门之间的配合情况来评价管理者;晋升和奖励倾向于那些为组织做出最大贡献的员工,即使他有不同的观点、异于常人的工作习惯或独特的个性。

分析讨论:你认为上述两种组织文化,哪一种好?为什么?

案例分析二　如何实现新业务的突破?

项目八 人力资源管理

导 语

人是组织中最重要、最活跃的因素,管理归根到底是对人的管理。组织设计为系统的运行提供了可供依托的框架,要使框架能发挥作用,还需由人来操作。因此,在设计了合理的组织机构和结构的基础上,还需为这些机构的不同岗位选配合适的人员,并进行人员培训与管理,这些属于人力资源管理的范畴。人力资源管理是组织设计的逻辑延续。

项目导学

学习目标:掌握招聘员工的来源与招聘方式;掌握员工培训的原则与方法;了解绩效评估和薪酬管理的原则;了解薪酬设计的原则与构成。

关键术语:人力资源　人力资源管理　招聘　员工培训　绩效评估　薪酬　福利　职业生涯规划

任务一　认识人力资源管理

一、人力资源

(一)人力资源的含义

人力资源广义上指一定区域的人口总量;狭义上指劳动力资源,即一定时间、一定区域内有劳动能力的适龄人口及实际参加社会劳动的非适龄劳动人口的总和。

人力资源包括数量和质量两个方面。人力资源数量是指劳动适龄人口、未成年就业人口和老年就业人口。人力资源质量是指人力资源所具有的体力、智力、知识和技能水平,以及劳动者的劳动态度。与人力资源数量相比,人力资源质量更为重要。

（二）人力资源的特征

1. 能动性

这是人力资源的首要特征,是与其他资源最根本的区别。能动性是指人不同于其他资源处于被动地位,它是唯一能起到创造作用的因素,能有意识、有目的地进行活动,能主动调节与外部的关系。

2. 可再生性

人力资源在使用过程中也会出现损耗,但与物质资源损耗不同的是,人力资源基于人口的再生产和劳动力的再生产,能够实现自我补偿、自我更新、持续开发。

3. 双重性

人力资源既是投资的结果,又能创造财富,因而既是生产者,又是消费者。

4. 时效性

时效性是指人力资源存在于人的生命之中,它是一种具有生命的资源,其形式、开发和利用等都要受到时间的限制。

5. 社会性

人力资源的形成、开发、配置和使用都离不开社会环境和社会实践,社会环境构成了人力资源的大背景。

二、人力资源管理

（一）人力资源管理的定义

人力资源管理就是指运用现代化的科学方法,对与一定物力相结合的人力进行合理的培训、组织和调配,使人力、物力经常保持最佳比例;同时对人的思想、心理和行为进行恰当的诱导、控制和协调,充分发挥人的主观能动性,使人尽其才,事得其人,人事相宜,以实现组织目标。

（二）人力资源管理的内容

企业人力资源管理的主要内容有六大模块:人力资源规划、招聘与录用、培训管理、薪酬与福利、绩效管理、劳动关系。具体而言,人力资源管理可细分为以下内容。

1. 职务分析与设计

对企业各个工作职位的性质、结构、责任、流程,以及胜任该职位工作人员的素质、知识、技能等,在调查分析所获取相关信息的基础上,编写出职务说明书和人事管理文件。

2. 人力资源规划

把企业人力资源战略转化为中长期目标、计划和政策措施,包括对人力资源现状分析、未来人员供需预测与平衡,确保企业在需要时能获得所需要的人力资源。

3. 员工招聘与选拔

根据人力资源规划和工作分析的要求,为企业招聘、选拔所需要人力资源并录用安排到一定岗位上。

4. 绩效考评

对员工在一定时间内对企业的贡献和工作中取得的绩效进行考核和评价,及时作出反馈,以便提高和改善员工的工作绩效,并为员工培训、晋升、计酬等人事决策提供依据。

5. 薪酬管理

薪酬管理包括对基本薪酬、绩效薪酬、奖金、津贴以及福利等薪酬结构的设计与管理,以激励员工更加努力地为企业工作。

6. 员工激励

采用激励理论和方法,对员工的各种需要予以不同程度的满足或限制,引起员工心理状况的变化,以激发员工向企业所期望的目标而努力。

7. 培训与开发

通过培训提高员工个人、群体和整个企业的知识、能力、工作态度和工作绩效,进一步开发员工的智力潜能,以增强人力资源的贡献率。

8. 职业生涯规划

鼓励和关心员工的个人发展,帮助员工制定个人发展规划,以进一步激发员工的积极性、创造性。

9. 人力资源会计

与财务部门合作,建立人力资源会计体系,开展人力资源投资成本与产出效益的核算工作,为人力资源管理与决策提供依据。

10. 劳动关系管理

协调和改善企业与员工之间的劳动关系,进行企业文化建设,营造和谐的劳动关系和良好的工作氛围,保障企业经营活动的正常开展。

(三) 人力资源管理的原则

1. 优化原则

优化原则即通过科学选聘、合理组合,实现人员配备的最优化。

2. 竞争原则

竞争原则即引入竞争机制,公开公平,优胜劣汰,形成有利于人才脱颖而出的有效机制。

3. 激励原则

激励原则即运用各种有效的方法,最大限度地调动人的积极性和创造性。

4. 民主监督原则

民主监督原则即指实现人力资源的民主管理,提高透明度,克服神秘化。

知识拓展

人力资源管理 5P 原则

1. 识人(Perception)——了解员工的所思、所想、所需及特长能力。
2. 选人(Pick)——选择适合企业发展需要的人。
3. 用人(Placement)——合适的时候把合适的人放到合适的位置上。
4. 育人(Professional)——培训、教育员工,使之成为岗位上的专家。
5. 留人(Preservation)——留人要留"心"。

任务二　员工招聘与人员甄选

一、人力资源规划

人力资源管理的起点是规划。人力资源规划是根据组织现在发展的需要和未来组织发展的目标，预测、估计、评价企业对人力资源的需求。人力资源规划包括工作分析和劳动力需求的预测。

（一）工作分析

工作分析是组织内对工作的系统分析。它由两部分构成：工作说明和工作规范。工作说明是明确职位的责任、工作的条件和完成工作所用的工具、材料以及设备，也就是通常所指的职务描述。工作规范是指明确职位所要求的技能、能力和其他条件，也就是任职说明。工作分析主要是了解各种工作的特点以及胜任各种工作的人员特点，这是企业有效地进行人力资源开发与管理的重要前提。

（二）预测人力资源的供求

在管理者充分地理解了组织内的工作之后，就可以开始进行未来人力资源管理的规划工作。人力资源规划通过对企业内外人力资源供给和需求的预测，为企业生存、成长、发展、竞争及对环境的适应和灵活反应提供人力支援和保障。

人力资源规划的步骤：①确定企业的发展战略与目标；②人力资源需求和供给预测；③平衡分析及措施的制定；④制定人力资源规划；⑤规划的实施、评估与反馈。

二、员工招聘

（一）招聘的概念及意义

当组织对自己未来的人力资源需求有了了解之后，下一步通常是招聘员工。组织需要招聘员工可能基于以下几种情况：新设立一个组织；组织扩张；调整不合理的人员结构；员工离职而出现的职位空缺等。

招聘是根据组织人力资源规划和工作分析的数量与质量要求，通过信息的发布和科学的甄选，获得所需合格人才，并安排他们到所需岗位工作的过程。

招聘工作直接关系到企业人力资源的形成，有效的招聘工作不仅可以提高员工素质、改善人员结构，也可以为组织注入新的管理思想，为组织增添新的活力，甚至可能给企业带来技术、管理上的重大革新。招聘是人力资源管理活动的基础。

（二）员工招聘的标准

1. 管理的愿望

强烈的管理愿望是有效开展工作的基本前提。对某些管理人员来说，担任管理工作，意味着在组织中将取得较高的地位、名誉以及与之相对应的报酬，这将产生很强的激励效用；

但对大多数员工来说,管理意味着可以利用制度赋予的权力来组织劳动,意味着可以通过自己的知识和技能以及与他人的合作来实现自我,这将获得心理上的极大满足感。

2. 品行优良

对于管理人员来说,担任管理职务意味着拥有一定的职权,而组织对权力的运用不可能随时进行严密、细致、有效的监督,所以权力能否正确运用在很大程度上只能取决于管理人员的自觉、自律行为。因此,管理人员必须是值得信赖的,并且要具有正直而高尚的道德品质。

3. 创新的精神

管理任务不仅仅是执行上级的命令,维持系统的运转,还要能在组织系统或部门的工作中不断创新。只有不断创新,组织才能充满生机和活力,才能不断发展。创新意味着要打破传统机制的束缚,做以前没有做过的事,而这一切都没有现成的程序或规律可循。

4. 决策能力

管理人员在组织下属工作的过程中要进行一系列的决策:本部门在未来时期内要从事何种活动,从事这种活动需达到何种状况和水平,谁去从事这些活动,利用何种条件、在何时完成这些活动等。掌握一定的决策能力对管理人员来说是非常重要的。

5. 沟通的技能

管理人员要理解别人,也需要别人理解自己。理解要借助信息的沟通来完成,信息沟通是在"说"和"听"的过程中实现的。管理人员要通过充分地"听"与艺术地"说",来正确地理解上级的意图,认清组织的任务与目标,制定正确的措施,或巧妙地提出自己的不同意见,争取上司的赞同;同时,也要通过娴熟运用听与说的技巧,准确地表述自己的思想,布置下属的工作,并充分地聆听下属的诉求,体察他们的苦衷,了解下属工作的进度,协调并支持他们的工作。

(三)员工招聘的原则

1. 因事择人

因事择人,就是员工的选聘应以实际工作的需要和岗位的空缺情况为出发点,根据岗位对任职者的资格要求选用人员。

2. 公开公平

公开就是要公示招聘信息、招聘方法,这样既可以将招聘工作置于公开监督之下,防止以权谋私、假公济私的现象,又能吸引大量应聘者。公平公正就是确保招聘制度给予合格应征者平等的获选机会。

3. 竞争择优

竞争择优是指在员工招聘中引入竞争机制,在对应聘者的思想素质、道德品质、业务能力等方面进行全面考察的基础上,按照考察的成绩择优选拔录用员工。

4. 效率优先

效率优先就是用尽可能低的招聘成本录用到合适的最佳人选。

(四)员工招聘的来源与方法

1. 外部招聘

外部招聘就是根据组织制定的标准和程序从组织外部选拔符合空缺职位要求的员工。

选择员工具有动态性,特别是一些高级员工和专业岗位,组织常常需要将选择的范围扩展到全国甚至全球劳动力市场。

外部招聘的方法包括广告招聘、内部员工推荐、职业介绍机构(包括人才网、"猎头"公司)、校园招聘、直接申请、劳动力市场(包括劳务输出和人才租赁机构)等。

2. 内部招聘

内部招聘是在企业内部选择需要的各种人才。内部招聘的渠道有员工推荐和内部储备人才库两种方式。

外部招聘具有以下优点:被聘人员具有"外来优势";有利于平息、缓和内部竞争者之间的紧张关系;能够为组织带来新鲜空气。局限性主要表现在:外部招聘人员不熟悉组织的内部情况,同时也缺乏一定的人事基础,因此需要一段适应工作的时间;组织不能深入了解应聘者的情况;挫伤内部员工的积极性。

内部招聘具有以下优点:有利于鼓舞士气,提高工作热情,调动组织内成员的积极性;有利于吸引外部人才;有利于保证选聘工作的正确性;有利于使被聘者迅速展开工作。其弊端是:引起同事的不满;可能造成"近亲繁殖"的现象。

管理案例 　　　　　新希望集团的"四条腿"招聘方针

新希望集团在招聘中采用"四条腿"方针:第一,在学校里招收应届毕业生,进行培养;第二,面向社会招聘一些有实践经验的人才,包括曾经是企业竞争对手的人;第三,企业内部培养一部分,很多部门经理就是从最基层提拔起来的;第四,亲友、熟人推荐。推荐的成功率往往更高一些,因为推荐的过程也就是一个担保、认同的过程。

在用人上,新希望集团采取"稳住重点,流动一般"的原则,以保持人才的鲜活和知识的更新。总经理的高级干部相对比较稳定,但高级干部也保持有5%—10%的流动。因为有流动才会有压力,有压力才会有动力。

三、人力资源的甄选

(一) 甄选标准

一般说来,企业从一开始组建就应把选人放在首位,并且提出简单、明确的选人标准:①任人唯贤,唯才是用;②一专多能;③严格选拔,加强培训;④增强后备,面向未来。

(二) 甄选步骤

一般把人力资源选拔工作分为六个步骤,即填写职位申请表、考试、面试、绩效评估模拟测验、背景调查、体格检查。逐步淘汰不合格者,六个步骤全部通过考核者,录用为新员工。

1. 填写职位申请表

挑选应聘者的第一步是要求应聘者填写职位申请表。企业通过职位申请表获得关于候选人的姓名、地址、电话、学历、履历、技术类型以及过去的工作经验或成就等信息。职位申请表资料通常用于非正式地决定候选人是否值得进一步评估,面试官利用申请表在面试前熟悉候选人。

2. 考试

考试包括智力测验、性格测验、能力测验等。对于组织而言,这些测验可以适度地预测出应聘者是否能够胜任相应的职位,当然,主管人员应更加注意工作绩效的模拟测验。

3. 面试

面试是一种常用的挑选工具,虽然面试者在初评时容易产生印象偏差,但是面试对于决定应聘者的智力、勤奋程度以及人际沟通方面的能力还是有一定预测效度的。

4. 绩效评估模拟测验

这种测验以工作分析的资料为依据,由实际的工作行为组成,因此比传统式的书面测试更能证实与工作的相关性。工作抽样法和评估中心法是两种典型的绩效模拟测验,前者适用于一般工作职位,后者适用于管理阶层。

工作抽样法是先设计出一种小型的工作样本,然后让应聘者实际去做,看其是否具备必需的才能。工作样本是根据工作分析的资料琢磨出来的,里边含有各个工作所必备的知识、技术与能力。工作样本中的各项要素必须与工作绩效要素相搭配。

评估中心法是让应聘者去模拟处理他们将遇到的实际问题,然后由评估的中心人员考核评分。评估中心法所进行的活动包括面谈、模拟解决问题、群体讨论、企业决策竞赛等。

5. 背景调查

背景调查有两种类型:审评应聘材料和调查一些参考附件。前者提供的信息很有价值,而后者通常只是一种参考。审核的原因是一些应聘者往往会夸大他以前的经历、成就或隐瞒某些离职的原因,因此向以前的用人单位了解过去的工作情况颇有必要。当然,还可以通过其朋友等其他渠道来了解他过去的情况。

6. 体格检查

体格检查的目的是确定应聘者的一般健康状况,检查其是否有工作职务所不允许的疾病或生理缺陷,以减少员工因生病所增加的费用支出以及由于员工存在生理缺陷或体能不支,对今后工作带来的负面影响。

任务三 员工培训与绩效评估

一、员工培训

(一) 培训的含义与作用

员工培训是指企业为了实现其组织目标和提高竞争力而有计划、有组织、多层次、多渠道地组织员工从事学习和训练,从而不断提高员工的知识和技能,改善员工的工作态度,激发员工的创新意识的管理活动。

员工培训的作用是通过提高员工的知识、技能和素质,重塑其行为方式、思维模式,从而加强其解决问题的能力,使其适应新环境、胜任新岗位、进入新层次、发展新技能等。培训实

质上是一种系统化的智力投资,有利于企业人力资源素质的提高。

(二) 培训的原则

1. 培训必须制度化

对员工的培训必须成为一种制度。只有成为一种制度,培训才能自始至终。培训制度化有利于培训的全员化,培训制度化还有利于严格考核。

2. 培训必须全员化

培训全员化指对组织的全体成员进行培训,公司从普通员工到最高决策者都要接受培训。

3. 培训必须与实用相结合

培训必须紧密地联系组织的任务,结合生产经营活动,为接受培训的员工提供实践或操作的机会,使他们通过实践体会要领,真正地掌握要领,较快地提高工作能力。

4. 培训方式多样化

从实际出发,针对员工的不同文化水平、不同职务、不同要求等开展形式多样的培训。如组织可以送员工出去学习深造,也可安排组织内师傅带徒弟等多种办法。

(三) 培训的形式

1. 依据所在职位的不同分类

员工培训的方法有多种,依据所在职位的不同,可以分为新职工培训、在职培训和离职培训三种形式。

(1) 新职工培训。

应聘者一旦被录用之后,组织中的人事部门应该对他将要从事的工作和组织的情况给予必要的介绍和引导。西方国家称之为职前引导。

职前引导的目的在于减少新来人员在新的工作开始之前的担忧和焦虑,使他们能够尽快地熟悉所从事的本职工作以及组织的基本情况,如组织的历史、现状、未来目标、使命、理念、工作程序及其相关规定等,并充分了解他应尽的义务和职责以及绩效评估制度和奖惩制度等,例如有关的人事政策、福利以及工作时数、加班规定、工资状况等。这一方面可以消除新员工中那些不切实际的期望,充分预计到今后工作中可能遇到的各种困难和问题,了解克服和解决这些困难和问题的渠道;另一方面可以引导新员工了解工作单位的远景目标、工作中的同事以及如何进行合作等。图8-1所示为某公司的新员工入职培训体系。

(2) 在职培训。

对员工进行在职培训是为了使员工通过不断学习掌握新技术和新方法,从而达到新的工作目标要求所进行的不脱产培训。工作轮换和实习是两种较常见的在职培训。

工作轮换是指让员工在横向层级上进行工作调整,其目的是让员工学习多种工作技术,使他们对于各种工作之间的依存性和整个组织的活动有更深刻的体验和更加开阔的视野。实习是让新来人员向优秀的老员工学习以提升自己知识与技能的一种培训方式。在生产和技术领域,这种培训方式通常称为学徒制度,而在商务领域,则称为实习制度。

(3) 离职培训。

离职培训是指为使员工能够适应新的工作岗位要求而让员工离开工作岗位一段时间,专心致志于一些职外培训。较常见的离职培训方式包括教室教学、影片教学以及模拟演练

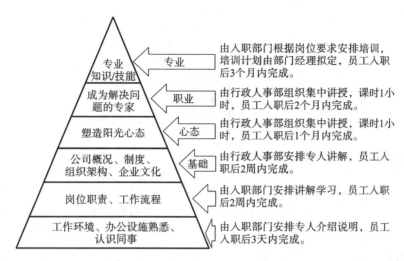

图 8-1　某公司的新员工入职培训体系

等。教室教学比较适合于给员工们集中灌输一些特殊的信息、知识,可以有效地增进员工在管理和技术方面的认知。影片教学的优点在于它的直观示范性,可以弥补其他教学方式在示范效果方面的不足。而如何在实践中处理好人际关系问题,如何提高解决具体问题的技能,则最适于在模拟演练中学习,包括案例分析、经验交流、角色模拟以及召开小群体行动会议等。有效利用现代高科技及电脑的模式也属于模拟演练的一种,如航空公司用此方法来培训驾驶员等。另外还有辅导培训,也是模拟演练的一种有效方式。

2. 依据培训的目标和内容的不同分类

依据培训的目标和内容不同,培训可分为以下几种形式。

(1) 专业知识与技能培训。

专业知识与技能培训有助于员工深入了解相关专业的基本知识及其发展动态,有助于提高人员的实际操作技能。专业知识与技能培训可以采取脱产、半脱产或业余等形式,如各种短期培训班、专题讨论会、函授、业余学校等。

(2) 职务轮换培训。

它是指人员在不同部门的各种职位上轮流工作。职务轮换有助于受训人全面了解整个组织的不同工作情况,积累和掌握各种不同的工作经验,从而提高他们的组织和管理协调能力,为其今后的发展和升迁打好基础。

(3) 提升培训。

提升培训是指将人员从较低的管理层级暂时提拔到较高的管理层级上,并给予一定的试用期。这种方法可以使有潜力的管理人员获得宝贵的锻炼机会,又能使组织得以全面考察其是否适应和具备领导岗位上的能力。

(4) 设置助理职务培训。

在一些较高的管理层级上设立助理职务,不仅可以减轻主要负责人的负担,而且有助于培训一些后备管理人员。这种方式可以使助理接触到较高层次上的管理实务,使他们不断吸收和积累其直接主管处理问题的方法和经验,从而促进助理的成长。

(5) 设置临时职务培训。

设置临时性职务可以使受训者体验和锻炼在空缺职位上的工作情景,充分展示其个人

能力,避免"彼得现象"的发生。

知识拓展　彼得原理

二、绩效评估

员工经过培训和分配工作之后,接下来管理者关心的是绩效评估。绩效评估是对员工工作情况的正式评估,组织通过绩效评估可以判断人力资源选拔工具或评估培训项目的影响。

(一)绩效评估的定义和作用

1. 绩效评估的定义

员工的工作绩效,是指员工在工作岗位上的工作行为表现与工作结果,它体现了员工对组织的贡献大小、价值大小。绩效评估是指组织定期对个人或群体小组的工作行为及业绩进行考察、评估和测度的一种正式制度。

2. 绩效评估的作用

在人力资源管理中,绩效评估的作用体现在以下几个方面。

(1)绩效评估为最佳决策提供了重要的参考依据。

(2)绩效评估为组织发展提供了重要的支持。

(3)绩效评估为员工提供了一面有益的"镜子"。

(4)绩效评估为确定员工的工作报酬提供依据。

(5)绩效评估为员工潜能的评价以及相关人事调整提供了依据。

(二)绩效评估的程序与方法

1. 绩效评估的程序

绩效评估可以分为以下几个步骤。

(1)确定特定的绩效评估目标。

在不同的管理层级和工作岗位上,每一个员工所具备的能力和提供的贡献是不同的,而一种绩效评价制度不可能适用于所有的评估目标。在考评员工时,首先要有针对性地选择并确定特定的绩效评估目标,然后根据不同岗位的工作性质,设计和选择合理的考评制度。

(2)确定考评责任者。

考评工作往往被视为人事管理部门的任务。实际上,人事部门的主要职责是组织、协调和执行考评方案,要使考评方案取得成效,还必须使直线管理人员参与到方案实施中来,因为直线领导可以更为直观地识别员工的能力和业绩,并负有直接的领导责任。当然,下属和同事的评价也可以列为一种参考。

(3)评价业绩。

考评应当客观、公正,杜绝平均主义和个人偏见。在综合各考评表得分的基础上,得出考评结论,并对考评结论的主要内容进行分析,特别是要检查考评中有无不符合事实以及不负责任的评价,检验考评结论的有效程度。

（4）公布考评结果,交流考评意见。

考评人应及时将考评结果通知本人。上级主管可以与被考评对象直接单独面谈,共同讨论绩效评价的结果。这种面谈应该被看作一次解决问题而不仅仅是发现错误的良机。这有利于本人的事业发展,也有利于组织对本人工作要求的重新建立。

（5）根据考评结论,将绩效评估的结论备案。

根据最终的考评结论,可以使组织识别那些具有较高发展潜力的员工,并根据员工成长的特点,确定其发展方向。同时还需要将绩效评估的结果进行备案,为员工今后的培训和人事调整提供充分的依据。

2. 常用的评估方法

组织所采取的传统绩效评估方法主要有:目标考核法、等级法、排列法、书面报告法等。这里着重介绍几种目前在组织中非常盛行的几种考核方法:关键绩效指标考评法、360度考评法和平衡记分卡。

（1）关键绩效指标考评法。

关键绩效指标考评法是通过对工作绩效特征的分析,提炼出最能代表绩效的若干关键指标,以此作为基础进行绩效考核的模式。它的主要设计思想来自管理控制中的重点控制原则,即通过重点控制的方法达到全面控制的效果。关键绩效指标考核是建立在"你不能度量它,就不能管理它"的假设基础之上的,所以,关键绩效指标必须是那些能有效量化或客观评价、能够衡量组织战略实施效果的关键指标。关键绩效指标考评法的目的是建立一种机制,将组织战略转化为组织的内部过程和活动,以不断增强组织的核心竞争力和持续地取得高效益。关键绩效指标考评法的优点是考核重点突出,将注意力集中于与组织目标的实现密切关联的关键指标,有助于保证战略的实施和目标的实现;强调抓住组织运营中能够有效量化的指标进行考核,提高了绩效考核的可操作性与客观性。缺点是关键指标的选取和衡量受到组织原有管理基础的很大制约,若组织的管理基础薄弱或管理者缺乏全局把握能力,就很难量化关键指标、取得客观评价所需要的基础资料或找准关键指标,从而影响关键绩效指标的考核与评价。

（2）360度考评法。

360度考评法也称为全方位反馈评价或多源反馈评价。它是指从员工自己、上司、部属、同仁同事甚至顾客等全方位的各个角度来了解个人的绩效:沟通技巧、人际关系、领导能力、行政能力等。通过这种理想的绩效评估,被评估者不仅可以从上司、部属、同事甚至顾客等处获得多种角度的反馈,也可以从这些不同的反馈清楚地知道自己的不足、长处与发展需求,使以后的职业发展更为顺畅。它是一种从不同层面的人员中收集评价信息,从多个视角对员工进行综合反馈的评价方法。它基于"贡献在外部"的理论,通过征询被考核人的上级、同级、下级和服务的客户等各方面的意见来对其工作进行全方位评价,根据评价结果的反馈,使被考核者清楚自己做得好的方面和存在的问题,从而达到指导员工改进工作和提高素质的目的。

360度考评法可以结合被考评者的述职报告进行,其优点是克服了单一角度和维度评价的局限,可以获得全面的评价。缺点是容易受到评价者主观因素的影响和组织中人际关系的干扰。360度考评法看似简单,其实是操作难度较大的一种考核方法,对组织环境、评

价人、考核组织者都有较高的要求。360度考评结果通常不宜与员工的奖惩挂钩，而更适用于对员工岗位胜任力评价和工作反馈，指导员工素质提升。

(3) 平衡记分卡。

平衡记分卡将企业绩效评价有序地分为财务、顾客、企业内部流程和企业学习成长四个方面，使之成为一种超越财务或会计的财务指标与非财务指标相融合的战略绩效评价方法。平衡记分卡以信息为基础，通过分析哪些是完成企业使命和目标的关键成功因素和评价这些关键成功因素的项目，并不断检查审核这一过程，以把握绩效评价，促使目标实现。其优点是建立了一个系统的过程来实施战略和获得相关反馈，从企业战略出发，不仅考核现在，还考核未来；不仅考核结果，还考核过程，适应了企业战略与长远发展的要求，便于阐明企业战略和传播企业战略，同时将个人、部门间和组织的计划加以衔接以实现共同目标。其缺点是事先必须具有明确的发展战略，并需要花费较多的精力于指标选择和层层分解上。这对于那些战略不明、管理基础薄弱、成本承受能力较弱的组织和初创公司而言，往往是可望而不可即的。

三、绩效反馈

绩效反馈是组织中的管理人员与被考评的员工之间就绩效评估结果，包括取得的成绩、存在的问题与不足、下一阶段的新的工作目标以及绩效提升计划等，所进行的双向沟通与交流。通过反馈，员工了解管理者对自己的评价和期望，从而能够根据要求不断提高自己；通过反馈，使管理者可以随时了解员工的表现和需求，有的放矢地进行激励和辅导。

任务四　薪酬福利与职业发展

为使员工队伍保持稳定，需要组织提供有效的薪酬、福利及职业规划。

一、薪酬设计

(一) 薪酬设计目标

薪酬设计的目标有以下三个。

(1) 最首要的目标就是吸引社会上的优秀人才来本企业工作，并能保证企业现有核心员工安心于本企业工作。

(2) 最直接的目标就是对组织成员产生尽可能大的激励作用。

(3) 促进员工能力的不断开发。

(二) 薪酬设计的原则

薪酬作为分配价值形式之一，应遵循按劳分配、效率优先、兼顾公平及可持续发展的原则。

(1) 公平原则：薪酬以体现工资的外部公平、内部公平和个人公平为导向。

(2) 竞争原则:薪酬以提高市场竞争力和对人才的吸引力为导向。

(3) 激励原则:薪酬以增强工资的激励性为导向,通过活性工资和奖金等激励性工资单元的设计激发员工工作积极性。

(4) 经济原则:薪酬水平须与公司的经济效益和承受能力保持一致。

(三) 薪酬分配依据

确定薪酬水平,设计薪酬体系,要依据以下因素。

(1) 工作的价值,即岗位因素。要通过工作分析,确定岗位的工作内容、工作性质、相对重要性及对企业的相对贡献率,进而确定薪酬标准。

(2) 员工的价值,即员工的技能因素。按照员工的技能因素确定薪酬,既是对员工人力资本投入的公平回报,更是鼓励员工努力提高技能的激励措施。

(3) 人力市场情况。一方面,人力市场上各职业种类的薪酬水平是决定薪酬的重要依据,这是实现外部公平的重要尺度;另一方面,通过与人力市场价位的比较来确定薪酬,有利于增强本企业的竞争优势,以吸引优秀人才来本企业工作,并留住本企业的核心员工。

(4) 社会成员的生活成本。这反映了人力资源的再生产费用。企业确定薪酬必须考虑政府规定的最低生活费与当地居民的实际生活水平。

(5) 企业的支付能力。要根据企业的效益状况与水平,确定与调整员工的薪酬水平。

(6) 国家法规。企业确定薪酬体系,必须符合国家的政策法规。

(四) 工资形式与制度

1. 工资形式

工资形式是对员工实际劳动付出量和相应劳动报酬所得量进行具体计算与支付的方法。工资主要有计时工资、计件工资、奖金和津贴四种形式,另外还有在此四种形式基础上派生出来的其他形式。

(1) 计时工资。

计时工资制是按工作人员的实际工作时间计付工资的一种工资形式。一般是先按工资等级制度为每位工作人员的职位确定出工资级别和相应的工资标准,然后再按实际工作时间计付工资。

(2) 计件工资。

计件工资制是根据工作人员在规定时间内所完成的工作量来计算与支付报酬的一种工资形式。它是按成果付酬体系的一种,属于刺激性工资形式。

(3) 奖金。

奖金是对员工超额劳动的报酬,是工资的附加部分。奖金是调节劳动态度,提高工作绩效的有力杠杆。奖金的特点是能比较及时准确地反映劳动者支出劳动量的变化情况,具有较大的灵活性与较强的激励性。

(4) 津贴。

津贴是对员工在特殊工作环境下工作,以及在特定条件下工作的生活费用额外支出给予补偿的一种工资形式。每种津贴都有特定的补偿目标,具有单一性、针对性的特点。津贴具有均等分配的特点,津贴一般在标准工资的10%—40%幅度内浮动。

2. 工资制度及其设计方法

工资制度是指整个薪酬体系的制度化形式。在改革开放前,我国基本实行两大类工资制度:①工人实行技术等级工资制;②管理人员实行职务等级工资制。改革后,由等级工资制度过渡到结构工资制度。

设计工资制度有两种方法:①综合法,即通过一种工资制度综合地反映劳动数量和质量变化的各种因素,其典型形态是等级工资制度;②分解法,即把影响劳动数量和质量变化的各种因素进行分解,分别通过各种不同的工资形式加以反映,用几个工资额组合成薪酬体系,其典型形态是结构工资制度。

3. 结构工资制度

结构工资是按工资的各种职能将其分为相应的几个组成部分,分别确定工资额的一种工资制度。不同的结构工资制度的具体构成不同,结构工资可以由以下几种工资形式进行组合。

(1) 基本工资,这是指保证员工基本生活需要、维持劳动力再生产的部分。

(2) 技能工资,主要反映技术复杂程度、劳动熟练程度和技术能力,是对员工投入所给予的回报。

(3) 岗位工资,主要反映劳动的熟练程度及劳动条件、责任等因素,是依据工作岗位进行的区分。

(4) 职务工资,主要反映管理者的水平、能力和责任,是对不同职位管理者进行的区分。

(5) 绩效工资,主要反映员工的劳动成果与贡献,是对员工产出所给予的回报。

(6) 工龄工资,是对员工过去积累劳动的报酬。

(7) 津贴,主要反映随时间、地点、条件变化而引起的劳动消耗的变化。

(8) 奖金,是对超额劳动的报酬。

社会组织或企业,一般要结合工作的实际灵活地选择与设计,进而构建有本组织特色的结构工资制度。应用较多的是岗位工资、技能工资和绩效工资的有机组合。

二、福利

(一) 福利的含义

福利是组织向员工提供的薪酬之外的价值。从广义上讲,凡是有关改善员工生活质量的公益性事业和所采取的措施都可称为福利。狭义的福利则专指社会保障体系中除社会保险、社会救助和社会优抚之外改善雇员生活质量的诸种措施。

(二) 福利的内容

福利的内容很多,现行职工福利的内容大体可以分为四个部分。

(1) 为减轻职工生活负担和保证职工基本生活而建立的各种补贴制度。如职工生活困难补贴、冬季职工宿舍取暖补贴、独生子女费、探亲假路费、婚丧假待遇、职工丧葬补助费、供养直系亲属抚恤费、职工病伤假期间救济费、职工住房补贴等。

(2) 为职工生活提供方便而建立的集体福利设施。如职工食堂、托儿所、理发室、浴室等。

(3) 为活跃职工文化生活而建立的各种文化、体育设施。如图书馆、阅览室、体育活动场所等。

(4) 职工宿舍。

三、职业规划

管理故事

一群鸬鹚辛辛苦苦跟着一位渔民十几年,立下了汗马功劳。不过随着年龄的增长,腿脚不灵便,眼睛也不好使了,捕鱼的数量越来越少。不得已,渔民又买了几只小鸬鹚,经过简单训练,便让新老鸬鹚一起出海捕鱼。很快,新买的鸬鹚学会了捕鱼的本领,渔民很高兴。

新来的鸬鹚很知足:只干了一点微不足道的工作,主人就对自己这么好,于是一个个拼命地为主人工作。而那几只老鸬鹚就惨了,吃的住的都比新来的鸬鹚差远了。不久,几只老鸬鹚瘦得只剩皮包骨头,奄奄一息,被主人杀掉炖了汤。

一日,几只年轻的鸬鹚突然集体罢工,一个个蜷缩在船头,任凭渔民如何驱赶,也不肯下海捕鱼。渔民抱怨说:"我待你们不薄呀,每天让你们吃着鲜嫩的小鱼,住着舒适的窝棚,时不时还让你们休息一天半天。你们不思回报,怎么这么没良心呀!"一只年轻的鸬鹚发话了:"主人呀,现在我们身强力壮,有吃有喝,但老了,还不落个像这群老鸬鹚一样的下场?"

伴随着企业管理由小作坊式的粗放型向制度化和人性化过渡,员工的需求层次也在逐步提高。工作不再是必需的谋生手段,人们越来越注重将来的保障机制,以及精神上的享受和"自我实现"。鸬鹚从最初"有吃有喝"就感恩戴德,到希望"年迈体弱时也有小鱼吃",就反映了渐进的职业需求。倘若人力资源管理忽视了这些需求,最终只能导致"鸬鹚"的罢工。

职业规划是指将员工个人发展目标与组织发展目标相结合,对决定员工职业生涯的个人因素、组织因素和社会因素等进行分析,从而制定有关员工一生事业发展的战略设想与计划安排。职业生涯规划作为一种系统的人力资源开发手段,可以提高员工对企业的忠诚感,提高员工的能力。

(一)职业发展通道

企业设置职业发展通道的目的是为员工提供个人发展的通道,员工可以根据企业的需求和自身的发展意愿,选择在本企业的发展路径。一般来讲,职业发展路径可以从纵向和横向两个维度去考虑。

1. 纵向发展

纵向发展是指员工在岗位所在的通道内由低层级岗位向高层级岗位发展。员工要实现纵向的发展,一般需要满足以下几个条件。

(1) 任职资格是否达到上一层级的基本要求。

(2) 员工的业绩表现,通常企业会通过绩效考核来反映员工的业绩表现,并不是所有符合上一层级任职资格要求的员工都有晋升的机会,往往是从符合条件的员工中选取业绩比较好的员工给予晋升。

(3) 上一层级是否有职数/比例的限制,如有,那么在员工晋升时是否有职数/比例的空缺,也是决定员工是否能够晋升的重要条件。

2. 横向发展

横向发展是指员工从本通道的岗位上往其他通道的岗位上发展。员工要实现横向的发展,一般需要满足以下几个条件。

（1）通道间岗位是否具有一定的相似性,体现在任职标准是否类似。一般来讲,横向发展主要是针对相关岗位的发展,通道间任职资格标准差距过大,则表明通道间岗位特性差异较大,对于一般员工,实现这样的横向发展比较困难。

（2）员工的业绩表现及个人意愿。与纵向发展类似,业绩表现也是决定员工是否能实现横向发展的重要条件。与纵向发展不同的是横向发展可能还会涉及个人意愿问题,如在实际中会出现做技术的员工不愿意去做管理岗位的情况。

（3）其他通道岗位是否有职数/比例限制,与纵向发展类似,在限制许可的范围内,横向发展才有可能。

（二）职业生涯设计

组织不仅要为所有的员工提供独具特色的发展通道,还要尽可能为每一位员工提供职业生涯设计指导。

组织的员工职业生涯设计的总体流程是:首先对员工个人特点进行分析,再对员工所在企业的特点和社会环境进行分析,然后根据分析结果制定员工的事业奋斗目标,选择实现这一事业目标的职业,编制相应的工作、教育和培训的计划,并对每一步骤的时间、顺序和方向作出合理的安排。

组织员工职业生涯设计的具体程序如下。

第一,开展员工自我评估。人力资源部门可以通过格式化的表单形式,开展员工自我评估。员工自我评估是员工对自己作出全面的分析,主要包括对个人的需求、能力、兴趣、性格、气质等的分析,以确定什么样的职业目标比较适合自己和自己具备哪些能力,有哪些优势和不足。

第二,企业与社会环境分析。可以通过员工座谈会、新春恳谈会等形式,对员工所处的企业与社会环境进行分析,以确定员工是否适应企业环境或者社会外环境的变化以及怎样来调整员工以适应组织和社会的需要。

第三,生涯机会的评估。生涯机会的评估由员工本人、员工直接上司、企业人力资源部共同协商完成。通过对社会环境的分析,结合员工本人的具体情况,评估有哪些长期的发展机会；通过对企业环境的分析,评估企业内有哪些短期的发展机会。通过职业生涯机会的评估可以确定职业发展目标。

第四,职业生涯目标的确定。职业生涯目标的确定包括长期目标、中期目标与短期目标的确定。首先要根据个人的专业、性格、气质和价值观以及社会的发展趋势确定员工的5—10年长期目标,然后再把长期目标分化为中期目标和短期目标。

第五,制定行动方案。在确定以上各种类型的职业生涯目标后,就要制定相应的行动方案,把目标转化成具体的方案和措施来实现它们。这一过程中比较重要的行动方案有职业生涯发展路线的选择,相应的教育和培训计划、轮岗计划、进修计划等的制订。

管理案例　朗讯科技(中国)的员工职业生涯规划

（三）职业发展辅导

职业发展辅导贯穿于整个职业生涯规划活动，包括规划前的宣传与推广、规划过程中的分析与指导、实施过程中的在职教练等。组织的职业发展辅导包括定期辅导、业绩改进辅导、行为与能力提升辅导等多种形式。另外，组织需在员工职业生涯的不同发展阶段，根据社会环境、企业环境的变化、员工个人情况的变化对职业生涯目标与规划进行评估，并作出适当调整，以更好地符合员工自身的发展和企业的发展情况。

通过职业生涯规划，员工对组织的归属感增强，同时员工对未来也充满信心。员工职业生涯设计有助于稳定组织员工队伍，有助于传承和发扬组织的企业文化，更有助于组织愿景的实现。

本项目主要介绍人力资源管理的三大环节：人员的招聘与甄选、人员的培训与考核、薪酬福利与职业发展。其中人员的招聘与甄选环节包括人力资源的规划、招聘和人才选拔；人员的培训与考核环节包括人员的培训与开发、绩效评估和绩效反馈；薪酬福利与职业发展环节包括薪酬设计、福利和职业规划。人力资源管理的三大环节形成合理化的人力资源配置的有效循环。

1. 什么是人力资源管理？人力资源管理的原则有哪些？
2. 请你描述人力资源规划的步骤，解释这些步骤之间的关系。
3. 企业招聘管理人员的程序有哪些？
4. 如何对"90后""00后"的新员工开展培训？培训哪些内容，用哪些方法会比较有效？
5. 通过培训就能使员工认同组织的价值观吗？
6. 你认为应该怎样科学地进行员工的绩效评估？
7. 结合你所了解的某一单位或部门的实际，具体分析该单位的薪酬构成。

案例分析一　海尔的竞争聘任制

海尔集团的用人制度可用四句话来概括，即"在位要受控，升迁靠竞争，届满要轮换，末位要淘汰"。

"在位要受控"包括两层含义：一是干部主观上应自我控制，自我约束，有自律意识；二是集团建立控制体系，以控制工作方向和目标，避免犯方向性错误。海尔集团对在职干部进行严格的考评，无论是从集团公司到各职能部门，还是从各事业部到各车间，都在最明显处设置考评栏，下分表扬栏和批评栏。对受到表扬和批评的干部分别给予加分（加薪）和减分（减薪）。对在工作中不思进取，受批评不及时改正，或一年内受到3次书面批评的干部，将免去其职务。

"升迁靠竞争"即对干部的选拔实行公开招聘。海尔集团每月由干部处公布一次空岗情况和招聘条件，鼓励厂内外有志者根据自身能力和特长选择岗位参加竞聘，经严格的笔试、面试，挑选出好学上进和有实践经验的人员走上管理岗位。同时，海尔还设立干部人才库，将一些干部后备资源动态地收录库中，一旦哪个岗位空缺，进入人才库的人员将在公开竞聘中得到优先选择的机会。

"届满要轮换"对于任期届满的干部，企业有计划地组织岗位轮换。一方面，干部面对全新的工作环境、工作内容和要求，会产生一种新鲜感和应付挑战的亢奋，从而提高工作积极性，以防止干部长期任职于某部门而思路僵化，缺乏创造力与活力；另一方面，轮岗制对年轻干部还可增加锻炼机会，利于他们全面熟悉业务，取得不同岗位的工作经验，迅速成长为业务技术骨干，为企业发展储备更多的人力资源。

"末位要淘汰"就是在一定的时间和范围内，必须有百分之几的人员被淘汰，这在某种意义上说很残酷，但对企业长远发展很有好处。在海尔，无"没有功劳也有苦劳"的说法，无功便是过。可以说，在一定时期一定范围内，按一定比例实行定额淘汰，是海尔内部以竞争保持活力的一大法宝。海尔集团总裁杨绵绵说："在海尔，没有吹吹拍拍、拉势力范围、搞小圈子的现象。管事凭效果，管人凭考核。大家瞄准一个方向，共同努力，产生的合力就非常大。"

（资料来源：https://www.docin.com/p-2009573659.html.）

分析讨论：

1. 你赞同海尔的这种制度吗？
2. 你认为这种制度对员工招聘将产生什么影响？

案例分析二　董明珠承诺的员工房要落地？格力称正逐步推进

项目九 领 导

导 语

领导既是一门科学,又是一门艺术。其目的是通过影响下属来达到组织的目标。领导是社会组织链条上的关键点位,是指挥和协调社会组织、统一意志和统一行动的规范力、引导力和驱动力。领导是管理全过程中不可缺少的重要部分,没有领导,组织难以实现理想的绩效与收益。领导水平的高低,决定着组织的生存与发展。领导对于不同背景与特征的企业组织、机构,乃至对社会整体都十分重要。

一个国家、一个单位、一个企业,其兴衰成败都与领导水平的高低关系极大。在现代管理工作中,领导者的眼光和作为,将对组织可持续发展起到关键作用。

项目导学

学习目标:了解领导的概念、领导者的权力来源、领导的作用;熟悉常见领导方式的分类;了解领导者的素质要求;领会领导的艺术。

关键术语:领导　职位权力　个人权力　专长权力　威信

任务一　认识领导

管理案例　*亚科卡的传奇经历*

亚科卡是美国当代汽车行业著名的企业家,曾任美国两大汽车公司的总裁。

1984年《亚科卡自传》的出版轰动了美国,引起世界瞩目。该书一出版就以每周出售10万册的纪录发行,1985年年底已再版16次。1982年美国《华尔街日报》和《时代》周刊都曾刊登过关于亚科卡可能被提名担任总统候选人的新闻,一时成为美国人民心目中的民族英雄。亚科卡的一生充满传奇:第一,他作为一个意大利移民的后裔,居然能一步步地当上福特汽车公司总裁,他凭的是什么本领?第二,连任福特汽车公司8年总裁的亚科卡,为什么在立下汗马功劳、正大展宏图之时,却突然被解雇,用他的话说是"从珠穆朗玛峰顶被一脚踢到谷底"。第三,临危受命,出任美国第三大汽车公司克莱斯勒公司总裁。当时,该公司濒于崩溃。1978—1981年,克莱斯勒公司共亏损36亿美元,创下了美国历史上亏损的最高纪录。人们普遍认为,该公司倒闭指日可待,然而事情发展并不如人们所料,在亚科卡领导下,经过几年的惨淡经营后,克莱斯勒公司竟奇迹般地从死亡线上活过来了!到了1982年,其股票价格上涨425%,11种新车投入市场;1983年,公司销售额增加了132亿美元,比1982年增长了近30%,盈利7.009亿美元,并提前7年偿还了联邦政府15亿美元的贷款。克莱斯勒公司终于战胜了"死神"。

亚科卡的传奇经历说明了什么?

一、什么是领导

(一) 领导的定义

一般说来,"领导"可以解释为率领、引导的意思。同时,领导又是一个多义词,名词意义上的领导是指领导者,动词意义上的领导则是指领导活动。本项目关于领导的定义:领导是领导者在特定环境下,对组织成员的行为进行引导和施加影响,把组织成员个体目标和组织目标进行有效的匹配,以实现组织目标的过程。这个定义包括下列三个要素。

(1) 领导必须有领导者与被领导者,否则就谈不上领导。在领导活动中,领导者处于支配地位,被领导者就是在领导者支配下从事具体实践活动的个人或集团。一般来说,领导者与被领导者的关系就是权威与服从的关系。

(2) 领导者要拥有影响追随者的能力或力量。这些能力或力量包括由组织赋予领导者的职位和权力,也包括其个人所具有的影响力。领导的目的是通过影响下属来达成组织的目标。

(3) 环境是对领导活动产生直接或间接影响的各种因素。

(二) 领导者的权力来源

领导者的权力主要来自以下两个方面。

1. 职位权力

这种权力是组织授予的,随职位的变化而变化,包括法定权力、奖励权力和强制权力。人们往往迫于压力和习惯不得不服从这种职位权力。

法定权力,指组织内各领导职位所固有的、合法的、正式的权力。这种权力可以通过领导者向下属发布命令、下达指示直接体现出来,也可以借助组织内部的政策、程序和规则直接体现出来。

奖励权力,指提供奖金、提薪、升职、赞扬、理想的工作安排等物质奖励和精神奖励的权力。它来自下级追求满足的欲望。被领导者感到领导者有能力使他的需要得到满足,因而愿意追随和服从。领导者控制的奖励手段越多,这些奖励对下属越重要,其拥有的权力就越大。

强制权力,就是领导者对其下属具有的绝对强制其服从的力量。强制权力是指给予扣发奖金、降职、批评以至开除等惩罚性措施的权力。它来自下级的恐惧感。这种权力的行使与领导者担负的工作和职位相关。

2. 个人权力

这种权力来自领导者自身,由于其自身的某些特殊条件才具有的,包括专长权力和个人影响权力。这种权力不会随职位的消失而消失,所产生的影响力是长远的。

(1) 专长权力。

专长权力就是由个人的特殊技能或某些专业知识而形成的权力。它来自下级的信任,即下级感到领导者具有专门的知识、技能,能够帮助他们排除障碍,克服困难,实现组织目标和个人目标,因此愿意跟随。

(2) 个人影响权力。

个人影响权力,指个人的品质、魅力、资历、背景等相关的权力。根据来源不同,又可细分为个人魅力、背景权和感情权。

个人魅力是建立在对个人素质的认同及人格的赞赏基础之上的,即领导者具有良好的品质和作风,受到下级的敬佩,进而使下级愿意接受其影响。领导者的个人魅力可以激起追随者的忠诚和热忱,因此这种权力具有巨大而神奇的影响力。

背景权是指那些由于领导者辉煌的经历或特殊的人际关系背景、血缘关系背景而获得的权力。在领导工作中要设法减少这种权力所产生的负面影响。

感情权是指领导者由于和被影响者感情融洽而获得的一种影响力。

(三) 领导者的威信及其组成因素

威信是指由领导者的能力、知识、品德、作风等个人因素所产生的影响力,这种影响力是与特定的个人相联系的,与其在组织中的职位没有必然的联系。由于这种影响力是建立在下属信服的基础之上的,因此有时能发挥比正式职权更大的作用。威信包括两方面内容,专长的和品质的。

专长方面的威信是指由于领导者具有各种专门的知识和特殊的技能或学识渊博而获得同事及下属的尊重和佩服,从而在各项工作中显示出在其专长方面一言九鼎的影响力。

品质方面的威信是指由于领导者优良的领导作风、思想水平、品德修养,而在组织成员中树立的德高望重的影响力。这种威信是建立在下属对领导者认可的基础之上的。

影响一个人威信高低的主要因素有以下四种。

1. 品格

品格主要包括领导者的道德、品行、人格等。优良的品格会给领导者带来巨大的影响力。因为品格是一个人的本质表现,好的品格能使人产生敬爱感,并能吸引人,使人模仿。

2. 才能

领导者的才能是其影响力大小的主要影响因素之一,才能通过实践来体现,主要反映在工作成果上。一个有才能的领导者,会给事业带来成功,从而会使人对他产生敬佩感,吸引人们自觉地接受其影响。

3. 知识

一个人的才干与知识紧密联系在一起。知识水平的高低主要表现为对自身和客观世界认识的程度。知识本身就是一种力量，知识丰富的领导者，容易取得人们的信任，并由此产生信赖感和依赖感。

4. 感情

人与人之间建立了良好的感情关系，便能产生亲切感，相互的吸引力越大，彼此的影响力也越大。因此，一个领导者平时待人和蔼可亲，关心体贴下属，与下属的关系融洽，其影响力往往就较大。

由品格、才能、知识、感情因素构成的影响力，是由领导者自身的素质与行为造就的。在领导者从事管理工作时，它能增强领导者的影响力；在其不担任管理职务时，这些因素也会对人们产生较大的影响。

二、领导的作用

有研究表明，管理工作中的决策、计划、组织、控制等工作可以引发组织成员60%的才智，而领导工作则可以引发其余的40%的才智。领导者在一个组织或群体中充当着重要角色，起着关键作用。领导的作用具体有以下几个方面。

（一）指挥作用

在人们的集体活动中，需要有头脑清晰、胸怀全局，能高瞻远瞩、运筹帷幄的领导者帮助人们认清所处的环境和形势，指明活动的目标和达到目标的途径。一方面，领导者必须有能力指明组织的战略方向和期望达到的目标；另一方面，领导者还必须是一个行动者，能率领员工为实现组织的目标而努力。

（二）协调作用

在由许多人协同工作的集体活动中，即使有了明确的目标，由于各人的理解能力、工作态度、进取精神、性格等不同，加上各种外部因素的干扰，人们在思想上发生各种分歧、行动上出现偏离组织目标的情况不可能避免。因此，就需要领导者来协调人们之间的关系和活动，引领大家朝着共同的目标前进。

（三）激励作用

劳动者为了取得更多的报酬，大都具有积极工作的愿望，但这种愿望能否变成现实的行动，取决于劳动者的经历、学识、兴趣及需要的满足程度等。当劳动者的利益在组织的各项制度中得到切实的保障，积极性、智慧和创造力就会充分发挥出来。因此，需要领导者创造各种条件、激励劳动者的动机来调动积极性，激发创造力。

三、领导方式的分类

领导方式是领导者运用权力对下属施加影响的方式，又称为领导者的工作作风，它表现出领导者的个性。影响领导工作的因素很多，这些因素的不同组合决定了不同的领导方式。

（一）以领导活动的侧重点为标准进行划分，可分为任务取向式和人员取向式

领导活动的行为是在两个维度展开的，结构维度反映了领导者的工作行为或任务取向，

关系维度反映了领导者的关系行为或人员取向。

1. 任务取向的领导方式

任务取向的领导方式表现为关心组织效率、重视组织设计、明确职责关系、确定工作目标和任务。它注重任务的完成,而不注重人的因素,忽视人的情绪和需要。任务取向的领导方式是以领导者的工作行为为中心的。

2. 人员取向的领导方式

人员取向的领导方式表现为尊重下属的意见、重视下属的感情和需要、强调相互信任的气氛。领导者的关系行为包括建立友谊、互相信赖、意见交流、授权、让部属发挥智慧和潜力并给予感情上的支持。这种领导方式特别适用于工作高度程序化,让人感到枯燥乏味的情境。既然工作本身缺乏吸引力,下属就希望上司能成为满意的源泉。

在现实生活中,领导者只有将任务取向的领导方式和人员取向的领导方式有机地结合,才能保证领导目标的达成。任何偏重于一方的领导方式都只能导致领导的失败。

（二）以领导组织领导活动的方式为标准,可划分为命令式、说服式、激励式和示范式

领导活动的一种重要职能是指挥,展示指挥功能的途径包括命令、说服、示范三种,故领导者组织领导活动的方式,可以分为命令式、说服式和示范式三种。

1. 命令式

命令具有强制性的特征,它是建立在下属对领导者职位权力之畏惧或恐惧的基础之上的。

命令式领导的特征是:领导者采取单向沟通方式,以命令的形式向下属布置工作任务和完成任务的程序和方法,明确职责,严密监督,通过奖惩控制下属的行为。下属不了解或无法了解组织的整体目标和最终目的。领导者和被领导者相分离,领导者一般不参加集体活动。领导者凭个人的经验和了解,对下属的工作表现作出评价。这种领导方式,在领导者与被领导者之间,纯粹是一种命令与服从、指挥与执行的关系。当工作任务模糊不清、变化大或下属对工作不熟悉,没有把握,感到无所适从时,这种方式是合适的。

2. 说服式

说服即为沟通,是从有利于贯彻领导者的领导方略出发,采用劝告、诱导、启发、商量、建议等形式的一种易于领导者和被领导者双向沟通的方式。借助沟通,可以获得上下级的共识,增进上下级的情感,实现人力的优化组合,从而以质高量少的投入,获得更高的产出绩效。这是领导者经常性使用的方式之一。

说服式的领导方式较之命令式的领导方式来说,更符合领导学的原理,是一种建立在领导者的影响力之上的领导方式,其中领导者的威信、人格、能力是说服式领导方式能够取得成功的关键。

说服式领导与命令式领导的不同之处在于领导者作出决策后,不仅向下属人员发出指令,而且还要做说明工作,即所谓"推销其决策"。也就是说,通过双向沟通方式进行宣传和教育,使下属了解工作任务要求,了解组织的整体目标。这样有利于提高他们的积极性。

3. 激励式

领导者善于用激励方式,能够提高其下属的工作积极性,从而达到提高工作效率的目

的。这是一种最直接服务于提高领导效能的领导方式。激励方式一般可分为普遍激励和特殊激励两种，普遍激励的对象是针对所有下属成员，影响面比较大。通常所说的"普降大雨"式的提高工资报酬就属于这种方式。而特殊激励的对象主要针对具有特殊贡献和取得特殊成就的固定群体或个人。对其实施特殊的物质或精神奖励，主要目的是树立榜样或典范，起到以点带面的积极作用。

4. 示范式

最有益于塑造良好领导形象的方式，莫过于身体力行，身先士卒，吃苦在前，享乐在后。这样的领导者其本身就是对本组织成员以积极的热情和高昂的斗志全身心地投入工作的无声号召，领导者代表一个组织，他的精神风貌以及思想观念就是这个组织的象征。而领导者的言行、动机、工作方式，甚至个人兴趣等，对本组织的成员都会产生显而易见的或潜移默化的影响，示范式的领导方式是正向引导的一种方式。

示范式领导方式是建立在下属对领导者的主动归依和主动模仿这一基础之上的。示范式的领导方式在特殊情况下会取得意想不到的积极效果。

（三）以领导者运用权力的范围和被领导者的自由活动程度为标准，可划分为集权型、参与型和宽容型领导方式

1. 集权型

集权型领导方式又称为独裁或专制的领导方式，就是领导者单独作决策，然后发布指示和命令，明确规定和要求下属做什么和怎么做。对于决策，下属没有参与权和发言权。在整个组织内部，资源的流动及其效率主要取决于集权领导者对管理制度的理解和运用，同时，个人专长权和影响力是他行使上述制度权力成功与否的重要基础。

2. 参与型

参与型领导方式是在决策工作中，领导者让下属人员以各种形式参与决策。这种领导方式的特点表现在：在领导者与被领导者之间进行双向沟通；职工的民主权利得到尊重，他们的意见能够影响决策；能提高决策的科学水平，减少决策工作的失误；有利于决策的实施和执行。当任务相当复杂需要组织成员间高度的相互协作时，或当下属拥有完成任务的足够能力并希望得到尊重和自我控制时，采用这种方式是合适的。

3. 宽容型

宽容型领导方式又叫分权型领导方式，就是领导者向下属人员或部门进行高度授权，让下属相对独立地去完成任务和处理问题。这种领导方式又可具体分为放手型和放任型两种方式。

（1）放手型领导，就是上级为下级给定工作目标和方向，提出完成任务的大致要求和期限，同时授予下属完成任务所必需的权力，在工作进行过程中只实行宽松的监督和控制。

（2）放任型领导，就是领导者对下属实行高度的授权，下属可以完全独立地去开展工作。具体地说，就是领导者不为下属安排和规定具体的工作任务和目标，下属做什么，如何做，要达到什么目标，完全由自己决定。在工作过程中，领导也不进行经常性的监督。放任型比放手型还要宽松，是一种适用范围狭窄的领导方式。

总之，领导者的行为方式多种多样，它们没有绝对的优劣之分。在具体运用中，领导者应根据其素质、能力、工作性质以及领导对象等各方面条件，进行有效的选择和运用，各种方式特点不同，作用各异，只有灵活运用，恰到好处，才不失为行之有效的领导艺术。领导方式

只有与被领导者和工作环境的特点相适应,才能取得预期的领导效果。

管理案例   管理之道

对于刚刚进入某个岗位的员工,常常会因为不熟悉工作而不知道能否胜任工作,没有信心,容易打退堂鼓(既无能力又无积极性),因此,管理者要严加管理并明确告诉下属该如何去做(命令式);随着时间的延长,员工逐渐对工作感兴趣了,但还是缺乏足够的技能(有积极性但能力不够),这时管理者就应该鼓励并指导员工(说服式);再后来,随着对工作的熟悉,能力得以提高,员工可能会对工作产生疲倦(有能力但积极性下降),这时管理者就必须设法调动员工的工作热情(参与式);经过管理人员的努力,把这些有能力的人调动起来并给他们自由度让他们充分展示自己的才能是完全可能的(授权式)。

任务二　领导者与领导集体

一、领导者的素质要求

作为一名领导者必须具备一些基本的素质和条件。领导者的思想素质、业务知识和技能以及心理、身体素质应符合下列条件。

(一)思想素质

领导者应有强烈的事业心、责任感和创业精神;有良好的思想作风和工作作风,能一心为公,不谋私利,谦虚谨慎,戒骄戒躁;深入基层,善于调查研究,工作扎实细致,实事求是,不图虚名;艰苦朴素,与下属同甘共苦,不搞特殊化,品行端正,模范遵守规章制度和道德规范;有较高的情商,平等待人,和蔼可亲,不计较个人恩怨,密切联系下属,关心下属疾苦,不拉帮结派。

(二)知识素质

领导者应具有现代企业管理方面的知识及相关技能。领导者应掌握的业务知识包括以下四个方面。

(1) 懂得市场经济的基本原理,懂得管理的基本原理、方法和各项专业管理的基本知识和相关法律常识,了解国内外管理科学的发展方向。

(2) 懂得生产技术和有关自然科学、技术科学的基本知识,掌握本行业的科研和技术发展方向,本企业产品的加工制造过程,熟悉产品的性能和用途。

(3) 具备思想政治工作、心理学、社会学等方面的知识,能做好思想政治工作,激发员工士气,协调好人与人的关系,充分调动人的积极性。

(4) 熟练应用计算机、信息管理系统和网络,及时了解和处理有关信息。

(三) 能力素质

1. 洞察力、预见力和概括力

洞察力是一种敏锐、迅速、准确地抓住问题要害的能力。正确地发现和提出问题,是成功解决问题的一半。这里的困难在于,问题常常隐藏在纷繁复杂的现象背后,因而难于识别。许多人正是因为不能看出问题或看错了问题而无所作为,甚至犯错误。所以,要有"洞若观火"的慧眼,敏锐地识别问题,并非易事。在某种意义上,洞察力是一种直觉力,具备这种能力需要很高的资质禀赋。勤于实践与思索,可以促进锻炼出这种能力。

预见力是超前地把握事态发展的能力。如果不能对问题的发展规律和趋势作出准确的判断,任何创新都无从谈起。预见力是洞察力的向前延伸。如果说洞察力是对现存关系的直觉力,那么预见力就是对未来关系的想象力。

概括力是指领导者应能在纷繁复杂的事务中,透过现象看清本质,抓住主要矛盾,运用逻辑思维,进行有效的归纳、概括、判断,找出解决问题的办法。

2. 决断力

决断力就是迅速作出选择、下定决心、形成方案的能力,也就是实际的决策能力。在领导决策过程中,每作出一种选择,都会与机会、风险、利害、压力、责任等问题相关联。所以决策者必须有当机立断的魄力与胆略。决断力也是一种意志力。创新性的活动需要坚强的意志,当然这要以正确的认识为基础,否则就会变成鲁莽与武断。

决策,特别是经营决策正确与否,对企业生产经营的效果影响巨大。企业的领导者决策是多种能力的综合表现。

3. 组织、指挥和控制能力

领导者应懂得组织设计的原则,如因事设职、职权一致、命令统一、管理幅度等,熟悉并善于运用各种组织形式,善于综合运用组织的力量,协调人力、物力和财力。控制能力要求在实现企业预定目标的过程中,能够及时发现问题并采取措施予以克服,从而保证目标的顺利实现;在确认目标无法实现时,要能果断地调整目标。

4. 沟通、协调能力

善于与人交往,倾听各方面的意见,应是沟通的能手。对上,要尊重,争取帮助和支持;对下,要谦虚,平等待人;对内,要有自知之明,知道自己的长处和短处;对外,要热情、公平而客观。

领导者的重要工作,是要保证系统内的各个要素处于良好的配合状态,以获得高一层次的整体合力。这就要求领导者在具体工作中必须指挥有方,层次分明,还要善于团结各方,清除障碍,化解矛盾。这种协调能力,本质上就是将各种积极性综合在一起的能力。

5. 创新能力

能及时总结经验,吸取教训,善于听取不同意见,从中吸取有用的东西。对新鲜事物敏感,富有想象力,思路开阔,善于提出新的设想、新的方案,对工作能提出新的目标,鼓舞属下去完成任务。

6. 知人善任

要重视人才的发现、培养、提拔和使用,知其所长,委以适当工作;重视提高部属的业务能力,大胆提拔起用新人。

(四) 心理素质

领导者心理素质主要包括良好的抗压能力、自我控制能力。

1. 抗压能力

领导过程中常常要经历多种磨难和坎坷,只有具备良好的抗压能力,才能清晰、理智地处理问题与难题,才能带领组织成员共同完成组织目标。

2. 自我控制能力

情绪控制、自我行为约束,都需要拥有良好的自我控制能力。面对问题时,善于控制自己的情绪,避免不良情绪对组织成员的影响。同时保持心境平稳,不盲目悲观和乐观,沉着冷静,理智分析判断问题症结,及时处理与解决。

(五) 身体素质

领导者负责指挥、协调组织活动的进行,这项工作不仅需要足够的心智,而且需要消耗大量体力,因此,必须具有强健的身体、充沛的精力。

管理实训

如果你问一问走在大街上的普通人,他们心目中的领导者应该是什么样的,你可能会得到一系列的品质特征的描述,如智慧、热情、正直、自信、公正等。这些回答反映的是领导者特质理论的本质,领导者特质理论寻求的是区分领导者与非领导者的特质或特性。罗伯特·洛德将领导者特质依其重要性排列,列出12项,详细如下:聪明的、外向的、体谅的、条理的、积极的、果敢的、勤劳的、关怀的、明断的、投入的、教化的、穿着贴切的。

对照以上依据领导者特质理论而列出的领导者的特性,看看你自己已经拥有哪些特质,还有哪些领导特质需要改进。

二、领导集体的构成

组织中的领导者是复数而非单数,是一群人而非一个人。某个组织的领导者是就这个组织的领导者集体或"领导班子"而言的。

在领导集体中,为首的领导者特别重要,他在领导集体中起着核心和舵手的作用。现代企业的生产经营活动异常复杂,如果单靠一个人的聪明才智,是很难有效地组织和指挥企业的生产经营活动的。世界上很少有无所不能的全才,可以说绝大多数都是某一方面的专才,但专才如果组织得好,可以构成全才的领导集体。一个具有合理结构的领导班子,不仅能使每个成员人尽其才,做好各自的工作,而且能通过有效的组合,发挥巨大的集体力量。领导班子的结构,一般包括年龄结构、知识结构、能力结构、专业结构等。

(一) 年龄结构

不同年龄的人具有不同的智力、不同的经验,寻求领导班子成员的最佳年龄结构是非常重要的。

现代生理科学和心理科学研究表明,一个人的年龄与智力有一定的定量关系。在知觉、记忆、比较和判断力、动作及反应速度等智力诸因素中,中青年占有明显的优势。人的经验与年龄一般呈正向关系,年老的人经验往往比较丰富。因此,领导班子应该是老、中、青三种的结合,向年轻化的趋势发展,有利于发挥各自的优势。

(二)知识结构

知识结构是指领导班子中不同成员的知识水平构成。领导班子成员都应具有较高的知识水平。没有较高的文化知识素养,就胜任不了管理现代企业的要求。在现代企业中,大量的先进科学技术被采用,在复杂多变的经营环境中,为了使企业获得生存,求得发展,企业领导必须具备广博的知识。

(三)能力结构

领导的效能不仅与领导者的知识有关,而且与其能力有密切的关系。每个人的能力是不同的,有的人善于思考分析问题,提出好的建议与意见,但不善于组织工作;有的人善于组织工作,但分析问题的能力较差。因此,企业领导班子中应包括不同能力类型的人物,既要有思想家,又要有组织家,还要有实干家,这样才能形成最优的能力结构,在企业管理中充分发挥作用。

(四)专业结构

专业结构是指在领导班子中各位成员的配备应由各种专门的人才组成,形成一个合理的专业结构,从总体上强化这个班子的专业力量。在现代企业里,科学技术是提高生产经营成果的主要手段。因此,领导干部的专业化,是搞好现代企业经营的客观要求。

此外,领导班子还有其他一些结构,如性格结构等也是需要注意的。按照这些要求形成的领导集体将是一个结构优化、富有效率的集体。

管理案例　经济全球化对企业领导提出的新要求

三、提高领导者素质的途径

(一)领导者素质培养的途径

领导者的素质包括相当广泛的内容。就素质的培养来说,不外乎两个基本途径,即理论学习和亲身实践。亲身参加认识世界和改造世界的实践,是素质培养和提高的最基本和最关键的环节。领导活动不同于抽象的理论研究,它必须实实在在地去解决具体的问题。因此,领导者解决问题的能力素质只有在解决问题的具体实践中才能够形成和提高。古人云:"纸上得来终觉浅,绝知此事要躬行。"这里强调要"躬行实践"。它完全可以作为对于领导者提高自身素质的一条基本要求。"纸上谈兵"是所有领导者修养的大忌。

此外,在充分肯定实践途径的同时,我们也必须看到,理论学习这条途径的重要性和相对独立性也日益突出。在现代条件下,人们认识世界和改造世界的实践活动已经高度复杂化了,它极大地突破了人们在传统条件下所习惯的社会活动的规模与水平。要解决复杂的实践活动中所产生的种种矛盾和问题,需要有一整套专门的科学知识,这些知识是不能够从个体的日常经验和意识中自然而然地产生出来的。于是,实践之前的理论学习就变成一个非常突出的问题。就人类总体来说,知识只能来源于实践,是先有实践后有知识;但就人类个体来说,则必须先具备知识才能实践。现代社会中尤其如此。如果不预先经过某种规范的训练以获得必要的知识,一个人将很难"进入"实践,更说不上进行领导了。领导者固然不必直接就是业务专家,但没有起码的知识也是不行的。所以,在领导者素质的培养中,专业理论知识的学习将是必不可少的一条途径。这种学习当然不是绝对地等于要经过一段高等教育的训练,但从现代社会的发展趋势来看,一般地说,需要经过正规的高等教育的训练。教育对一个人的素质形成起着不可估量的作用,这是无可怀疑的。此外,每一个已经在实践中获得经验的领导者,也还有一个终身学习的问题。现代社会的一个突出特点是发展速度快,节奏快。靠常规的经验积累常常很难应付新的挑战和新的危机,它要求领导者的素质和能力有一种跳跃式的提高。这就需要经过理论学习来完成。

总的来说,理论学习与亲身实践这两条途径必须辩证结合,二者不可偏废。

(二)领导者素质培养的方法

领导者的素质修养不是一种完全规范而机械的东西,没有绝对标准的程序和正确方法的清单。但是,并不排除可以从他人的经验和榜样中寻求对照、借鉴,以获得启发。正是在这个意义上,我们着重从提高知识水平和思维能力方面提出一些具体做法。

1. 要善于搜索书籍和快速阅读

领导者既然只能忙里偷闲,以跳跃的方式来读书学习,就必须把好钢用在刀刃上,在有限的时间里读有用的书。作为知识的积累和素质的培养,读书过程中首要的一条就是找到该读的书。在每一个知识领域中,有两种书是必读的:经典名著和反映最新发展的书籍。只要对这两部分书籍有所涉猎,对于该领域即有了基本了解。读一两本通俗性的读物会有帮助,最好是直接读最重要的原著。要注意书评书介,注意作者的学术地位,要多向懂行的人了解,以便随时对该读什么书心中有数。其次,一个重要方法是快速阅读。快速阅读是泛读的核心技术,读不快必然读不多。在知识爆炸、书籍成山的现代社会里,书不可不读,不可全读。要提倡"囫囵吞枣",蜻蜓点水。要掌握一目十行、扫描式"翻"书的本领。一本书到手,要下决心从头读到尾,读不懂的地方不要卡住,跳过去接着读。有启发、有心得的地方要适当记忆。但无论如何不要停顿。这种方法当然不是为快而快,而是在尽可能广泛的基础上搜寻该记该读的章节和关键点。这种方法是一种科学的阅读方法,我们不妨强迫自己养成这种习惯。至于真正重要而有价值的书籍,当然是应该精读的。两个方面结合起来,才可能在知识积累上达到既广博又精深的要求。

2. 要与有知识的人交朋友

论知识的积累不一定全靠读书。讨论、交谈也是获取知识的一条重要渠道。因此,领导者要善于与有知识的人交朋友,要能够就某个知识问题与他们"闲聊"。这种聊天往往可获得开启思路的效果,是获取知识的一种捷径。古人云"三人行,则必有我师"。领导者善于与有知识的人交朋友,既是提高知识修养的一条途径,本身也是其水平的一个表现。

3. 要善于"以人为镜",提高自我意识水平

领导者素质修养的一个重要表现,就是要能够及时发现自己的短处,或加以纠正,或扬长避短。这就要求领导者要培养一种比较高的自我意识能力。中国传统历来强调人要有自

知之明,领导者特别需要具备这种能力。所谓高明的领导者,就是有清醒的自我意识的领导者。要提高自我意识水平,需要领导者自觉寻求和接受监督,即所谓"以人为镜"。同时还需要善于将自己的主观感受和自我意识与别人的看法相对照,相统一,以改善自我。

4. 要自觉地做思想总结和工作总结

《论语》云:"吾日三省吾身"。"三省吾身"作为一种修养方法,是可以注入时代的新内容而予以发扬的。具体地说,领导者要时时总结自己的思想和工作情况,从时代要求的高度来反思自己。毛泽东曾说过:"人类总得不断地总结经验,有所发现,有所发明,有所创造,有所前进。"作为领导者个人来说,也必须如此,通过不断总结以求不断提高。

做总结可以和提高自我意识水平的方法结合起来,客观分析和检讨自己的思想状况和工作状况。同时也可以和读书学习结合起来,如果能用一种科学的观点或方法去概括自己的工作经验,那是学以致用的较好方法。

5. 要以先进人物为楷模,加强自身修养

领导者在具体的社会实践过程中不断培养锻炼自己的素质,其方法是多种多样的。但作为领导者不可忘记一个总的要求,即要按照"活到老,修养到老"的标准来加强自身的修养。以先进人物为楷模,时时鞭策自己,督促自己,这样,领导者在自己个人的素质修养过程中,就能有一个很高的标准和正确的方向。

任务三 领导艺术

领导不仅是过程,也是艺术。领导者的工作效率和效果在很大程度上取决于领导艺术。领导艺术主要包括决策艺术、用人艺术、授权艺术、协调艺术、处事艺术和培植个人影响力等。

一、决策艺术

决策除需遵循科学的决策程序外,还须注重决策前调查,决策中民主,决策后落实。决策是领导者的主要工作,一旦决策失误,就意味着损失,意味着失职。因此,要求领导者要强化决策意识,提高决策水平,减少各种决策性浪费。

(一) 信息确认

决策信息应该正确、完整。错误或缺失的信息可能会导致错误的决策,因此在决策之前,必须注重对信息,尤其是重要信息的确认与去伪存真工作,确保在正确的信息基础之上进行决策活动。

(二) 意见征求

决策方案的形成及选择需要征求有关专家、相关部门主管人员和群众的意见,集思广益,群策群力,获得更多信息、有创意思路和方案,使决策更为科学与完备。

（三）充分重视不同意见

不同意见往往是通过不同角度来看待问题，重视各种不同的意见，有利于决策的全面、完善，减少决策差错或失误。

（四）重视经验，又不局限于经验

在决策中，既要借鉴有益的经验，又要充分考虑到经验背景的可比性，必须在经验的基础上有所创新，切不可原封不动地套用经验。

（五）决策方案的试点

对于重大问题的决策活动或争议较大的决策方案，可以采用小范围试点的方式进行运作，在运作过程中进行深入观察，及时调整修正决策方案，降低因决策失误带来的风险，为大范围的全面实施积累经验。

二、用人艺术

领导的对象是人。如何招聘到合适的人，如何选择合适的人才，如何激励人才发挥其潜能，如何为人才创造稳定且有助于提升、发展的环境，是领导者所必须面对的重要问题，因此，领导者必须掌握用人的方法与艺术。

（一）激励下属

激励是实现目标的重要驱动力，也是保持组织成员目标与组织目标一致的重要方法与工具。领导者应善于运用各种刺激手段，唤起人的需要，激发人的动机，调动人的积极性，掌握基本激励理论和方法，结合团队内下属的需求与特点，设计制定一套完整的、系统的、切实可行的激励体系。

领导者激励下属的方式包括物质激励、精神激励，以及两者相融合的激励方式。激励的实施既要考虑不同人的特点，也要考虑不同时间、不同场合或环境的特点，采取恰当、合适的激励措施，使下属的需求得到真正的满足，从而激发起工作热情与动力。

（二）影响下属

领导者要实现有效的领导，关键在于其影响力的大小，以及对下属的影响深度与广度。领导者对下属的影响不是简单地将意志强加给下属，而是通过交流、指导、培训等方式在组织文化观念、价值观念等方面逐渐形成共识，在组织行动中具有共同或相似的认同。领导者影响下属主要通过平等沟通、提供教育培训机会、参与管理等方式进行价值观的教育，使大家对组织目标达到基本一致的认识。

（三）知人善任

如何选好合适的人，如何用好合适的人，如何安排合适的任务或工作，在领导过程中至关重要。领导者需要做到"知人善任"，"知人"是要了解人，对人进行正确的考察、识别，以便选择；"善任"是要用好人，使用得当。知人是善任的前提。

1. 识别人才

领导者要相信人才的客观存在，要爱惜人才。同时，要坚持实事求是的原则，用全面的、发展的观点看人才；要看人才的全部历史和全部工作，综合考察，科学分析；要坚持德才兼备的原则。

2. 正确使用人才

识别人才的目的是用人。人才用得好，能获得事半功倍的效果；使用不当，不仅会降低生产效率，还会导致人才的流失。领导者不仅应合理使用好人才，更应重视人才的开发与培养。

三、授权艺术

组织目标的实现依靠科学合理分工，成员紧密协作，领导者不可能事无巨细单独完成所有组织工作及任务。领导者应该有效授权。

（一）集权有道

统一指挥，分级管理。领导者掌握重大问题的决策权，将日常事务性管理工作交由各不同专业部门进行分配管理与负责，实现专业化分工与协作，组织不同的事都有相应的专业人员进行处理与解决，使领导者从繁杂的事务工作中解脱出来，更有效地履行其应尽的管理职能。

（二）分权有序

组织内专业化分工协作时，不同层级的组织成员应获得相应的授权。领导者所赋予的授权体系也应是逐级授权、分权有序，领导者只对直接下级授权，而不干扰下级的再授权。逐级授权，既可以充分发挥下级的能动性，启动其管理潜能，又能培养下级对责任的担当能力，增强面对问题和困难时的抗压能力。

（三）授权有序

领导者应按组织的制度体系进行有序授权，不能随意、凭主观好感、凭关系亲密进行授权，授权的性质与大小要与下级履行职责的性质与范围相称，而且一般要以书面形式加以明确。任意主观的授权往往会使组织成员感到缺乏公平、缺乏公正，进而逐渐丧失对组织的信任，降低工作热情。

（四）用权有度

授权的同时需要做好监督控制，制定明确的考核办法、报告制度与监控机制，以防止权力授空，或下级滥用职权。一旦发现不合理或滥用职权，应及时指出整改，必要时则收回所授之权。对于临时性授权管理，在任务完成后应及时收回。

（五）信赖有加

授权发挥最大效用，离不开领导者的充分信任。领导者鼓励与支持下属大胆用权，放手开展工作，除了必要纠偏以外，不应干预下属工作用权。

（六）授权培训

如何正确进行授权，需要进行培训和指导。承担授权责任的下属需要接受必要的培训，明确授权的意义、方法以及技巧，明确自己在授权过程中所承担的责任、义务，明确授权的具体内容，明确授权与组织目标间的关系。

四、协调艺术

协调艺术是领导者必须掌握的实用艺术。领导过程也是协调的过程，协调人与人、人与工作、领导者与下属、组织成员与环境之间的关系,协调方法和技巧的运用发展到高级阶段,就形成协调艺术。协调艺术归结起来主要有以下几个方面。

(一) 虚怀若谷

领导者需广泛接纳他人的意见与建议,认真听取、仔细分析,对有益于组织发展、目标实现的好想法、好策略应进行采纳,并激励组织成员积极参与管理过程。

(二) 以诚相待

领导者需要开诚布公,平等待人,与人为善。要思考如何有效地完成组织工作及任务,如何高效地实现组织目标,如何提升组织成员的专业技能及未来的发展空间等,关心下属的工作、生活,在领导过程中逐渐形成个人的感召力。

(三) 刚柔相济

协调工作要做到原则性与灵活性的统一,刚柔相济。一方面要以柔为主,采用沟通、引导方式,关注人性、人情等。另一方面也要讲原则,柔要以刚为基础,刚要寓于柔之中。

(四) 一视同仁

人与人之间的关系有亲有疏,这是正常的社会现象,领导者也不例外。为了加强组织的凝聚力,领导者既要团结与自己亲密无间、命运与共的骨干,更要注意团结同自己意见不一致甚至疏远或反对自己的人,领导者不应将其视为异己加以排斥,而应关心和尊重他们,努力争取他们的合作和支持。特别是在处理诸如提级、调资、奖励等有关经济利益和荣誉的问题时,必须一视同仁、公平公正。

五、处事艺术

处事艺术是领导者需要掌握的基本技巧。

(一) 做自己该做的事

领导者在实际工作中,必须坚持两个原则:一是干自己的事,二是不干别人能干的事。这就是"抓大事不问琐事"的领导方法。领导者必须做到"只管两头不管中间"。具体地说就是,领导者通过信息的输入、输出实现领导功能,即领导者只给执行部门输入决策指令,并了解输出情况,至于执行部门如何去执行以及具体的执行过程,则可以不问。

领导者必须认清哪些事情是领导层面必须完成的事,如组织战略发展、中长期目标等,从而将主要精力放在这些领导层面的事情,对其他层面的事务工作要信任下属,充分发挥他们工作热情,切忌大事小事都做,疲于应付。

(二) 做好时间管理,要事优先

时间和财物不同,是借不到、租不到,也买不到的。时间没有代用品,也不能贮存,是特殊的稀有资源。领导者可以把所要办的事情分成三类:A类是重要的事,当天必须办的;B类次之;C类则可以放一放。把处理事务的时间按ABC分类后,就要严格按顺序进行,不能把ABC的位置颠倒。首先集中精力把A类工作做完后,再去处理B类工作,C类工作可以交给下级去办或托办。这样就突出了关键性的工作,并能因此取得事半功倍的效果。领导者需要将三类事情进行合理规划与安排,优先做最重要、最紧急的事情,把握方向,抓住大事,不能主次不分。

（三）专注于专业区域提升

领导者每天面对的问题多种多样，但只要抓住关键和重点问题，其他问题自然会迎刃而解。"不务正业"的领导者因缺乏基本的和必要的领导艺术，整天东奔西跑，累得筋疲力尽，其结果还是少不了"捡了芝麻丢了西瓜"。领导者要注重自我提升，在专业领域不断发展，逐渐形成个人魅力。领导者需要不断学习。领导者还要关注新生代年轻下属，深入了解他们的思想，掌握他们的需求与意愿，处理好与年轻一代成员的关系。

六、培植个人影响力

领导者的影响力，不是建立在财产、幸运或社会地位的基础之上的，它是通过个人的努力而获得的一种综合指数。《魅力的七把钥匙》的作者托尼·亚历山德拉对领导者个人影响力培植的技巧与策略从七个方面进行了详细的论述。

（一）给人留下非常好的第一印象

建立良好的自我形象；穿着得体；注意职业场合的仪表；改掉那些令人不快的习惯和小动作；尽量用一些更好的职业用具；有意识断绝与消极东西的接触；善待每一个人；给别人以真诚的赞誉；不要光说不干；保健运动要生活化，不必追求高雅化。

（二）带着威信去说

真正关心主题；力求简洁；利用各种记忆手段；恰当使用道具或演讲辅助设备；要牢记演讲目标；对各种意外要泰然处之；善于使用停顿技巧；适当的幽默；不要虎头蛇尾。

（三）专注于聆听

抽一天时间好好地听听某个人说话；创造有益的聆听环境；对别人的插话也要洗耳恭听；运用默记法；注意仪态仪表；切莫妄下断语；带着同情去听；要留意听觉上的盲点；积极聆听。

（四）强化说服力

有意识地优先考虑他人的愿望和要求；要及时夸奖别人；记住他人的名字；激发积极情绪；要对你的听众有所了解；培养幽默感；努力做一个善于提问的人。

（五）利用时空打造自己的优势

筹划详细时间表；努力改掉拖拉习惯；学会说不；充分利用办公空间；什么事都应该尽量做得有条不紊；做到全面平衡和见缝插针。

（六）表现出多方面的适应能力

要走出去与人接触；在分析和议论别人时，一定要适可而止；不要急于下判断；要有自知之明；努力提高适应能力；用不同的方法去鼓励不同的人；批评也要因人而异。

（七）增长个人见识

不要忽视自己的梦想；寻求积极的反馈；把力量用到刀口上；发现自己的弱点，并努力加以弥补；确保自己的目标始终建立在正确的轨道上；把目标写下来；偶尔放松一下，让思想作一次漫游；树立战胜艰难和挫折的勇气；抓住当前；确定了目标和使命之后，就应该尽快地着手做起来。

领导是领导者在特定环境下,对组织成员的行为进行引导和施加影响,把组织成员个体目标和组织目标进行有效的匹配,以实现组织目标的过程。领导具有指挥、协调和激励等作用。

领导者要拥有影响追随者的能力和力量。这些能力和力量包括由组织赋予领导者的职位权力,也包括其个人所具有的影响力。正式组织中有效的领导者应该是兼具职位权力和个人权力的领导者。

领导者应该具备一定的思想素质、知识素质、能力素质、心理素质、身体素质。

领导艺术主要包括决策艺术、用人艺术、授权艺术、协调艺术、处事艺术以及培植个人影响力等。

1. 领导者实施领导的基础是什么?
2. 有个经理说:"什么是领导?下午5点下班时工作尚未完成,你能让员工将工作完成后再下班,这就是领导。"他的话有几分道理?
3. 作为领导,你认为争取信任与合作的艺术要掌握哪些要领?
4. 如何理解"领导要做领导的事"?结合实际谈谈自己的认识。
5. 怎样根据下属的成熟度,选择合适的领导方式?
6. 请与你所认识的某一个企业的领导交流,倾听他的领导经验,了解他在领导工作中遇到的问题,并与他一同探讨解决的办法。

案例分析一　迪斯尼的精神领袖

沃尔特·迪斯尼作为迪斯尼公司的创建者,米老鼠的发明者之一,他无疑是杰出的,他是迪斯尼的精神领袖。沃尔特具有非凡的想象力,敢于承担风险,而且有能力让他的手下发挥原来未曾开掘出的潜力。沃尔特还是一个非常平易近人的老板。在片厂里,他坚持让员工们直接称呼他"沃尔特",他供给绘画师最好的设备和材料,不硬性规定他们的工作时间,允许他们自由来去,尽量营造一个支持他们、鼓励他们,但却毫不松懈的创作环境。

沃尔特·迪斯尼显现了天才团队的领导者的一项特质:他不会事必躬亲,也不会在部下们解决困难和问题的过程中去打岔,而是在手下和专家们已经解决了大部分的问题时才介入进去,以肯定他们的工作,或要求他们把工作做得更完美。沃尔特的做法是明智的,他让手下的人才产生了自主感,潜力得到了最充分的发挥,而自己也才会有时间去做一些启发灵感、沟通、协调、鼓舞士气的工作。

迪斯尼的分工是很合理的,根据业务性质的不同,分解成许许多多的小团队。一帮富有才华的工作人员把工作做得非常好,而沃尔特则明智地评价成果,发掘好点子,终结不恰当的做法。沃尔特喜欢对员工们说:"不要来找我要答案,我只要你们来征求我的同意。"

(资料来源:https://blog.csdn.net/Baiyezhishen/article/details/3997309.)

讨论分析:

1. 沃尔特·迪斯尼采用的是什么领导方式?
2. 案例中体现了沃尔特·迪斯尼哪些领导艺术?

案例分析二　任正非:魅力与魄力并存

项目十 激励

导语

激励是管理活动过程中不可或缺的环节,来自一系列激发、引导和维持行为的力量。现代管理工作中,管理者对完成组织任务或目标负有直接责任,因此,管理者需要充分调动组织成员的主动性与积极性,依靠组织成员的共同努力来完成组织任务,实现组织目标。

如何调动组织成员的主动性与积极性?激励是有效方法之一,也是管理者经常运用的管理手段与技巧。哈佛大学教授威廉·詹姆斯发现,按时计酬的职工一般仅发挥20%—30%的能力,即可保持住职业而不被解雇。如果受到充分的激励,则职工的能力可发挥到80%—90%。这其中50%—60%的差距,则由激励的作用所致。可见,人的潜能是一个储量巨大的"人力资源库"。因此,使每位员工始终处于良好的被激励状态中,是管理者所追求的理想状态。

项目导学

学习目标:掌握激励的基本含义、来源、特点、要素和行为模式;了解内容型激励理论、过程型激励理论;掌握物质激励方法、工作激励方法和精神激励方法。

关键术语:激励　需求层次理论　成就需要理论　双因素理论　期望理论　公平理论　强化理论　物质激励　工作激励　精神激励

任务一 认识激励

组织目标需要由组织成员的共同努力而实现,而成员的积极性很大程度影响着组织目标、组织绩效的实现。如何激励组织成员积极、主动参与,对组织管理工作来说至关重要。

一、什么是激励

激励就是运用各种有效手段激发人的热情,启动人的积极性、主动性,发挥人的创造精神和内在潜能,使其行为朝向组织所期望的目标而努力的过程。简单地说,激励就是调动人的积极性的活动。

管理案例 *上海贝尔的福利跟随战略*

上海贝尔经营初期,公司福利更多承袭了计划经济体制下的"大锅饭"形式。随着公司的发展和中国市场体系日益国际化,公司福利管理日趋成熟,其中包括重要的一条:福利跟随战略。公司设计别具特色的福利政策,形成自身的竞争优势,例如,为了让员工真正融入国际化的社会、把握国际企业的运作方式,上海贝尔的各类技术开发人员、营销人员都有机会前往上海贝尔设在欧洲的培训基地和开发中心接受多种培训,也有相当人数的员工能获得机会在海外的研发中心工作,少数有管理潜质的员工还被公司派往海外的名牌大学深造。公司提供各种条件,使员工的知识技能始终保持在国际前沿水平,通过创造国际化发展空间打动员工的心。

二、激励的特点与要素

激励不仅要考虑努力的强度,还必须考虑努力的方向,即指向组织目标并且和组织目标保持一致的持久努力是激励所追求的效果。由激励激发人的积极性、主动性是一种内部心理过程,这种心理过程不能直接被观察到,只能从行为和工作绩效上进行衡量和判断。

(一)激励的三个特点

(1)努力。这是员工在工作中表现出的行为强度。
(2)持久。这是员工在完成工作任务方面表现出的长期性。
(3)与组织目标有关。这是员工行为的质量。

(二)激励的三个基本要素

(1)激励时机。激励时机是指给激励对象施以刺激的时间,应根据员工的具体需要而定。在员工最需要的时候施以激励,其效果也就越好。
(2)激励频率。激励频率是指在一定时期内对激励对象施以刺激的次数。激励的次数要恰如其分,过高或过低都达不到应有的效果。

(3) 激励程度。激励程度是指激励手段对激励对象刺激力的大小。激励手段越符合员工的需要,刺激力就越大。

三、激励的行为模式

激励行为是由需要、动机、行为、目标四个变量组成的关系模式,我们称之为简单激励行为模式,如图10-1所示。

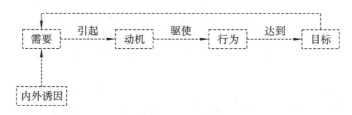

图 10-1 简单激励行为模式

激励是需要、动机、行为三个要素共同作用的过程。需要是人类对事物的渴求的心理活动状态,是一种心理反应过程;动机是引发和驱动行为导向目标的愿望和意念;行为则是内在生理和心理变化的外在反应。激励是对需要的刺激,而需要是产生动机和采取行为的原动力。即需要引起动机,动机诱导行为,行为实现又会产生新的目标。

这一模式的心理机制是:需要未能满足就会产生欲望,欲望容易使人处于不安或紧张,形成行为驱使动机,并促使寻找、选择满足需要的途径及行为活动。如果需要未能满足则需重新努力,采取新行为,或降低目标、变更目标;需要得到满足则会被成功鼓舞,产生新需要,进行新活动。因此,从需要的产生到目标的实现,是周而复始的心理与行为的循环活动过程。

四、激励的作用

在组织中,激励的作用主要表现在以下几个方面。
(1) 提高人们工作的自觉性、主动性和创造性。
(2) 激发人们工作的热情和兴趣。
(3) 使人保持持久的干劲,提高工作绩效。

五、激励的原则

为了取得良好的激励效果,激励必须遵循以下几个原则。

(一) 物质利益原则

人的需求是以物质需求为基础的,激励应给予激励对象合理的物质报酬。

(二) 公平原则

公平原则要求组织在实施激励时,首先应做到组织内部公平,还要尽可能从更广泛的领域和范围,追求激励中的社会公平。

(三) 差异化原则

激励要针对具体的人和事,按贡献大小、重要性强弱和其他因素的综合标准,共同决定

实施何种激励方案,体现出因人、因事而异的多样性和灵活性。

（四）经济性原则

激励的成本和成效要结合起来,激励要有利于成本节约、组织效能和活动效率的提高。

任务二 代表性的激励理论

20世纪50年代以来,有代表性的激励理论主要有需求层次理论、成就需求理论、双因素理论、公平理论、期望理论和强化理论等,各种理论相互补充,使激励理论得以完善。

管理案例　　　　　*雷根的订单激励*

美国亚利桑那州全国销售专业人士协会主席雷根指出,企业中存在"混日子"行为的员工,即"人来上班就能拿工资",背离了以薪酬激励员工的初衷。他发现自己的一些员工没有动力去尽力完成工作或订单,也不愿意迟点下班完成订单,即使加班也无法保证他们会多做出多少订单。

为了改变这种现状,雷根把收到的每笔订单都与一定的金额挂钩并把订单挂在公告牌上。如果员工的产量按天算超过一定量,就可以从自己生产的价值中拿到一定金额。工厂总经理确定好订单生产的顺序,员工不能只挑那些金额高的订单进行生产。同时,雷根还严把质量关。如果产品质量差被退回,负责该产品生产的员工就必须返工,订单上会被钉上一个大大的"＄0.00"让员工知道他们没达到指标。实施后,生产员工密切关注起订单类型与价值,效率得到提高,也愿意主动帮忙。例如,公司生意清淡时,生产员工与销售人员一起拜访顾客,回答顾客的疑问,争取更多高价值订单;生意清淡时,雷根把厂内设备维修等工作与报酬挂钩,使员工们所做的工作都可纳入按业绩付酬的制度。

一、需求层次理论

需求层次理论是由美国心理学家亚伯拉罕·马斯洛在1943年提出的,并且成为行为科学管理理论中揭示需求规律的主要理论。马斯洛把人的各种需求归纳为生理需求、安全需求、社交(归属)需求、尊重需求、自我实现需求五大类,并且按照其重要性和先后次序排列成一定等级。

（一）生理需求

维持生存的基本需求,包括对食物、水、衣着、住所、睡眠的满足等。如果生理需求得不到充分满足,以致生命难以维持,那么其他需求都不能起到激励作用。

（二）安全需求

使人感到安全的需求,免受危险和威胁的需求。除了最基本的身体、生命安全外,还包括职业安全、心理安全、财产安全等,如摆脱失业威胁、生病及年老时生活无保障、不公正的待遇等。

(三) 社交(归属)需求

被他人爱和接受的需求,包括友谊、爱情、归属及接纳方面的需求。人的社会性决定个人希望与其他人交往,社交需求比生理和安全需求更加细腻。不同人之间差别较大,这与性格、经历、教育及信仰等都有关系。

(四) 尊重需求

自我尊重和从他人处得到尊重的需求,包括自尊和受人尊重。自尊是驱使人奋发向上的推动力,受人尊重是希望别人尊重自己人格,对自己的工作、人品、能力等给予承认,在组织中有较高的地位和威望。

(五) 自我实现需求

自我满足、感觉到成就以及将自身才能发展到可能的最高水平的需求,包括成长与发展、发挥自身潜能、实现理想的需求。这是追求个人能力极限的内趋力,是最高层次的需求。

马斯洛的需求层次理论有两个基本论点:一是人是有需求的动物,只有尚未满足的需求能够影响行为,已经得到满足的需求不再起激励作用;二是人的需求都有轻重层次,某一层需求得到满足后,另一层需求才出现。马斯洛将这五种需求划分为高低两级,生理需求和安全需求为较低级需求,而社交需求、尊重需求与自我实现需求为较高级需求。

马斯洛的需求层次理论启示管理者,在工作中要了解员工的真正需求,找出相应的激励因素,采取积极的组织措施,来满足不同层次的需求,以引导员工的行为,实现组织目标。值得注意的是,人们的需求并不是一成不变的,也不是一经满足就再也不发生变化,需求也是不断变化的。

二、成就需求理论

成就需求理论,也称为三需求理论,是由美国心理学家戴维·麦克利兰提出的。与马斯洛的需求层次论不同,麦克利兰不讨论基本生理需求,他主要研究在人的生理需求基本得到满足的前提下,人还有哪些高层需求。他关注的是成就的需求,即成就、归属和权力。

(一) 成就的需求

高成就需求的个体需求挑战,渴望完成困难的事情,习惯于追求成功或在任务环境中达成目标,以获得某种较高的成功标准、掌握复杂的工作以及超过别人。这一群体的共同特征在于喜欢能够发挥独立解决问题能力的工作环境,具备承担中等难度的任务能力,能够承担适度的风险,勇于对行动承担责任,期望得到明确、具体的有关其绩效的反馈。

(二) 归属的需求

归属的需求即渴望结成紧密的个人关系,寻求被他人喜爱、接纳的愿望,回避冲突以及建立亲密的友谊。高归属需求的人具有以下五个特征:其一,渴望被他人接受和喜爱,相当重视人际关系,感到被社会、集体排斥是莫大的痛苦;其二,工作中循规蹈矩合乎规范;其三,致力于构建并保持一种互相信任、互相理解的人际关系;其四,较之竞争,更喜欢合作;其五,非常适合客户服务、客户关系的工作岗位。

(三) 权力的需求

权力的需求即渴望影响或控制他人、拥有高于他人的职权的权威,权力分为个人权力与制度权力。高权力需求的人具有以下四个特征:其一,高度渴望个人权力的人倾向于去引导和影响他人;其二,高度渴望制度权力的人乐于汇集他人努力去实现组织目标;其三,高权力需求的人喜欢竞争以及受地位取向影响的职位;其四,缺少必要的弹性和以人为本的管理技能。

三、双因素理论

20世纪60年代早期,美国的心理学家弗雷德里克·赫茨伯格提出了"激励因素-保健因素理论",也称为双因素理论。赫茨伯格认为影响人们积极性的因素有两类:一类是与工作性质或工作内容有关的因素,称为激励因素;另一类是与工作环境或工作关系有关的因素,称为保健因素。

(一) 激励因素

与工作本身有关的内在因素,能够产生满意情绪,增加满意度,激发工作积极性和热情,提高生产率。激励因素包括6个方面的内容:工作上的成就感、职务上的责任感、工作自身的性质、个人发展的前景、个人被认可与重用、提职与升迁。这类因素如果处理不当会产生不满意情绪,但不会导致不满。

(二) 保健因素

保健因素又可称为"维持因素",是指与工作周围的环境相关的外部因素。保健因素处理不好,会引发对工作不满情绪的产生;处理得好,则可以预防或消除这种不满。保健因素并不能对员工产生激励,只能保持其积极性,维持工作现状。保健因素包括10个方面的内容:公司的政策与行政管理、技术监督系统、与监督者个人的关系、与上级的关系、与下级的关系、工作的安全性、工作环境、薪金、人的生活、地位。

激励因素以工作为中心,具有调动积极性的功能;保健因素与工作以外的环境相关联,具有增强满意感的功能。当激励因素具备时,会对人产生很大的激励作用,使人的积极性提高;当激励因素缺乏时,人的积极性就会下降,但不一定产生不满意感。当保健因素具备时,会使人产生满意感,但不一定能调动其积极性;当保健因素缺乏时,则会使人产生很大的不满意感。在实践中,越来越多组织在工作设计时强调双因素,强调将不同任务组合集中形成特定的工作,给组织成员更多的责任感、成功感和成就感的可能,实现激励效果。

四、公平理论

公平理论也称为社会比较理论,20世纪60年代由亚当斯提出。公平理论认为,组织中的员工都有估价自己的工作投入和获得报酬的倾向,他们不仅关心自己报酬的绝对值,也关心自己报酬的相对值。每个人都会自觉或不自觉地把自己付出的劳动和所得的报酬同他人付出的劳动和得到的报酬进行比较,也会把自己现在付出的劳动和所得的报酬同自己过去付出劳动和所得的报酬进行比较。当发现自己的收支比例与他人的收支比例相等,或自己现在收支比例与过去收支比例相等时,便会产生公平感,增强其工作动机;否则,便会感到不公平,影响工作积极性。

常见的付出要素有：知识、学历、年龄、性别、努力、建议、过去的功绩、级别地位、责任大小、能力、培训、资历、忠诚、时间、经验、现在的功绩、工作难度、任务风险等。常见的报酬要素有：工资、提升、承认、安全、个人发展、津贴、生活福利、交往机会、发展机会等。公平比较有三种可能的结果：第一种结果是双方的报酬与贡献的比值相当，个人感到得到公平的待遇；第二种结果是自己的报酬与贡献的比值，比别人的报酬与贡献的比值要高，这也是一种不公平的待遇（自己占了便宜）；第三种结果是自己的报酬与贡献的比值，比别人的报酬与贡献的比值要低，这是另一种不公平的待遇（自己吃亏）。不公平感使人紧张、心里不舒服、不平衡，往往通过改变投入、改变报酬、改变对于投入或报酬的知觉、改变他人的投入或成果、改变"参照人"、离开这种环境的方式来重新确立公平感。

五、期望理论

期望理论由美国心理学家弗鲁姆在20世纪60年代中期提出，弗鲁姆认为预期某种行为能带来某种特定结果，而且这种结果具有吸引力时，个体就会倾向于采取行动。期望理论是行为科学管理理论中揭示激励规律的主要理论之一。

（一）激励力衡量

期望理论认为，对人的激励取决于"激励力"的大小，而"激励力"是由"效价"与"期望概率值"（期望值）综合作用的结果，效价和期望值越高，对人的激励力就越强，反之越弱。员工工作态度受到努力与绩效、绩效与奖励、奖励与个人目标的关系影响，在三种关系基础上形成激励力公式，即

$$M = V \times E$$

公式中：M——激励力，是调动人的积极性、激发人的内部潜力的强度；

V——效价，也称目标价值，是个人对某项工作及其结果满足程度的评价，用系数1来表示，一般在-1和+1的范围之间变化。对结果很不喜欢为-1，对结果无所谓为0，对结果有强烈偏好为+1。一般来说，把目标价值看得越大，目标的吸引力就越大，行为的积极性就越高。

E——期望值，能够顺利完成某项工作可能性的估计，其数值在0到1之间。这种概率值的估计是主观的，受每个人的个性、情感、动机的影响，个体认为可能性越大，积极性就越高；个体认为根本实现不了的目标，即使价值很高，也起不到调动积极性的作用。

（二）努力水平衡量

努力水平与绩效、结果、效价相关，三个关键变量是以一种倍增而不是累积的方式来决定投入到特定任务的努力程度。具体来说，只有当员工认为努力会带来良好绩效评价时，良好绩效评价会带来组织奖励，组织奖励会满足员工个人目标时，他才会受到激励，并付出更大的努力。

(1) 努力——绩效预期。表示努力与绩效之间的关系，个体对自己付出努力后导致一定绩效的预期。

(2) 绩效——结果预期。表示绩效与结果之间的关系，个体对达到一定绩效后能否获得预期结果的信任程度。

(3) 效价。表示预期结果给个体带来的满足或不满足的程度，表示行动结果对满足个

人需要的价值,个体在采取某项行动之前,会在内心盘算行动的结果能否带来需要的满足,可能带来的满足有多大。

期望理论的关键是了解个人目标及努力与绩效、绩效与报酬、报酬与个人目标满足之间的关系。许多员工在工作中不能被激励,是因为他们看不到努力与绩效的关系、绩效与报酬的关系,或者他们得到的报酬不是他们预期想要的。如果激励员工,就应该加强这三对关系的有机结合,不存在一种通用原则能够激励所有人,差别化、个性化的激励才是有效的激励。

管理案例　内部激励的重要性

六、强化理论

管理故事

电视新闻中出现一条重达8600千克的大鲸鱼跃出水面6.6米,为观众表演各种各样的动作的画面。记者问鲸鱼训练师,这个奇迹是怎样创造出来的。训练师向记者披露了其中的奥秘:在开始时他们先把绳子放在水面下,使鲸鱼不得不从绳子上方通过,因为鲸鱼每次经过绳子上方就会得到奖励,会得到鱼吃,会有人拍拍它并和它玩,训练师以此对这条鲸鱼表示鼓励。当鲸鱼从绳子上方通过的次数逐渐多于从下方经过的次数时,训练师就会把绳子提高,不过提高的速度必须很慢,不至于让鲸鱼因为过多的失败而沮丧。

这个案例就包含着强化论和目标设置论。毫无疑问,鼓励的力量使得这条鲸鱼飞跃过了这一可载入吉尼斯世界纪录的高度。对这条鲸鱼如此,对于聪明的人类来说更是这样,鼓励、赞赏和肯定,会使一个人的潜能得到最大限度的发挥。

强化理论是美国心理学家和行为科学家斯金纳等提出的理论,强化理论着重研究个体外在的行为表现。行为的结果如果有利于个体,这种行为便会加强并重复出现。如果不利于个体则这种行为会消退和终止。根据强化的性质和目的可把强化分为正强化、负强化、自然消退、惩罚四种类型。

正强化,又称积极强化。用于加强所期望的个人行为,当人们采取某种行为时,能从他人那里得到某种令其愉快的结果,这种结果反过来又成为推进人们趋向或重复此种行为的力量。如认可、赞赏、增加工资或奖金、提升等创造一种令人满意的环境,以表示对某一种行为的奖励和肯定,提高这种行为重复出现的可能性。

负强化,又称消极强化。为了减少和消除不期望发生的行为,通过某种不符合要求的行为所引起的不愉快的结果,对该行为予以否定。若职工能按所要求的方式行动,就可减少或消除令人不愉快的处境,从而也增大了员工符合要求的行为重复出现的可能性。

自然消退,又称衰减。同样为了减少和消除不期望发生的行为,对原先可接受的某种行为强化的撤销,由于在一定时间内不予强化,此行为将自然下降并逐渐消退。

惩罚。以某种带有强制性、威胁性的结果,如批评、降薪、降职、罚款、开除等,制造一种令人不愉快的环境,以示对某一种不符合要求的行为的否定,降低这种行为重复发生的可能性。

管理案例　西洛斯·梅考克的管理之道

正强化、负强化、自然消退、惩罚相互联系、相互补充,构成了强化的体系,并成为一种制约或影响人的行为的特殊环境因素。其主要功能,就是按照人的心理过程和行为的规律,对人的行为予以导向,并加以规范、修正、限制和改造。正强化对行为的影响最有力和有效,因为它能增加组织成员有效工作行为的发生。相反,惩罚和自然消退只能用来减少组织成员无效工作行为的发生,因为惩罚和自然消退只告诉组织成员不该做什么,但没有指出应该做什么。此外,负强化和惩罚所用的方式令人不愉快,也会产生相反的效果。

管理实训

结合激励理论,你的学习效率在什么时候能够发挥出较好的水平,举一例简要说明。

任务三　激励技巧

在激励理论的指导下,管理者要在实践中建立科学、合理、规范的激励制度,运用多种激励技巧来激发成员的工作积极性,提高工作满意度,实现组织目标。激励技巧不同,成果也不同,常用激励技巧可以归纳为物质激励、工作激励、精神激励等。

管理案例　"游戏化"管理方式

群体管理方式有一个趋势叫游戏化。一个著名的心理学家提到一个观点,玩的对立面是什么。其实玩的对立面是内心的抑郁,当它消除的时候,工作力会更好地释放。在惠州某公司,员工要求宿舍里面安装Wi-Fi,公司担心有网络以后员工打游戏,影响出勤状况,很长一段时间没有把网络开通,结果发现员工状态没有好起来。后来尝试做一些Wi-Fi开放的尝试,发现员工并没有彻夜玩,工作效率反而提升,后来彻底开通了网络。上海某游戏的互联网公司对员工的管理像玩游戏一样,有任务、积分,通过这样的方式记录员工的表现。合益集团在这方面也做过尝试,在员工入职时候做培训,通过游戏化的方式让他们玩一把,在玩的过程当中让他们知道原来情商、与人合作是非常重要的,这种效果非常好。到2015年,全球2000强的企业里至少70%会推出一款游戏化应用。玩的对立面不是工作而是抑郁,通过玩让我们的员工得到释放。

一、物质激励

物质激励是指以物质利益为诱因,在正确评估员工工作成果的基础上给予其合理的奖惩,以保持员工行为的良性循环。物质激励是激发组织成员工作动机的有效方式与手段,主要包括奖酬激励和处罚两种。

(一)奖酬激励

奖酬激励主要表现为工资薪酬、奖金福利、鼓励性报酬、奖励性报酬、红利、公司支付的保险金等。实施物质奖励时,需要注意以下几个方面。

1. 奖酬激励必须公正

一是组织成员对于奖酬额度设置的刺激量感到公正。刺激量包括绝对量,即实际取得金额数量;也包括相对量,即与组织内相似工作的他人相比、与自己过去获得的数量相比、与组织外相似的同类人相比。设置好合适的奖酬额度才能激发组织成员的满意度与积极性。二是组织成员对奖酬政策、流程及制度保障感到公正。如果政策、制度出现漏洞,奖酬激励方式不仅无法达到预期激励效果,还可能出现相反的作用,引起组织成员更多的抱怨。

2. 奖酬激励必须有序

一是奖酬激励时间安排有序。在不同时间段内既能确保奖酬激励措施长期、稳定、有效地推行,使之成为常态化激励方式。二是奖酬激励轻重有序。对不同项目、不同工作任务、不同目标,依据其重要程度、成员能力水平、耗费的时间与精力水平等,设置不同层次的奖酬激励政策或制度,以确保重大目标、重要工作能优先推进。

3. 奖酬激励必须透明

一是奖酬激励政策清晰、透明。各项奖酬激励政策均以正式文书形式发送给组织成员,各项条款解释清晰、明确,不会造成组织成员对其理解偏差。二是奖酬激励计算准确、透明。各项奖酬激励通常是多种考量因素组合而成,每个成员最终获得的额度可能会有所差异,因此,必须保证计算的透明性,使组织成员清晰明白其最终额度的准确性。

(二)处罚

在物质激励中,除了奖酬激励,还包括处罚性质的负激励措施。如带有强制性、威胁性的处罚控制,批评、降级、罚款、降薪、淘汰等来创造一种令人不快或带有压力的条件,以否定某些不符合要求的行为。奖赏与惩罚,都是管理下属不可或缺的手段,二者相辅相成,相得益彰。只奖不罚,就不能达到是非分明,调动积极性的目的。而只罚不赏则又过于苛刻,最好的办法就是赏罚恰当配合、综合运用。

现代管理理论和实践都指出,员工激励中的正面的激励作用远大于负面的激励,越是素质较高的人员,处罚对其产生的负面作用就越大。它容易给员工造成工作不安定感,同时还会使员工与上级主管之间的关系紧张,使同事间关系复杂。因此,应用处罚方式时必须有可靠的事实依据和政策依据,做到令人信服;处罚的方式与处罚量要适当,既要起到教育作用,又不能激化矛盾;同时要与思想政治工作相结合,注意疏导,尽可能减少其负作用,化消极为积极,真正起到激励作用。

(三) 实践中的一些具体措施

1. 股票期权激励

股票期权作为企业管理中一种激励手段源于20世纪50年代的美国,70—80年代走向成熟,为西方大多数企业所采用。中国的股票期权计划始于20世纪后期。股票期权指买方在交付了期权费后即取得在合约规定的到期日或到期日以前按协议价买入或卖出一定数量相关股票的权利,是企业对员工进行激励的众多方法之一,属于长期激励的范畴。目前,股票期权是国际上使用最为广泛的股权激励模式,股票期权是一种不同于职工股的崭新激励机制,它能有效地把企业高级人才与其自身利益很好地结合起来。

2. 年薪制

企业依据自身规模和经营业绩,以年度为单位支付经营管理者收入的一种分配制度。经营管理者年薪由基本年薪和风险年薪两部分组成。以一个较长的经营周期(通常为年)为单位,按此周期确定报酬方案,并根据个人贡献情况和企业经营成果发放报酬的一种人力资本参与分配的工资报酬与激励制度。从人力资源的角度看,年薪制是一种有效的激励措施,对提升绩效有很大的作用。

3. 绩效工资

绩效工资制度是通过对员工绩效的有效考核为基础,实现将工资收入与考核结果挂钩的工资制度,它的基本特征是将雇员的薪酬收入与个人业绩挂钩。绩效工资的计量基础是雇员个人的工作业绩,既体现了客观公正,又推动了员工之间的竞争,从而推动企业提升业绩。绩效评估是绩效工资的核心。企业利用绩效工资对员工进行调控,以刺激员工的行为,通过对绩优者和绩劣者收入的调节,鼓励员工追求符合企业要求的行为,激发每个员工的积极性,努力实现企业目标。

4. 技能工资

技能工资制是一种建立在对员工技能进行评估基础上的工资制度,可按员工技能类型和水平的高低划分出不同的工资级别标准。技能工资制度确定员工工资水平的标准是员工的技能而不是其所任职位的特征。与传统的职位工资相比,技能工资制将组织的注意力主要放在提高员工的技能上,因此技能工资制在组织内部员工的流动性以及员工个人发展等方面具有优势。

5. 灵活的工作日程

灵活的工作日程主要指取消对员工固定的每周五日上班、每日工作八小时工作制的限制。修改的内容包括4日工作制、灵活的时间以及轮流工作,执行4日工作制就是每周工作4天,每天10小时,而不是每周5日工作制中的每天从上午8点到下午5点的8个小时。这一激励目的,是满足员工想得到更多闲暇时间的需要。灵活的时间就是让员工自己选择工作日程。轮流工作是让两个或两个以上的人共同从事某一项40小时工作周的工作。这一激励计划意味着公司同意使用兼职员工。这很大程度是为了满足带小孩的母亲的需要,同时又有利于消除员工因长期从事某种工作而导致的枯燥和单调。

管理案例　　超弹性工作时间

美国一个毕业于斯坦福大学的年轻人,一直想找一个既可以赚钱又不耽误他白天打高尔夫球的工作。当硅谷一家计算机系统集成公司了解到他很有才华和能力以后,决定满足他的要求。于是,此人白天打高尔夫球,晚上工作,而且工作质量和效率很高。该公司和这个年轻人都感到很满意。人们将这种工作时间称为"超弹性工作时间"。

二、工作激励

工作激励是指通过设置合理的目标,设计丰富的工作内容和形式、分配恰当的工作,鼓励员工参与管理等来激发员工内在的工作热情、动机的方式与手段,主要包括目标激励、参与激励。

(一)工作激励的要求

1. 工作内容要考虑到员工的特长和爱好

组织员工拥有的知识和能力各不相同,不同工作组织成员的知识和能力要求也不同。工作内容设计需要把人与工作有机地结合,将组织各种任务组合优化,使工作的设计能够反映环境变化、组织技术、技术能力及员工偏好的要求等,组织成员能够愉快地胜任分配的工作任务,并能在工作中寻找乐趣,激发工作潜能。

2. 工作目标应具有一定的挑战性

设计和分配工作,不仅要使工作的性质和内容符合员工的特点和兴趣,而且要使工作的要求和目标富有挑战性,这样才能真正激发员工奋发向上的精神。根据成就需要理论,成就需要只有在完成了具有一定难度的任务时才会得到满足,只有在完成一些能充分体现组织成员才能、技术的工作,成员才能感到任务完成的满足感、兴奋及知足。

(二)实践中的一些具体措施

1. 目标激励

目标激励就是以适当的、具有刺激或诱导性的目标,诱发组织成员工作动机和行为,调动成员工作热情、工作积极性,朝目标方向一致推进。目标激励主要有三类,即工作目标、个人成长目标和个人生活目标。领导者设计目标时,首先,需要将三类目标进行融合,使相互之间产生较为紧密的联系性,组织目标的实现,也有利于个人成长目标、个人生活目标的实现。其次,目标实现与奖酬、晋升等挂钩,加大目标实现的效价。最后,组织目标需要持续进行宣传,使组织成员对目标有更深入了解,并牢牢记住自己的前进方向,了解自己在目标的实现过程中应起到的作用,注意把组织目标和个人目标结合起来。

2. 参与激励

参与激励是指以参与管理的方式,使组织成员参与组织管理,为组织目标实现出谋划策,调动成员参与意识、创造意识、互助意识,有助于组织形成和谐、信任的氛围。组织成员在不同程度上参与组织决策和各级管理工作的研究和讨论,有利于集中成员意见,防止决策失误;有利于满足成员的归属感和受人赏识的心理需求;有利于成员感受到管理者的信任、重视和赏识,从而体验到自己的利益同组织的利益、组织发展密切相关而产生相应的责任感;有利于成员对决策的认同,从而激励他们自觉地去推进决策的实施。

三、精神激励

精神激励是对成员精神上的激励,使员工能够感觉到来自组织的关怀、关心。精神激励的方法有很多,比如尊重、关爱、赞美、宽容员工,给员工提供公正的竞争环境等。

(一) 关怀激励

组织内领导发自内心地关注成员工作、生活,帮助成员成长,帮助成员解决工作、生活难题。关怀激励不仅仅对业绩好、技术强的成员实施,更需要对组织内业绩和技术并不突出,甚至垫底的成员实施,通过真诚的关怀,帮助这类成员快速成长,解决组织在运营管理方面潜在的"短板"危机。

> **知识拓展**
>
> 日本的很多企业,除每6个月发半年奖、年终奖外,每年4月还会再发一次奖金,但不发给员工本人,而是发给员工的太太,被称为"太太奖金"。日本企业认为,太太奖金很重要,能督促员工太太们更好地支持丈夫的工作。

(二) 尊重激励

尊重激励是指以平等的态度相处共存,一方面,领导者对组织成员应保持尊重,尊重他们的工作成果,不进行盲目干扰与指责,不以职权强势压人,为组织成员营造民主、平等的组织环境,使成员在组织中都能得到应有的尊重。另一方面,组织成员对领导者应保持尊重,尊重领导决策、目标的制定,不胡乱评论,不发泄抱怨,不将不良情绪在组织内传递。对于决策、目标异议,应采用正式沟通或与领导者的非正式沟通方式,将意见、建议进行有效传递。因此,人人都需要尊重,人人都能从尊重中得到激励。

(三) 荣誉激励

荣誉是组织对个体或团队的崇高评价,如发奖状、证书、记功、通令嘉奖、表扬等。荣誉激励可以满足自尊需要,激发进取心,调动积极性,形成内在的精神力量。具体措施有开展优秀员工的评比活动;给予员工荣誉;颁发内部证书或聘书;借助荣誉墙和企业年鉴来激励员工;以员工的名字命名某项事物;进行奖励旅游;对新进员工进行荣誉激励等。

(四) 榜样激励

榜样激励的核心是在组织中树立正面典型和标兵,以他们良好的行为鼓舞员工,创造业绩。从心理学的观点看,任何人,特别是青少年都有强烈的模仿心理,榜样的力量是无穷的。

> **管理实训**
>
> 设想组织一场活动,由你来分析评价最重要的激励因素或指标,你可能会提出什么样的激励方式?

激励是指运用各种有效手段激发人的热情,启动人的积极性、主动性,发挥人的创造精神和潜能,使其行为朝向组织所期望的目标而努力的过程。

激励是充分调动组织和员工工作积极性、主动性,提升工作效率,挑战工作任务难度的有效方法之一。

激励是建立在需要基础上的管理活动,包括从心理到行为的活动过程。掌握和运用各种管理激励理论对激励实践工作具有指导意义。

激励理论主要包括需求层次理论、成就需求理论、双因素理论、公平理论、期望理论、强化理论等,不同理论有各自的特点与利弊。

实践运用中产生了不同的激励技巧,主要有物质激励、工作激励、精神激励等。物质激励是管理活动中必不可少的,精神激励是物质激励的重要补充。

1. 有人说:"钱不是万能的,但没有钱是万万不能的。"你是否赞同这一观点?请阐述你的理由。

2. 根据强化理论的观点,管理人员不应该惩罚员工,但在我国许多企业中都有罚款制度。你如何解释这种现象?

3. 如果要你为公司设计奖励制度,你会依据哪种激励理论或激励因素来设计?为什么?

4. 为什么"干多干少一个样"会挫伤人们的工作积极性?

5. 在你的工作或学习中,是什么激励你去争取优秀的业绩?这些激励力量有没有在本项目介绍的一些理论中出现?

6. 设想你是一个部门主管,你怎样用强化理论纠正一名员工经常迟到的行为?

7. 回想你遇到的印象最深的一次挫折,你的反应是什么?你认为还有更好的应对措施吗?

案例分析一 沃尔玛的员工激励机制

为了给予员工不断的激励,以鼓励他们创造更好的工作业绩,沃尔玛在激励制度方面也做出了不断的努力和尝试,从各方面激发员工的工作热情。

(一) 多种薪资制度相结合

沃尔玛在薪资给付时,针对员工本身的特点和工作情况,采用了多种计酬方式。

(1) 固定薪资制。按照同业比较认定的职位价值核定给薪标准,不断吸引人才加盟沃尔玛。

(2) 薪资加奖金制。除固定薪资外,另行增加销售奖金或目标达成奖金的方式。

(3) 单一奖金制。薪资所得完全来自奖金,没有保障薪资,奖金高低完全决定于销售成绩或达成目标的状况。

(4) 钟点计薪制。以工作时数作为薪资计算的标准,主要用于吸引兼职人员。另外这一方法也对工作累计达一定时数的员工产生了持续的激励作用。

(5) 论件计酬制。工资=生产件数×每件工资额,沃尔玛把它使用于包装工人的身上,大大提高了员工的办事效率和积极性。

(二) 奖金及福利制度

(1) 固定奖金方式:沃尔玛采用固定月数的年终奖金,除去了员工的担心和紧张。

(2) 依公司营运状况决定方式:沃尔玛对员工的一部分奖金金额依公司年度营运状况而定,将员工绩效表现及员工职级列入发放参考指标。

(3) 依部门目标达成状况决定:依照部门目标设定预拨比例金额发放,采用每月或每年目标达成即发放。

(4) 保险:劳工保险、公司团体保险、员工意外险及汽车保险等。

(5) 休闲:国内外旅游招待或补助、休闲俱乐部会员卡、社团活动、员工休闲中心等。

(6) 补助:子女教育补助、急难救助、紧急贷款、生日礼物、购物折扣等。

(7) 进修:在职进修、岗内培训等。

(8) 奖励:分红奖金、员工入股、资深职工奖励、退休金等。

(三) 晋升制度

(1) 明确的晋升渠道。员工进入一家公司后的未来升迁发展,经常是员工最关注的问题,因此,沃尔玛将晋升路线制度化,并让员工充分知悉这一制度,使员工对其职业生涯发展有明确的依循方向。

(2) 公平的评选方式。沃尔玛晋升的选拔完全取决于员工的个人业绩及努力程度,而非上级主管个人的喜好。

(3) 晋升与训练相结合。在人员晋升的选拔过程中,沃尔玛要求员工在完成相关的训练后,再经由考试测验合格才能取得晋升资格,如此对人员素质的提升大有裨益。

(资料来源:人才资讯,2019-04-21.)

分析讨论:沃尔玛综合运用了哪些激励方法?对你有何启示?

案例分析二　演员郑某送助理豪车做结婚礼物

项目十一 沟通

导 语

人类活动中之所以会产生管理活动,是因为随着社会的发展,产生了群体活动和群体行为。在一个群体中,要使每一个群体成员能够在一个共同目标下,协调一致地努力工作,就离不开有效的沟通。沟通是协调的基础和前提。

在每一个群体中,成员要表示愿望、提出意见、交流思想,领导者要了解下情、获得理解、发布命令,这些都需要有效的沟通。可以说,组织成员之间良好有效的沟通是提高组织效率的保证,而管理者和被管理者之间的有效沟通则是所有管理艺术的精髓。现代管理艺术中,沟通的作用正日益凸显,在管理工作过程中发挥着不可替代的作用。

项目导学

学习目标:理解沟通基本模型、方式和过程;掌握沟通的不同渠道分类,能够将沟通渠道与信息进行简单匹配;了解沟通障碍的产生及改善方法;学会运用沟通的技巧。

关键术语:沟通　发送者　接收者　噪声　沟通渠道　正式沟通　非正式沟通　沟通障碍　冲突　建设性冲突

任务一　认识沟通

有效沟通是现代管理的重要手段之一,领导者与追随者之间需要沟通,激励政策的实施与推行需要沟通,人与人之间冲突处理需要沟通,组织成员间分工合作及行为协调需要沟通。有效沟通使主体、客体间的信息能够完整地发送和接收,减少信息在传递过程中流失。

一、什么是沟通

沟通是信息在个体间交换并被理解的过程,即借助一定的手段把可理解的信息、思想和情感在两个或两个以上的个体或群体中传递或交换的过程。管理者每天80%的工作时间都是通过面对面交流、电话、电子邮件、现代移动交流工具、会议、演讲、报告、备忘录等方式进行沟通,通过沟通来影响他人,通过沟通来传递管理目标、策略、期望、管理理念和价值观等一系列信息。

(一)沟通的模型

如何进行沟通?信息如何发送和接收?影响沟通不畅的因素是什么?沟通的基本模型(见图11-1)解释了沟通从发送者到接收者的整个过程。

图11-1 沟通的基本模型

从沟通模型可见,所有沟通都包含四种行为和五个要素。

1. 四种行为

(1)信息编码。发送者将需要发送的信息以口头语言、书面语言、肢体语言等形式进行编码,经过编码后的信息更容易被接收者理解。

(2)信息发送。信息发送往往以多种媒介形式进行信息传递,在传递过程中经常会受到"噪声"干扰,影响信息接收的完整性、准确性。有时"噪声"干扰过大,可能使信息传递中断、失真或无法传送至接收者,使沟通无法实现。

(3)信息接收。信息的接收包括了接收、解码和理解三个环节。在接收环节中,接收者尽可能确保信息完整、准确地被接收,避免信息遗失造成对信息不完整的解码与理解,影响信息的正确解释。

(4)信息解码。所谓解码,是指信息接收者接到传递而来的"信息信号"或"信息载体",以相应的办法还原为自己可以理解的语言,即信息接收方对接收到的信息所作出的解释。

为了核实、检查沟通是否达到预期的效果,信息沟通过程还需要有反馈的环节。只有通过反馈,信息发送者才能最终了解和判断信息传递是否有效。

2. 五个要素

(1)发送者。组织中任何个体或群体都可能是信息发送者,信息发送者有时也会是信息接收者。在组织沟通过程中,信息既可由发布命令、制订计划、颁布规章的部门或个人发送,也可由提供情况、反映意见的部门或个人发送。

(2)信息。主要指需要发送的信息内容,包括政策、制度、观点、情感、情报和消息等。

(3)媒介。主要指信息传递渠道和媒介。媒介选择取决于沟通双方是否方便、环境条件等。不同媒介各有利弊,传递效率也各不相同。选择适当的传递渠道对实施有效的信息

沟通是极为重要的。

知识拓展

这是个在微博叫卖白菜多少钱一斤的年代。微博从2006年进入中国,到如今的微博、微信时代,互联网向大众再次证明无所不在的影响力与千奇百怪的应用方式。

新浪微博团队:微博只言片语"语录体"的即时表述更符合现代人的生活节奏,眼下与移动互联网的结合,也使得微博应用更为宽泛。数据表明,现在通过智能手机或平板电脑使用微博应用的用户比例,大大高于通过WAP登录的非智能终端。微博未来可能存在六大商业模式,分别包括互动精准广告、社交游戏、实时搜索、无线增值服务、电子商务平台以及数字内容收费。

腾讯微博团队:我们对微博的理解是,一个综合媒体、社交、娱乐、阅读等多重属性的基础互联网服务平台,而目前微博所表现出来的媒体属性,我们认为只是其所有产品属性中的很少一部分,微博作为基础产品的潜力很大,未来有着巨大的空间。

(4)噪声。主要指对信息发送及接收产生干扰的各种因素。要避免噪声,发送者需要对发送的信息进行有效编码,选择恰当媒介,以及对接收者要有充分的认识。

(5)接收者。接收者在沟通中作用十分关键,其态度、关注程度、接收方式、解码能力等都会影响到沟通的有效性。

沟通基本模型是最根本的,也是最普遍的、最基础的模型。无论身处何种文化或组织中,只要有沟通,它就必然存在。虽然沟通的基本行为和要素基本相同,但是这些行为的实践方式以及要素的特征由于受到文化、组织或个人背景的影响而产生不同的沟通效果。

管理案例 一汽集团的"TPS"

2005年3月,一汽集团在生产部大规模开展"推进 TPS(Toyota Production System)工作方案"。这种方式试图杜绝浪费任何一点材料、人力、时间、空间、能量和运输等资源。这是一种非常先进的生产方式,TPS使得丰田的生产成本压到了最低。以库存管理为例,一汽丰田平均库存为1.5天,而解放的平均库存为1.5个月,是一汽丰田的30倍,仅此一项解放的财务成本一年就要多花1.8亿元。

但是TPS在中国"水土不服",遇到阻力。一部分工人表面上没什么反应,事实上都在消极抵抗TPS,甚至发生过汽车零配件丢失的事情。大家不接受的原因很多,其中最突出的一项就是员工的利益受到损害。一汽执行TPS的一个直接结果是,生产时最大限度地利用人力,原来10个人干的活现在6个人就能干,这样,事实上造成了一批工人下岗。另外,和其他合资汽车工厂的工人相比,工人们认为自己"干得多,挣得少"。其实这个困难并不难解决,一项优秀的管理制度或者措施,可能会损害部分员工的利益,但却是保证大多数员工的利益的(否则它就谈不上优秀)。这时候,企业要做的不是强行推广,而是首先要争取大部分员工的支持。

(二)沟通的方式

(1)沟通通常以语言或非语言方式产生,管理者需要了解每种沟通方式的利弊(见表11-1)。

表11-1 语言和非语言沟通

实例	语言方式		非语言方式
	口头的	书面的	
实例	谈话、演讲、电话、视频会议	信件、备忘录、报告、电子邮件、传真	肢体、音调、手势、表情
优点	生动、有刺激性、引人注意、很难忽视、灵活、适应性强	减少误解、精确	与口头表达越一致,沟通有效性越高,能强调要表达的意思
缺点	短暂、易被误解	在解码中精确性降低、不灵活、易被忽视	通用性较低

(2)按沟通对象划分,沟通可分为机—机沟通、人—机沟通、人—人沟通三种类型。这三种类型都是沟通双方发送和接收信息的过程,只是由于沟通参与者的类型不同而会出现不同的特点。

(三)沟通的过程

根据沟通的含义、沟通行为及沟通要素的分析,完整的沟通过程包括几个环节(见图11-2),即沟通主体(信息发出者或来源)、编码(主体采取某种形式来传递信息的内容)、媒介(沟通渠道)、沟通客体(信息接收者)、译码(客体对接收到的信息所作出的解释、理解)、反馈(编码、译码和沟通渠道)。

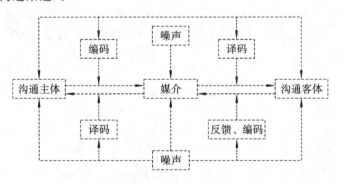

图11-2 沟通的过程

二、沟通的作用

(一)沟通是正确决策的前提与基础

信息是决策的前提,及时、完整、准确的信息更是科学决策必不可少的。"知己知彼,百战不殆",组织通过沟通收集获取充分而确定的信息,为正确决策提供参考依据。

(二) 沟通是明确任务并行动一致的工具

为了使组织成员及部门明确未来任务并且行动一致,必须进行充分而有效的沟通,以交换意见、统一思想、明确任务并一致行动,以最有效的方式完成组织任务。

(三) 沟通是改善人际关系、鼓舞士气,建立良好的工作环境的基本手段

组织内部人际关系通常与组织的沟通水平、态度与方式有关。如果一个组织内人际关系良好,大家都能和睦相处,上下级之间相互信任,相互尊重,那么组织就容易做到上下一条心,团结成一个整体,士气也就高昂,组织成员可以获得归属感。

(四) 沟通是加强组织与外部联系,创造良好发展环境的重要途径

与组织外部进行沟通也是组织工作的重要内容和重要任务。通过沟通,从外界环境中获得生存和发展所必需的信息,及时了解和掌握市场信息,摸清市场变化的规律,掌握市场动态;及时了解竞争者信息,收集竞争者的决策变化、产品创新程度;及时了解消费者未来或潜在的消费需求,获取消费者对现有产品与服务的意见与建议。

管理实训

去与一个你不认识的人谈上5句话,内容是:_____

任务二　沟通渠道

沟通渠道是指信息流动的线路或途径,信息沟通按照一定的线路或途径在特定人群之间流动。不同沟通渠道几乎同时存在于组织之中,各有利弊,管理者应掌握不同渠道特点从而选择合适的沟通渠道。

管理案例　　　苏宁电器的明星代言人策略

苏宁电器从2007年开始实施的明星代言人策略,如黄晓明、王珞丹、潘玮柏、孙俪等,不仅使年轻、时尚化的苏宁广告更具有吸引力,在消费者心目中树立了差异化的品牌形象,提升了市场号召力,还使消费群体从传统家庭用户向年轻人群延伸,受众群体实现立体化。苏宁电器品牌策划部闵涓清在接受《广告主》采访时介绍,传统家电产品主要以30岁以上消费群体为主,随着电脑、手机等3C电子产品的销量的日益上升,这些产品的目标消费者——20—25岁的年轻人逐渐成为商家需要重点传播的对象,通过他们熟悉的明星进驻其内心是必要的举措。除了启用新的代言人,苏宁电器还将老口号"买电器,到苏宁"升级为"为幸福做点什么"。老口号更多地传达苏宁能为消费者提供什么和苏宁自身能做到什么;新的口号从为消费者创造更多价值的角度出发去阐释。

一、按照组织系统分类

（一）正式沟通

正式沟通一般指在组织系统内按照系统与层次进行沟通，通过组织明文规定的渠道进行信息的传递和交流，如组织与组织之间的公函来往；上级的命令、指示等按系统逐级向下传送；下级的情况逐级向上报告；组织内部规定的会议、汇报、请示、报告制度等。除此之外，也包括参观访问、技术交流、市场调查、展销广告，以及企业内部局域网上的产、供、销和人、财、物信息发布等。其优点在于沟通效果好，比较严肃，约束力强，易于保密，可以使信息沟通保持权威性。其缺点在于，因为依靠组织系统层层传递，所以比较刻板，沟通速度慢，也存在信息失真或扭曲的可能。

（二）非正式沟通

组织进行决策时所利用的部分参考信息来源于非正式信息系统传递，非正式沟通是正式沟通的有益补充。非正式沟通渠道是以非正式组织为信息传递系统，如组织成员私下交换看法、朋友聚会、传播谣言和小道消息等都属于非正式沟通。对于组织系统而言，建立良好的人际关系和团体向心力，非正式沟通往往能比正式沟通效果更为明显。

二、按照信息传递的方向分类

（一）下行沟通

传统组织内最主要的沟通类型，信息自上而下的沟通与传递。通常以命令、正式文书方式传达上级的决策、政策、计划、规定、通知等信息，它是上级向下级传递信息的过程。信息涉及目标、计划、纲领、政策、程序和规章制度等内容，以文件、通知、批示及指示等形式出现，这种沟通具有权威性和指令性。常见问题在于如果组织层级较多，传递过程较为迟缓，信息内容容易发生扭曲、遗失。

（二）上行沟通

上行沟通具有民主性和主动性特点，信息自下而上的沟通与传递。上行沟通依赖于良好的组织文化和便利的沟通渠道的建立，通常以意见箱、热线电话、征求意见座谈会及领导者"接待日"等形式来鼓励上行沟通，它是下级向上级传递信息的过程。信息涉及提交工作报告、向上级反映情况、问题、要求和建议以及向上级请示，正式书面或口头报告、交流等形式。常见问题在于下级基于自身的利益关系，沟通信息容易发生与事实不符或失真的情形。

（三）平行沟通

平行沟通也称横向沟通，具有协商性和双向性特点，信息在组织内同层次、不同部门之间的沟通与传递。平行沟通有助于协调人际关系，加强组织内部的协调与合作、联络感情、增进理解，加强成员或部门之间的协作，增强组织的内聚力。平行沟通在正式沟通中并不多，多采用协调会议形式进行，且效果并不显著。非正式沟通渠道中平行沟通则更能实现信息传递，达到沟通目的。

（四）斜向沟通

斜向沟通具有协商性、主动性，提升信息传递效率的特点，它是信息跨部门、跨层级间沟通与传递。随着现代网络信息交流技术与工具的发展,斜向沟通的应用频率显著提升,如电子邮件在斜向沟通中普遍使用等。斜向沟通用于相互之间的情况通报、协商和支持,沟通中伴随着上行沟通或下行沟通。

三、按照信息传递过程中是否使用语言分类

(一)语言沟通

语言沟通包括口头沟通、书面沟通和电子媒介等形式。沟通的形式分类如表 11-2 所示。

表 11-2 沟通的形式

沟通形式	说明	优点	缺点
口头沟通	面谈、电话、会议、讲座、传闻、小道消息等	信息传递速度较快、信息量大、反馈及时	信息传递容易失真,信息难以保存
书面沟通	以正式文书作为信息媒介,传递信息,如报告、文件、通知、工作手册、海报等	信息可持久保存	信息传递不够灵活,译码容易产生偏差
电子媒介	电子邮件、微信、微博、QQ、传真、投影、电视、局域网等	兼具口头沟通和书面沟通优点,信息量大而传递及时,能够产生面对面的效果	对使用者技术背景有一定要求

随着信息技术的发展,电子媒介在当今世界信息传递过程中充当着越来越重要的角色。电子媒介不仅可采用口头和书面信息传递方式,而且可实现远程即时通信和同时在很大范围内共享信息,电子存储设备还可以用很小的空间保存大量的信息。电子媒体的缺点是离不开电子设备,需要具备一定的操作技能,成本相对较高。

(二)非语言沟通

非语言沟通是指通过人的动作和行为传递信息,而不是利用语言。主要包括面部表情、声调、姿势、物理距离和沉默。在面对面的沟通中非语言沟通方式使用频率较高,非语言的暗示在传递信息方面比实际上的语言更具解释力,如无意识的肢体语言就能呈现出情绪、态度等。

非语言沟通比语言沟通有更少的规则界定,暗示比较模糊且易于误解,容易引发情绪感染现象。所谓情绪感染现象就是通过模仿别人面部表情或其他非语言行为,来感知或分享别人感情的自发过程,有利于获得发送者情感思想,理解并加深获取的信息,使发送者与接收者的联系变得紧密,增加双方的凝聚力。

以上各种沟通方式,哪一种最好,取决于沟通的目的和当时的情境。尽管研究表明,采用口头和文字结合的沟通方式比单独采取口头或文字方式要好,但通常人们还是认为面对面的交流方式更好。

四、按照沟通过程是否有反馈分类

(一)单向沟通

单向沟通是指信息从发送者到接收者单向传递,是一种没有进行反馈的信息传递方式,没有形成从发送者到接收者的闭合循环。单向沟通适用于发送者不需要了解和掌握接收者

对信息的解释、反应与反馈。

（二）双向沟通

当信息传递者传送信息后，再从接收者得到反馈的信息，这时称为双向沟通。双向沟通有利于信息传递的有效性，对管理的组织效率十分有利，但需要投入的精力较多，时间较长，需要组织在基本制度方面建立长效的反馈制度。

五、按照信息传递的路线分类

20世纪50年代，美国管理心理学家巴维拉提出小群体沟通网络的概念。之后，莱维特在此基础上提出了沟通网络的四种形态，即轮盘形、链形、Y形和环形，随后沟通网形得到进一步研究与发现，以五人参与的沟通网络有60多种，其中主要有5种典型形式（见表11-3）。

表11-3 按信息传递的路线分类的沟通形式

沟通形式	模型	说明
轮盘形沟通		控制型网络，以一个成员为各种信息的汇集点与传递中心。网络集中化程度高，解决问题的速度快，但沟通渠道少，组织成员的满意程度低、士气低落。在组织接收紧急任务，要求进行严密控制，以及争时间、抢速度的情况下，可以采取这种方式
链形沟通		纵向沟通网络，五级层次的直线系统。信息可自上而下或自下而上进行逐级传递，但经过层层筛选后，容易失真，各个信息传递者所接收的信息差异较大，平均满意程度有较大差距。如果组织系统过于庞大，需要实行分权管理，链形沟通网络是一种行之有效的方法
Y形沟通		纵向沟通网络，以一个成员为沟通中介中心，网络集中化程度高，解决问题速度快，但容易导致信息曲解或失真。除中心人员（C）外，组织成员的平均满意程度较低。适用于领导者工作任务繁重，需要有人选择信息，提供决策依据而又要对组织实行有效控制的情况
环形沟通		链式封闭结构，表示五人之间可以依次联络和沟通。此网络中组织的集中化程度较低，组织中成员具有比较一致的满意度，组织士气高昂。其中，每个人都可同时与两侧的人沟通信息。如果组织需要创造高昂士气来实现组织目标，环形沟通是一种合适的选择
网形沟通		开放式网络系统，每个成员都能相互联系，彼此了解。由于沟通渠道多，组织成员士气高昂，合作气氛浓厚。此网络对于解决复杂问题，增强组织合作精神，提高士气均有很大作用。但是网络沟通渠道太多，易造成混乱，而且费时，影响效率

各种沟通网络都各有其优点、缺点和适用条件,作为管理者应根据组织的特点和需要选用适当的形式,并扬长避短,进行有效的沟通,不断提高组织的管理水平。

管理实训

你常用什么方式和老师、同学进行沟通?请对你的沟通形式进行评价。

任务三 沟通障碍及改善

在管理实际中,沟通障碍是普遍存在的,而且往往困扰着管理者,使他们的管理效率下降。信息沟通的障碍会阻止信息的传递或歪曲信息,这些障碍可能来自信息发送者,也可能来自信息接收者,或者来自环境因素,但无论障碍来自何方,均会破坏信息传递的连续性和有效性。

一、沟通障碍产生的原因

(一)编码与解码过程中的误差

编码者在对信息编码时应该充分考虑信息接收者的经验背景,因为经验背景的不同会使解码还原时出现困难和错误。使用不同的语言使沟通无法进行,这是人们熟知并会自觉避免的。但事实上,即使是使用相同的语言时,沟通的效果也会有很大的差异,对于这一点,沟通的双方往往不能引起足够的重视。比如对某些内容的概括及术语的使用,发送者如果不考虑接收者的情况,而只是依照自己的知识结构进行编码,当双方的经验背景不相重叠,接收者解码时就会出现错误,无法正确理解信息发送者的真实意思。

管理故事

有一个秀才去买材,他对卖材的人说:"荷薪者过来!"卖材的人听不懂"荷薪者"(担材的人)三个字,但是听得懂"过来"两个字,于是把材担到秀才面前。

秀才问他:"其价如何?"卖材的人听不太懂这句话,但是听得懂"价"这个字,于是就告诉秀才价钱。

秀才接着说:"外实而内虚,烟多而焰少,请损之。"(你的木材外表是干的,里头却是湿的,燃烧起来,会浓烟多而火焰小,请减些价钱吧)卖材的人因为听不懂秀才的话,于是担着材就走了。

问题:这个故事给了我们什么启示?

(二)滥用专业术语

专业术语的滥用也是构成组织中信息传递不顺畅的一个重要原因。大量受到很好教育的工作人员,他们来自不同的专业背景,在经意不经意之间使用术语(在国内经常出现英语),结果,由于经历和位置的不同,会导致误读现象出现。

另外,一些人大量使用外语或者晦涩的术语,会给人以故作高深、装模作样的浅薄感。这种给人以厌恶感的表现会损害沟通效果。

(三)信息过滤

信息过滤是指用某种方式改变信息方向,或当信息流经沟通系统时不允许其全部通过,包括删除或延迟负面信息,用相对和缓的语言叙述负面事件,或为达到个人目的采取一些方法歪曲信息等。通过信息过滤来向上级呈现良好的自身形象,获得上级对其项目或政策的支持,或诱导上级对其不赞同的项目或政策表示反对。

(四)信息疏漏

信息解码和编码时,往往在传递给下一个个体或群体时容易产生错误,导致信息扭曲,于是产生信息疏漏。如越战期间发生"烧毁村庄"信息疏漏:总部发出"不要烧毁任何村庄"的命令,被扭曲成"命令烧毁村庄"。其信息扭曲传递经过如图11-3所示。

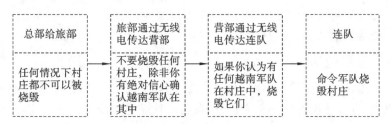

图 11-3 信息扭曲案例图

(五)信息超载

现代社会是信息丰富的世界。在工作信息量超过了个人信息处理能力时,而接收者处理信息能力由于长时间保持处理状态而逐渐下降,于是便会发生信息超载现象。

(六)性别差异

男性和女性在沟通行为方面的微妙差别也会在沟通系统中引入信息噪声,并导致误解和争论。

(七)环境干扰

环境干扰是导致沟通受阻的重要原因之一。嘈杂的环境会使信息接收者难以全面、准确地接收(听清或记住)信息发送者所发出的信息。诸如交谈时相互之间的距离、所处的场合、当时的情绪、电话等传送媒介的质量等都会对信息的传递产生影响。环境的干扰往往造成信息在传递途中的损失或遗漏,甚至歪曲变形,错误的或不完整的信息传递或理解。

(八)部门障碍

部门的设置是组织内部分工的结果,不同部门承担特定的职能或任务。部门和部门之间缺乏交流,只关注自己职能任务,对组织目标缺乏整体认识,也就形成了部门障碍。

二、沟通障碍的改善方法

沟通是可以改进的,噪声是可以减少的。改进沟通,限制信息噪声,需要沟通双方将媒介与信息相匹配,逐步减少信息超载,更好地让信息传达。因此,在改善技巧方面,接收信息需要积极倾听,主动利用不同的信息渠道来搜集并传播信息,加强与员工直接沟通,并且要改进沟通工具。

(一)媒介与信息匹配

媒介对沟通双方而言是熟悉的、精简的、常规的、清晰的,且运行良好的,沟通双方共享媒介,共享思维模式,实现信息传送无障碍,实现对信息相同的解释与预测。清晰的信息需要匹配的媒介,模糊而非常规的信息会增加信息噪声,削减噪声需要更加丰富的媒介。信息发送者和接收者,通过丰富的媒介获取更多的即时反馈信息,从而共享其从观察和经验得来的复杂解释。

(二)减少信息超载

媒介种类的多样性、丰富性会带来密集的、大量的信息,加剧信息超载。媒介与信息的有效匹配有助于减少信息超载的现象,提升传递效率与效果。减少信息超载通常采用中转、忽略、摘读等形式,即将大量信息处理通过中转他人或群体处理,忽略不重要的"垃圾"信息,对普通信息内容进行摘读,以快速获取简要信息。

(三)强调信息传达

只有当信息被接收并准确理解时,有效沟通才会产生。在强调信息传达时,要注意多次重复信息关键点、选择适当的时间传递信息、负面信息描述性传递。

1. 多次重复信息关键点

重复强调重点十分必要,"告诉他们你想告诉他们的东西;再一次告诉他们;然后再告诉他们你告诉过他们什么!"强调并明晰了关键信息,一直重复直到被接收者充分理解。

2. 选择适当的时间传递信息

接收者接收信息在不同时点的意愿会不相同,不同时点发送的信息与其他信息和噪声冲突程度不同,因此选择合适的时间,减少接收者注意力分散程度是十分重要的。

3. 负面信息描述性传递

当信息伤害到他人自尊时,接收者通常会拒绝接收该信息,发送者应避免直接指出问题所在,采用描述性的语言来传递负面信息,关注问题本身,而不是评论个人,尤其不要使员工感觉受到人身攻击。

(四)积极倾听

俗语说:"上天赐予人类两只耳朵和一张嘴,就是告诉我们要多听少说"。积极倾听者要接收来自发送者的信息,对其进行解码,向发送者提供适当、及时的反馈信息,并持续重复感知、评估、回应的行为循环。开发有效的积极倾听技能需要关注以下方面(见表11-4)。

表 11-4　倾听技能

倾听技能	说　　明
目光接触	目光接触可以集中精力，减少分心可能，并能鼓励发送者。缺少目光接触，大多数人将其解释为冷漠和不感兴趣
赞许性地点头	对听到信息表现兴趣，赞许性地点头，恰当的面部表情，表明认真聆听
避免分心动作	避免思想走神、厌烦或不感兴趣的举动，如看表、心不在焉地翻阅文件、拿着笔乱写乱画等，也表明接收者并未集中精力，可能会遗漏发送者本想传递的信息
提问	提问以确保理解的清晰度，避免理解上出现偏差，也表现出聆听状态
释意	释意是指用自己的话重述说话者所说的内容。释意的原因在于：核查是否认真倾听，如果思想走神，则不能全面复述出完整的内容；检验理解的准确性
避免中间打断	在发送者表达时不要去猜测他的想法，也不要在发送者未讲完时便开始评价与反应
不要多说	大多数人乐于畅谈自己的想法而不是聆听他人所说，然而好的倾听者会更多关注发送者所要表达的信息，而不是自己想讲的话
角色转换	有效的倾听者能够使"说者"到"听者""听者"再回到"说者"的角色转换十分流畅

（五）积极利用非正式沟通

非正式沟通信息往往会在组织成员私下传播，并且传播速度迅速，其主要功能是传播员工所关心的和与他们有关的信息，它取决于员工个人兴趣、利益，往往与正式组织的要求无关。与其禁止传言媒介，倒不如利用它作为获得信息的来源，如利用私人网络平台获得传言媒介，掌握当前发生的真实情况，关注成员真实反应，检查正式沟通渠道是否有严重疏漏等。也可以利用传言媒介来检验新想法、试行新政策等，以观察接收者的想法与反应。

（六）工作空间设计

组织成员工作的物理空间大小也会影响沟通的能力和动机，如对走廊、办公室和公用区域的安排和设计都会影响到沟通双方是谁，交流以及沟通的频率如何等。通常人们之间的障碍越少，交流就越多，但缺乏私人空间的开放型办公室会增加员工压力。工作空间最重要的作用是提供能够专心工作的环境，设计工作空间应该在个人隐私与社会交际之间取得平衡。

管理实训

与过分自信的人、自卑的人、有果断力的人、自夸的人，该如何交换意见？

任务四　沟通技巧

管理过程中，自始至终都伴随着相互沟通的活动，因此掌握沟通的技巧是十分重要的。

掌握沟通的技巧,有利于管理者与被管理者相互理解,取得下级的支持,做到上下一致,共同努力去完成组织任务。掌握沟通技巧,有利于管理者增强自己的权威。

一、掌握语言表达技巧

掌握语言表达艺术的前提是要通过学习和训练,提高自己运用文字和语言表达的能力,使自己运用语言的水平达到一个较高的水准,这样使用起来,才能熟练自如,得心应手。沟通中语言的运用首先要与沟通的内容相一致。如科学性强、严肃性强的沟通内容,应少用形容词,少用比喻、夸张等修辞手法;鼓动性的宣传、演讲、倡议、大会报告,需要选择有感染力的字句;在同事之间交流谈心时,则要注意语言的真挚动人,以表达诚恳真诚的心愿。

沟通中语言的运用要与对象相一致。不同的沟通对象,其理解能力不一样,要求也就不同。要注意语言文字规范。在沟通中,为了使人容易记住,应尽量使用短句。要学会用肢体语言表达,强化沟通效果。在交谈中,两个人坐得很近,表明空间没有距离感,就容易推心置腹地沟通。什么样场合使用什么样的肢体语言,既受沟通内容、沟通对象的约束,同时也受风俗文化的约束。

二、掌握聆听技巧

信息发送者发出信息之后,信息接收者对传递的信息主要通过两条途径来接收:一是眼读,二是耳听。在更多的场合,信息接收者是通过耳听来接收信息的。因此,掌握聆听艺术,一是要学会有效的聆听方式,二是要克服不良的聆听习惯。

(一) 聆听方式的分类

从信息接收者的态度来看,聆听方式可分为三种。

1. 漫不经心式

这种方式最容易伤害信息发送者的自尊心,阻碍信息的正常发送,沟通效果最差。一般来说,在沟通中应注意防止这种聆听方式出现。

2. 争论式

争论式即信息接收者一边听,一边反馈信息,同信息发送者进行争论。这种方式的沟通效果好坏取决于参与沟通的双方的身份、地位和沟通内容。一般来说,在下行沟通和上行沟通中,争论式聆听的沟通效果不会好。如果沟通的双方是同级人员,并且关系比较密切的话,争论式的沟通就可以取得比较好的效果。

3. 全神贯注式

如聆听时不时记笔记,点头表示注意,这种方式一般来说,沟通效果较好。

(二) 克服不良聆听习惯

不良的聆听习惯既会影响信息接收者对重要信息的注意,也会影响信息发送者发送信息,在沟通中要加以防止和克服。这些不良的聆听习惯主要有如下几种表现。

(1) 对谈话的主题无兴趣,不能安下心来听对方讲话,表现出漠不关心的态度。

(2) 被对方说话的姿势所吸引,忽略了说话的内容。

(3) 听不到合意的内容便激动,影响了对其余信息的接受和理解。

(4) 只重视事实而忽视原则或推论。

(5) 过分重视条理,对于条理较差的谈话内容不愿多加思索。
(6) 假装注意,实际上心不在焉。
(7) 注意力不集中,分心于他事。
(8) 对较难懂的内容不提问,不反馈,不求甚解。
(9) 被对方的感情语言所分心,抓不住实质性的内容。
(10) 不爱动笔,内容太多时,听了后面忘了前面。

克服不良聆听习惯,有助于提高沟通效果,这需要管理者从时时处处做起,养成一个良好的聆听习惯。

(三) 聆听的技巧

(1) 给人说话的机会,这是聆听的基本前提。给人说话的机会还包括为成员创造说话的机会,尤其要注意不太发言的人与想说而不敢说的人。
(2) 做好聆听的准备。聆听的心理准备包括集中注意力,关注说话者。
(3) 聆听时要有表情、有兴趣。有效的聆听者会对所听到的信息表现出兴趣,向说话者表示自己在认真聆听。
(4) 不随意打断对方。
(5) 对发言者的话有所反应。包括运用积极的反馈方式、用提问或复述等方式对发言者传递的信息作出反应。

管理故事

美国旅馆业巨头希尔顿有一次去日本东京,在飞机上遇到了一位女记者。这位女记者问希尔顿:"希尔顿先生。您取得了辉煌的成就,您的经营技巧是什么?我和所有人都很想知道。"希尔顿听后笑了笑,没有正面回答,而是对女记者说:"你到了东京之后,住进我的旅馆。临走时把你不满意的地方告诉我,当你下次来住时,我们不会再犯同样的错误,这也许就是我的技巧吧!"

三、掌握反馈技巧

充分运用反馈是指在情况允许的条件下更多地运用双向沟通,可以在较大程度上避免沟通障碍。反馈是指输出信息的返回信息流动,许多管理问题是直接由于误解或理解不准确而造成的,如果在沟通中信息发出者能充分运用反馈,则会减少这些问题的发生。积极的反馈方式有探询式反馈、理解性反馈、评价性反馈、支持性反馈、解释性反馈等。对于管理者来说,可以通过提问及鼓励接收者复核或评论等方式来获得反馈信息,也可以通过仔细观察对方的神态或行动来获得反馈信息。

管理者必须认识到,在不同的情况下提供不同的反馈是管理者的工作职责所在,管理者应当运用各种反馈技能来取得良好的沟通效果。有效的反馈技巧如下。

(一) 在反馈中强调具体行为

反馈应当具体化而非一般化,管理者应当避免这样的陈述:"你的工作态度很不好"或"你出色的工作给我留下了很深的印象",这些信息过于模糊,在提供这些信息时,管理者没

能指出改正其工作态度的具体行为,也没有相关资料表明判定"工作出色"的标准。换一种反馈方式,如管理者这样说:"小王,我对你的工作态度有些担心。昨天部门例会你迟到了半小时,要你做的工作计划你也没能按时交,今天你又要请一下午的假去参加同学聚会。"这种陈述针对具体的行为,能够告诉对方为什么受到批评或赞许,使接受反馈的对象能够把握具体的行为标准。

(二) 把握反馈的时机

有效管理原则中有一条为"即时原则",即组织成员的行为与获得对该行为反馈的相隔时间越短,反馈越有效果。比如,新员工在做错一件事之后,最好在紧接错误之后或一天工作结束后反馈,而不是要等到几个月后进行工作总结时才获得。当管理者需要花费时间去唤起组织成员对过去情境的记忆,其反馈很可能是没有效果的。在纠正员工不当行为时尤其要注意,拖延对不当行为的反馈会降低反馈所能起到的预期效果。不过,在管理者没有掌握充分信息之前,或者情绪不稳定,难于自我控制时进行快速而匆忙的反馈也会适得其反。

(三) 对事不对人

反馈,尤其是提出批评性的反馈,应当是描述性而不是评价性的,无论管理者心理上的感觉如何,其反馈都应当是针对工作的,不能因为员工不恰当的行为而指责员工本身,尤其不要使员工感觉受到人身攻击。比如,教师说学生"太笨了"与管理者说员工"没有能力,反应迟钝"时收到的效果是一样的,会激起学生或员工很大的情绪反应,这种反应会使他们忽视学习上或工作中的错误,从而产生对抗心理。当管理者进行批评性反馈时,记住指责的是与工作相关的行为,而不是对个人做出评价。比如,你可能在心里觉得某人"无礼而且迟钝",最好这样说:"你三次因为不紧急的小事打扰了我,而你知道我正在与客户进行商谈。"

(四) 确保对方充分理解反馈意义

反馈本身是双向沟通中的行为,双向沟通的目的之一就是确保对方充分理解信息的意义。如果管理者提出了反馈,但员工并没理解反馈的真正含义,或者发生误解,就难以使员工知道改进的方法与必要性。为了使反馈有效,应确认接收者的理解。与倾听一样,让接收者复述你反馈的内容或通过提问的方式了解其对反馈内容的理解。

四、掌握说服技巧

管理者需要通过别人来进行工作,而要让组织成员有效地按照管理者的想法与要求去工作,就需要管理者进行有效的说服。说服本身也是取得认同、沟通情感的重要手段,说服技能包括明确说服的意义与说服技巧两个方面。每个人的思想感情不同,其接受能力也各不相同,如果管理者不了解自己员工的这些差别,就会影响到说服效果。要说服必须要先了解,要有耐心。而且要创造说服的条件,能够有针对性地进行说服。说服的技巧有以下几种。

(一) 使说服任务合理化

与沟通时要明确目的一样,管理者进行说服时,首先要使说服任务合理化。一是任务明确。要让说服对象知道你急切需要他们做什么,同时明确所要完成任务的目的以及所要达到的标准,并且有确切的期限。在提出说服任务的时候,尽量具体。二是使任务具有针对性,说明为什么需要某一特定的团队或组织成员来完成。当管理者能以充足的理由说明自己为什么需要时,员工就能够感觉到重视、理解。这要求管理者对任务的系统性与关联性有相当程度的了解。

(二)创造说服的条件

一是建立信任关系,管理者应尽最大努力取得员工的信任。建立起信任关系的条件有管理者的能力及品性特质、人际吸引力与表达方式等因素。有效的管理者还善于寻找与其组织成员的共同点来建立信任关系,或者寻找出某些一致性的东西,如双方目标、言行态度或比较一致的角色关系等,利用一些共同的、一致性的因素建立起信任关系。二是创设说服的环境,包括寻找说服的场合、营造协调的气氛。说服的场合选择不会被人打扰的地方最适宜,四周的气氛平静舒适,而且没有压迫感的空间是最基本的。按照这个要求,根据说服的内容,来考虑一个比较有效的场所,营造比较宽松、不受拘束的气氛,这样能使人放松心情,在心理上会产生较宽广的空间进行思考。

(三)寻找动机、抓住要害进行说服

这是一个在说服过程中遇到障碍时需要运用的方法。首先管理者需要明确,每个人的行为都有自己的理由,所以遇到不接受意见的状态时,应研究其深层次的原因,从而抓住关键因素来进行说服。有人不愿意接受新的工作任务,表达的原因是她需要更多的时间来照顾孩子,而实际上是她觉得工作任务分配不公平,这些原因可以利用积极倾听的方式寻找出来,在了解实际原因后,清晰地分析出利害关系。想达到好的说服效果,关键要站在对方的立场上进行利害关系陈述,这样可以增进情感,加强说服的感情因素与利害因素,达到说服的目的。

管理实训

如果你希望别人喜欢你,理解你,那么你平时应该如何与人交往?

五、与不同人际角色的沟通技巧

下面介绍与上司、同事、下属、客户和亲人朋友进行有效沟通时的技巧。

(一)与上司沟通的技巧

(1)主动报告你的工作进度——让上司知道。对领导来说,公司里所有的其他人员都是员工,不管你是主管还是业务员。作为下属,要养成主动汇报工作进度的习惯,让上级了解你为公司所付出的一切。

(2)对上司的询问有问必答而且清楚——让上司放心。对于领导的询问,一是报告要充分详实;二是及时汇报不好的消息;三是要在事前主动报告;四是汇报时先说结论;五是汇报要严谨。

(3)充实自己,努力学习——让上司轻松。想要跟得上上司的步伐,与上司站在同一高度看待问题、思考问题,你就需要不断学习。充实自己,努力学习,不仅可以提高个人自身的能力和素质,而且能够让上司更加轻松。

（4）接受批评，不犯三次过错——让上司省事。伟人曾说过，被同一块石头绊倒两次的人，就是个傻子。人们对待自己所犯的过错，就该有"壮士断腕"的勇气和果敢，就该有"再小也是大事"的认知。

（5）不忙的时候主动帮助别人——让上司更有效率。团体要求分工明确，但绝不要求"事不关己，高高挂起"。帮助同事，帮助他人，对自己并无大碍，对别人，则可能是大的帮助。

（6）毫无怨言地接受任务——让上司"残废"。当上司把工作丢给你的时候，你要接起来；他再丢，你就再接起来。总之，无论上司给予你什么任务，你都要毫无怨言地把它接过来。从表面上看，似乎你"吃亏"了，但从长远看，你不但增长了才干，积累了经验，还在不知不觉中使自己成为不可替代的角色。

（7）对自己的业务主动提出改善计划——让上司进步。只有上司的业务进步了，才会带来公司真正的进步。上司业务的进步，除了要依靠自身的不懈努力之外，还离不开下属的业务支持。所谓"水涨船高"就是这个道理。

(二) 与同事沟通的技巧

（1）人格塑造。在沟通理念中，人格的培养是提高沟通效果的基础，也是人际关系中的关键因素，要把做人放在第一位。人品好的同事，大家愿意与其交往，本身就产生吸引力，利于合作共事。

（2）坦诚相见。坦率和真诚是建立良好人际关系的重要基础，对待自己的同事，能够不存疑虑。坦诚相见是同事之间值得信赖的法宝。

（3）赞美欣赏。能够看到同事身上的优点，并及时给予赞美、肯定。对一些不足之处给予积极的鼓励，这是良好沟通的基础。

（4）少争多做。不要和同事争什么荣誉，这是最伤害人的。要远离争论，对一些非原则性的问题，切忌去争什么你输我赢，否则其结果只能使双方受到伤害，百害而无一利。

（5）善于倾听。善于倾听是增加亲和力的重要因素。当同事向你倾诉，你一定要认真倾听，把自己的情感融入其中，成为同事最真诚的倾听者，这样会加深同事之间的情感。

（6）容忍异己。容许每个人有自己独立的思维和行为方式，不要妄图改变任何人，要认识到改变只能靠他自己，劝其改变是徒劳的。

（7）巧用语言。沟通的语言至关重要，应以不伤害别人为原则，要用委婉的语言，不用直言伤害的语言，要用鼓励的语言，不用斥责的语言，用幽默的语言，不用呆板的语言。

（8）理解宽容。在发生误解和争执的时候，一定要换个角度，站在别人的立场为别人想一想，理解一下别人的处境，千万别情绪化，甚至把人家的隐私抖出来。宽容别人，就是善待自己。

(三) 与下属沟通的技巧

（1）正确对待下属。领导和下属人格上是平等的，职位的不同，不等于人格上的贵贱。有句话说得很对："伟大来源于对待小人物上。"尊重你的下属，实际上所获得的是不断增进的威望。你越是在下级面前摆架子，让下级服从你，就越是被下属看不起；你越是对"小人物"放下架子，尊重他们，你在他们心中就越显得伟大。

（2）多激励少斥责。每个人的内心都有自己渴望的"评价"，希望别人能了解，并给予赞美。身为领导者,应适时地给予鼓励、慰勉,认可下属的某些能力。对于下属工作中出现的不足或者失误,特别要注意不要直言训斥,要同你的下属共同分析失误的根本原因,找出改进的方法和措施,并鼓励他一定会做得很好。

(3) 语言幽默,轻松诙谐。领导与下属谈话,语言幽默,轻松诙谐,营造一个和谐的交谈气氛和环境很重要,上级和下属谈话时,可以适当点缀些笑话、歇后语等,从而取得良好的效果,这样会产生一种吸引力,使下属愿意和领导交流。领导的语言艺术,对于下属来说,既是一种享受,又是一种激励,可以拉近上下级之间的关系。

(4) 与下属常谈心,增强凝聚力。领导经常找下属谈心,谈心的面涉及很广,谈工作、谈生活、谈发展,每次谈话,下属都可能受到很大的鼓舞,这样便可以增强全员的凝聚力,使得工作做得有声有色。经常找下属谈心,可以充分了解下属对组织发展的看法,下属的心态、情绪变化、自己工作的反馈等等,有利于更好地开展工作。

管理案例　奇妙的"下午茶"

(四) 与客户沟通的技巧

(1) 做个好的倾听者。有些客户性格比较外向,喜欢主动交流。专心倾听他人说话也是尊重对方的表现,适当的反应和表达关怀,会使客户感到很温暖。

(2) 保持适当的距离。在与客户交谈中,不宜莽撞地询问客户的隐私,这是极不礼貌的行为。保持距离,不涉及客户隐私才能建立良好的关系。

(3) 恰当地赞美。赞美的词语是促进人际关系的润滑剂,不要吝啬赞美,但要把握好分寸,过分恭维只会令人反感。

(4) 关注客户的需求。对许多员工来说,在跟客户沟通的时候,常常不知道如何下手,所以他们在拜访客户的时候就会发现客户没有需求。事实上,很多时候客户不是没有需求,而只是不愿把需求说出来。这时就需要员工用自己专业的知识和专业经验,运用恰当的方式引导客户说出他的需求,把客户从问题引向解决方案。

(五) 与亲人朋友的沟通技巧

(1) 平等原则。不管是你的亲人、朋友还是你自己,都是一个独立的个体,人格上是平等的,因此在与亲人朋友沟通时,要以平等的心态看待对方,尊重对方。

(2) 宽容原则。在原则性问题上不必斤斤计较。容纳、包含、宽容、忍让,这些都能帮助你与亲人朋友之间进行有效的沟通。

(3) 信用原则。不管是与亲人还是朋友交流,都离不开信用。沟通过程中的诚实不欺、信守诺言非常重要。

(4) 真诚原则。在与亲人朋友间的沟通中,真心、诚实是必不可少的。只有怀着真诚的心去沟通,才能保证沟通的有效。

任务五 冲突处理

由于组织之间以及组织成员之间存在本质区别，沟通并非尽善尽美，组织摩擦和人员摩擦往往不可避免地发生，从而引起额外的组织管理成本。摩擦越大，组织管理成本越高。

传统的管理观认为，冲突是不利的，会给组织造成消极影响，应该尽可能避免，管理者有责任在组织中消除冲突。现代的管理观认为，冲突不可避免地存在于所有组织之中，冲突存在是合理的，不可能被消除，有时甚至会为组织带来好处。这一理论观点认为，融洽、和平、安宁、合作的组织，容易对变革和革新的需要表现为静止、冷漠和迟钝，不利于组织创新与发展，所以应鼓励管理者维持组织中的一种冲突水平，从而使组织保持旺盛的生机和活力，不断进行发展与创新。

一、冲突的含义

冲突是指由于某种差异而引起的抵触、争执或争斗的对立状态。人与人之间由于利益、观点、掌握的信息或对事件理解的不同而存在差异，有差异就可能引起冲突。冲突可以分为建设性冲突和对抗性冲突。

支持组织目标实现的冲突，被称为建设性冲突。即冲突各方的目的和利益一致，仅是达到目的的手段或途径不同。其具体表现特点为：双方对实现共同的目标都十分关心；彼此愿意了解对方的观点、意见；大家以争论问题为中心；互相交换的信息不断增加。

与建设性冲突相对应的是对抗性冲突，或称破坏性冲突。冲突各方的目的或利益不一致，其结果能够阻碍组织目标的实现。对抗性（破坏性）冲突的具体表现特点为：对赢得自己观点的胜利十分关心；不愿意听取对方的观点、意见；由问题的争论，转为人身攻击；互相交换的信息不断减少，以致完全停止。

对于管理人员来说，一定要明确组织中出现冲突的性质，才能有效地对组织中的冲突进行处理。

二、冲突处理

冲突处理实际上包括两个方面：一是管理者要设法消除冲突产生的负面效应；二是要求管理者激发冲突，利用和扩大冲突对组织产生的正面效应，因为有些冲突支持组织的目标，属于建设性的、功能正常的冲突。因而，冲突管理实际上是一种艺术，优秀的管理者一般按下列方式管理冲突。

（一）冲突处理原则

（1）发展建设性冲突，消除破坏性冲突，提倡引入竞争机制，这是管理者处理冲突的基本原则。其中，引入竞争机制是发展建设性冲突的有效手段。

(2) 提倡民主,鼓励发表不同意见,形成生动活泼的局面。这一原则有助于形成民主、开放、创新的组织文化氛围,能够激发建设性冲突。

(3) 加强信息沟通,增加透明度,缩短心理距离。该项原则主要利用信息沟通的方法,有助于消除破坏性冲突,促使可能发生冲突的各方力量认清一致目标,从长远利益考虑问题,并能够达到增进情感、减少摩擦的作用。

（二）冲突处理方法

1. 谨慎地选择需要处理的冲突

管理者可能面临许多冲突,有些冲突非常琐碎,不值得花很多时间去处理;有些冲突虽然很重要,但不是自己力所能及的,不宜插手;有些冲突难度很大,要花很多时间和精力,未必有好的回报,不要轻易介入。管理者应当选择那些员工关心、影响面大,对推进工作、打开局面、增强凝聚力、建设组织文化有意义、有价值的事件,亲自抓,一抓到底。

2. 仔细研究冲突双方的代表人物

哪些人卷入冲突？冲突双方的观点是什么？差异在哪里？双方真正感兴趣的是什么？代表人物的人格特点、价值观、经历和资源因素如何？对冲突双方深入了解,才能在处理和解决冲突时占据有利形势,做好充足的准备。

3. 深入了解冲突的根源

掌握冲突的根源,才能根治冲突问题。因此,不仅要了解公开的表层的冲突原因,还要深入了解深层的原因。冲突可能是多种原因交叉作用的结果,如果是这样,还要进一步分析各种原因作用的强度。

4. 妥善选择处理办法

通常的处理办法有五种:回避、迁就、强制、妥协、合作。当冲突无关紧要,或当冲突双方情绪极为激动、需要时间恢复平静时,可采用回避策略;当处理冲突的成本超过冲突解决后获得的利益时,也可采用回避策略;当维持和谐关系十分重要时,可采用迁就策略;当必须对重大事件或紧急事件进行迅速处理时,可采用强制策略,用行政命令方式牺牲某一方利益后,再慢慢做安抚工作;当冲突双方势均力敌、争执不下,需要采取权宜之计时,只好双方都作出一些让步,实现妥协;当事件十分重大,双方不可能妥协,就经过开诚布公的谈判,采用对双方均有利的、合作或双赢的解决方式。

沟通是信息传递与接收的过程,是意义的传递与理解。沟通在管理工作中必不可少,在组织中产生润滑、黏合、催化的作用,有助于组织氛围的建立,有助于组织目标的实现。

沟通分为多种类型,管理者需要选择恰当的沟通方式进行沟通。在沟通中需要对沟通障碍进行充分的认识,减少或避免沟通中的噪声,遵循沟通原则,改善与提升沟通技巧。同时,管理者要处理好组织之间、组织成员之间的冲突,对冲突进行合理利用、处理与解决。

1. 有效沟通中一个很重要的技巧就是学会倾听,谈谈你自己是否是一个好听众。你在某些方面是否存在不足?如果有的话,你该如何提高你的倾听技巧?
2. 仔细观察你身边的同学与朋友,思考你与他们之间可能会存在哪些沟通障碍?
3. 请人吃饭,你会使用哪一种或哪几种方式:电子邮件、电话、面请?为什么?
4. 什么是非正式沟通?以你所处的班级为例,说明是否存在非正式沟通形式?
5. 结合实际谈谈如何跨越沟通障碍?
6. 让上司了解你的技巧有哪些?
7. 冲突就是对立,对企业没有好处,对吗?为什么?
8. 假如你希望在班级推行一项活动,但大多数同学持反对意见,你该如何去说服他们?

案例分析一 松下幸之助:要细心倾听他人意见

日本松下电器的创始人松下幸之助把自己的全部经营秘诀归结为一句话:要细心倾听他人的意见。松下先生是用自己的实践来证实倾听的重要性的。在商品批量生产前,他要充分倾听各方面人员的设想和意见,在此基础上确立下一步经营的目标。由于他能充分、认真地听取各个层次的意见,所以处理问题时胸有成竹,当机立断,表现出敏锐的判断力。

讨论分析:
1. 你是一名良好的倾听者吗?
2. 思考一下自己存在哪些不良的倾听习惯,并提出有效的解决办法。

案例分析二 扁鹊与蔡桓公

项目十二 控 制

导 语

"控制"一词最初来源于希腊语"掌舵术",意思是领航者通过发号施令将偏离航线的船只拉回到正常的轨道上。现代组织规模庞大,人员众多,工作复杂,要使组织的各项活动达到协调一致,管理者就必须依赖于控制手段监督管理的全过程。比如在高速公路上行驶的汽车,既要有动力系统,又要有控制系统。控制系统缺乏或控制不力都不可能到达目的地。计划"确定了轮船的航线",而控制则"保证轮船在正确的航线上运行"。控制具有很强的目的性,是为了保证组织的各项活动按计划进行。

项目导学

学习目标:理解控制的含义;了解控制的作用、对象、基本过程和分类;熟悉和掌握常用的控制技术与方法。

关键术语:控制 控制标准 前馈控制 同期控制 反馈控制 预算控制 内部审计 外部审计 管理审计 报告分析控制 经营控制 质量控制 人员行为控制

任务一　认识控制

一、控制的含义和必要性

(一) 控制的含义

控制就是按照计划和目标的要求来监控、衡量各项工作，纠正各种偏差，以确保计划和目标实现的活动过程。控制是管理的基本职能。

控制的含义包括以下三点：一是控制有很强的目的性，即控制是为了保证组织中的各项活动按计划进行；二是控制是通过"监督"和"纠偏"来实现的；三是控制是一个过程，贯穿于管理的始终。

(二) 控制的必要性

控制的必要性在于环境的变化、管理权力的分散、组织成员素质能力的差异三个方面。

1. 环境的变化

现代组织是一个开放性系统。组织所面对的外部环境和内部环境是不断变化的，要加强对计划实施过程的控制，随时注意环境变化带来的影响，根据变化对实施方案进行调整。

2. 管理权力的分散

随着组织规模的扩大，分权将成为必要。组织的分权程度越高，控制就越有必要。

3. 组织成员素质能力的差异

组织成员在不同的时空进行工作，他们的认识能力不同，对计划要求的理解也会发生差异。即使每个员工都能完全正确地理解计划要求，由于工作能力上的差异，实际工作结果也可能在质和量上与计划要求不符。个别环节产生偏离计划的现象会对整个组织目标的实现造成破坏性的影响。因此，加强对这些环节的控制显得非常必要。

(三) 控制的作用

控制的作用主要表现在以下几个方面。

1. 保证组织目标或计划的实现

控制能及时发现计划执行的各个环节存在的问题，并提出解决问题的措施，使计划得以实现。

2. 使组织活动适应环境变化

这一过程包括对决策方案与计划实施过程和结果的检查，分析由环境因素所造成的偏差与影响，并及时反馈给决策者，决策者依据环境变化对决策方案与计划作出调整。

3. 限制偏差的累积

组织活动中与组织决策目标或计划产生偏离是不可避免的。我们要对这种偏离保持高度的警惕，特别是要对那种易于忽视而产生"积累效应"的偏差更应严加防范。

知识拓展

蝴 蝶 效 应

美国气象学家洛伦兹认为:一只亚马孙流域热带雨林中的蝴蝶,偶尔扇动几下翅膀,这股细小的气流运动也许在两周后引起美国得克萨斯州一场强烈的龙卷风,最后很可能在南太平洋掀起一场强烈的飓风。原因在于,蝴蝶翅膀的运动,导致其身边空气系统发生变化,并引起微弱气流的产生,又会引起四周空气或其他系统产生相应的变化,由此引起连锁反应,最终导致天气系统的极大变化。自此,"蝴蝶效应"的说法不胫而走。

控制的重要作用之一是限制偏差的累积。小的差错和失误并不会立即给组织带来严重的损害,然而时间一长,小的差错就会得以累积放大,并最终变得极为严重。

4. 组织分权的保证

在分权的过程中建立起必要的控制系统,能保证组织在调动各级管理者积极性、主动性的同时,又能够控制监督下属的工作。

5. 提高组织整体的管理水平

控制能帮助组织不断发现显性问题,使工作技能和操作熟练程度进一步提高;帮助组织发现隐性问题,使组织的工作水平和业绩迈上一个新台阶,进而引发组织的创新。

6. 提高组织运作效率和效果

控制使工作更有成效、资金周转加快和成本降低等愿望变为现实。

(四)控制的对象

1. 控制的基本对象

控制的基本对象可分为以下几类。

(1)物。物是组织系统所需要的各种原材料、辅助材料及各种设施的泛称,是产品实体的重要组成部分或实现产品的过程中所必不可缺的物料消耗品及设施、工具等。

(2)财。财泛指资金,资金是组织的血液。组织的运转从资金开始,然后资金物化为组织运转所必需的各种资源,最后通过成果的实现又转化为资金。在组织运作的任一阶段,不管是资金还是物化了的各种资产若存在问题,将导致组织运作的失败或低效率。

(3)人。这里指的是人力资源。组织中每一项工作都与人有关,没有人、人力不足或人的素质达不到要求,组织目标就无法实现或实现得低效率、低效益。

(4)时间。通常指人的工作时间、物的使用时间或资金的占用时间。对占用原材料的时间、生产时间、资金占用时间等希望越短越好,而对人的工作时间、设备的可利用时间则希望越长越好。时间融于具体对象之中,在控制中它是隐性存在的。

(5)信息。信息是组织重要的资源。外部的信息能帮助组织进行正确的决策,内部的信息有助于发现问题的存在。在控制中,信息是基础,是实施控制的依据。

2. 控制的具体对象

针对在各个运作系统中的资源组合状态的控制,控制的具体对象可分为以下几种类型。

(1)财务控制。财务控制致力于资金的积累,着重于控制经营的收益性、资产的结构性和财务的抗风险性等指标。它关注资金的获取、配置和使用状况,以确保组织的生存和发展。

(2)作业(经营)控制。作业就是指从劳动力、原材料等资源到最终产品的转换过程。作业控制就是通过对作业过程的控制来评价提高作业的效率和效果,从而提高组织提供的产品和服务的质量。作业控制一般又分为生产控制、质量控制、库存控制等。

(3)产品(服务)质量控制。质量是一个组织工作水平的综合反映,是组织的生命线,只有提供高质量的产品或服务,组织才能得到消费者的认可,才能生存。

(4)人力资源控制。人力资源控制专注于组织的人力资源队伍对组织各项工作的支持与参与,着重于保持人力资源队伍的活力与创造力的监督与控制。

(5)安全控制。安全控制是指对组织活动过程中的人身和财产保障的控制,包括人身安全控制、财产安全控制、资料安全控制、生产安全控制等内容。安全控制尤其是生产安全控制是近些年通过血的教训之后才引起各级组织重视的。通过加强安全控制有利于组织成员人心的稳定,有利于组织活动的正常开展。

(6)绩效控制。组织绩效充分反映了目标的达成程度。要维持或改进一个组织的绩效,管理者应该关心绩效控制。常用的组织绩效控制标准有生产率、产量、销售额、利润、员工士气、出勤率等。

(五)控制的基本要求

1. 控制要有重点

控制的过程就是发现和纠正偏差。不是所有出现偏差的事项都对组织或活动的目标有影响或是影响的程度都相同。我们应抓住过程中的重点环节进行控制,而不是"眉毛胡子一把抓"。

知识拓展　什么是 ABC 分析法?

2. 控制要及时准确

在控制过程中要迅速及时地发现问题并及时采取纠正措施,准确并有针对性地解决问题。

3. 控制要有灵活性

控制要有灵活性就是指在控制过程中要尽可能制定多种应付变化的方案和留有一定的弹性,并采用多种控制手段来达到控制的目的,以便于灵活地适应各种变化。

4. 控制要经济可行

控制时必须做到经济上合理,技术上可行。在进行控制时要求实行有选择的控制,正确选择控制点,努力降低控制的耗费,提高控制效果。

5. 控制要反映计划的要求

控制的目的是实现计划,计划是控制所采用的衡量标准的原始依据,计划是控制的前提。

任务二　控制的基本过程

不管控制的对象如何变化,控制的过程是不变的,即确定控制标准、衡量工作成效、发现分析偏差以及采取纠正措施。

一、确定控制标准

要控制,就要有标准,标准是衡量实际工作或预期工作成果的尺度。因此,控制工作的第一个步骤就是确定控制标准。计划和目标是控制的总的标准,为了对各项业务活动实施控制,还必须以计划和目标为依据设置更加具体的标准作为控制的直接依据,这样就更有利于控制工作的进行。

管理故事

美国麦当劳快餐店的管理员控制标准包括:①95%以上的顾客进门后3分钟内,服务员必须迅速上前去接待;②事先准备好的汉堡包必须在5分钟内热好送给顾客;③服务员必须在顾客离开后5分钟内把餐桌打扫干净。

(一) 控制标准的分类

控制标准可分为定量标准和定性标准两大类。

(1) 定量标准,指能够以一定形式的计量单位直接计算的标准,也就是将设定的标准数值化。在一定程度上,量化的标准便于进行度量和比较,所以,在可能的情况下,应当尽可能使用定量标准即数值化的标准。例如,工程进度、费用开支、产量、销售量、销售利润、收益状况、质量等都可以数值化。

(2) 定性标准,指难以用计量单位、数值直接计算和衡量而采用实物或定性描述的标准。例如,一些物品如服装、酒类、大米等的外观质量,难以用数值表示,所以多采用实物标准,评定时采用样品比较和实物观察;再如有关服务质量、组织形象、组织成员的工作表现(如士气、人际关系)等,也难以用数值化的指标来衡量。这时,通常由有经验的人来通过观察和评估来作出判断。

(二) 确定控制标准应注意的问题

(1) 标准的制定要依据总的计划和目标,不能"另起炉灶",不能与总计划和目标相违背。

(2) 标准尽可能量化,减少感情色彩和印象成分,但不能一味追求量化。

（3）标准要事先公布于众，而且要让相关人员清楚地知道标准的具体内涵，做到公开、明确，以避免将来出现"不知道、不清楚、不执行"的事情发生。

（4）标准要合理而且是能达到的，如果标准太高或太低，就起不到激励作用。

（三）确定控制标准的方法

一般来说，企业建立标准的方法有以下四种。

（1）统计法。统计性标准，也叫历史性标准，是在分析反映企业经营在历史上各个时期状况数据的基础上为未来活动建立的标准。这些数据可能来自本企业的历史统计，也可能来自其他企业的经验。

（2）估算法。对于新从事的工作，或对于统计资料缺乏的工作，可以根据管理人员的经验、判断和评估为之建立标准。

（3）工程法。工程标准是通过对工作情况进行客观的定量分析来进行的。这种方法适用于组织环境变化剧烈的时期，有时需要与经验估计法结合使用。

（4）技术法。它是根据产品设计和工艺的需求，按照构成定额的组成部分和影响定额的各种因素，在充分考虑先进技术和先进经验的基础上，通过科学分析和技术计算制定出来的标准。

管理案例　通用电气公司（美国）的控制标准

二、衡量工作成效

衡量工作成效就是根据控制标准衡量、检查工作情况，并对计划执行的现状和阶段性成果进行如实反映和客观评价。衡量工作成效应贯穿于工作的始终。

（一）衡量工作成效的目的

（1）全面、确切地了解实际工作进展情况，掌握计划的执行进度以及相关信息。

（2）找出实际工作成效与控制标准之间的差异，以便于找出组织目标和计划在实施过程的问题，为纠正偏差和改进工作提供依据。

（3）为管理者评价和奖励下属提供依据。

（二）衡量工作成效的方法

衡量工作成效的方法主要有以下几种。

1. 亲自观察

亲自观察就是由负责控制的人员亲临工作现场，通过观察及与工作人员现场交谈来了解工作进展及存在的问题。

2. 调查研究

调查研究是为了系统地了解某个方面的执行情况，专门组织一定的人力、物力而进行的活动。调查研究一般都要根据控制目的事先设计调查提纲或调查表。按调查的范围，调查研究可分为全面普查、抽样调查和典型调查三种类型。

3. 统计报表

通过对原始信息加工整理,形成统计报表,逐级进行上报。这种方法节省时间,效率较高,但在信息的真实性、全面性方面对资料的依赖性很大。

4. 汇报

听取下级汇报也是管理者掌握信息的常用形式。汇报包括口头汇报和书面汇报。

口头汇报可以通过会议形式集体进行,也可以面对面或通过电话个别听取。这种形式比较快捷,便于相互交流,反馈性好。

衡量工作成效重要的是要对信息进行整理归纳,将结果与控制标准相对照,考察有无偏差,并确定偏差的方向和大小,为下一步纠偏提供对象。对于评定绩效而言,重要的是信息的准确性、及时性、可靠性和适用性。

(三) 衡量工作成效的要求

(1) 以系统检查为主,综合运用各种衡量方法,全面、确切地了解和反映实际的工作业绩。

(2) 定期进行,使之成为经常性的工作。

(3) 要有制度保证,建立统计制度、报告制度、报表制度、总结制度等必要的规章制度,以保证衡量工作的顺利进行和取得良好效果。

(4) 抓住重点,对于需要加强控制的关键环节,应重点检查以使控制更有针对性。

进行有效的工作成效评价必须具备三个重要条件:一是在衡量绩效的具体指标上管理者要达成一致,如最佳指标是销售额还是客户服务质量;二是在衡量所需达成的精确度上管理者要达成一致,有时评价是可以相当精确的,如销售额,不过有时评价就无法精确,如顾客投诉、服务品质等,但它对于绩效的质量评价可能至关重要;三是由谁来衡量管理者也要达成一致,在很多企业中,实行了180°、360°考核法,谁说了算、权重是多少,事先一定要明确。

三、发现分析偏差

(一) 确定可接受的偏差范围

并非所有的偏差都影响企业的最终成果。有些偏差可能反映了计划制订和执行工作中的严重问题,而另一些偏差则可能是一些偶然的、暂时的、区域性因素引起的。所以,在衡量过程中,要确定可接受的偏差范围(大小和方向),如果偏差超过这个范围,就应该引起管理者的注意。

(二) 寻找偏差产生的原因

发生偏差的原因一般有以下几种。

(1) 由于执行者自身的原因造成的偏差。例如,工作不负责任,能力不够或者不熟练,甚至是唯利是图、私欲膨胀、渎职等,这种偏差能把一个企业搞垮。

(2) 由于外部环境发生重大变化,事先又没有估计到,以致产生偏差。例如,国家宏观政策发生变化、国际局势变化、市场变化、供应商的变化等。这些原因通常是不可控的。

(3) 由于计划目标本身不合理。制定目标时,不切合实际,目标定得太高,而实际上根本达不到。或在制定目标时,过于保守,把目标定得太低,这时也要调整目标。难度系数为

50%的目标是合理的目标。

(三) 确定纠偏的方向和对象

纠偏的方向有两个方面。若由于执行者没有按照实施方案要求开展工作，致使工作出现偏差，此时纠偏对象就是执行者，要由他们提出具体改进方案实施纠偏；若出现全局性的偏差，且主要是由不可控和不可克服的外部原因造成的，此时纠偏的方向就是计划和标准本身，纠偏的对象就是组织的决策者和标准的制定者。

四、采取纠正措施

控制过程的最后一项工作就是采取管理行动——纠正偏差。针对偏差产生的原因，主管人员可能采取重新制订计划或修改目标的方法来纠正偏差，也可能利用组织手段来进一步明确职责、补充授权或是对组织机构进行调整，还可能用撤换责任部门主管或是增配人员的办法来纠正偏差，也可能通过改善领导方式、增加物质鼓励等办法来纠正偏差。

由于偏差是控制标准与实际成效之间的差距，因此纠正偏差的方法也有两种：一是改进工作绩效；二是修改控制标准。

(一) 改进工作绩效

如果分析表明计划是可行的，控制标准也是切合实际的，问题出在工作者本身，那么就要采取改进工作的行动；如果问题出在外部环境上，那么就要采取其他的补救措施，尽量消除不良影响，随后修改战略、修正目标、另辟蹊径。

改进工作绩效的行动可以分为立即纠正行动和彻底纠正行动。立即纠正行动是指发现问题后马上采取行动，用最快的速度纠正偏差，以避免造成更大的损失。彻底纠正行动是指发现问题后，通过对问题本质的分析，挖掘问题产生的根源，并且采取切实的措施，力求永久性地消除偏差。在实际工作中，二者通常结合使用。

(二) 修订控制标准

工作中的偏差也可能是由于标准定得太高或太低，此时管理者应该采取的纠正行动就是修订标准。如果没有员工能够达到控制标准，控制标准可能就定得过高了；如果员工都能超过控制标准，标准则可能定得过低了。标准过高会影响士气，标准过低会产生懈怠。

如果评估显示，事情正在按照计划执行，就不需要采取管理行动。但是这并不意味着管理者无所作为，管理者可以表扬达标的员工，以此激励员工继续努力工作。

制定和实施纠偏措施时要注意以下问题。

(1) 使纠偏措施双重优化，一是采取行动比不采取行动要好；二是所采取的行动是解决偏差效果最好的方案。

(2) 充分考虑原计划实施的影响。纠正偏差实际上是一种决策而且是非初始决策，它属于追踪决策。要认识到初始决策的实施已形成的各种资源投入和对客观环境造成的影响，要尽量利用初始决策。

(3) 消除对纠偏措施的疑虑。任何决策都会带来既得利益阶层的失望和不满。决策的任何变化都会涉及利益的重新分配并导致支持者和反对者的产生。在纠偏方案的实施过程中，要把纠偏的利弊分析清楚，给员工讲清楚，尽可能地避免决策实施的人为障碍。

任务三　控制的类型

控制工作按照不同的标准分为多种的类型。

一、前馈控制、现场控制和反馈控制

管理中的控制手段可以在行动之前、进行之中,也可以是在活动结束之后,与此相对应,就有前馈控制、现场控制和反馈控制之分。

(一) 前馈控制

前馈控制是一种防患于未然的控制,通常又称为预先控制。在工作正式开始前对工作中可能产生的偏差进行预测和估计,并采取措施将可能偏差消除于产生之前。

前馈控制的优点有:一是防患于未然;二是适用于一切领域的所有工作;三是针对条件的控制,对事不对人,易于被接受并实施,不易与员工发生冲突。

前馈控制需要及时和准确的信息,并要求管理人员充分了解前馈控制因素与计划工作的关系。其缺点有:一是需要大量准确的信息;二是需对过程充分了解;三是需要及时了解新情况、新问题。从现实来看,要做到这些是十分困难的,因此,组织还要依靠其他方式的控制。

(二) 现场控制

在工作进行中所给予的控制,也称同步控制、同期控制。管理者亲临现场是一种最常见的现场控制活动,管理人员可以及时发现问题并解决问题。这类控制方法主要被基层主管人员采用。现场控制的主要职能有两个方面:监督与指导。监督是按照预定的标准检查正在进行的工作,以保证目标的实现;指导是管理者针对工作中出现的问题,根据自己的经验指导下属改进工作,或与下属共同商讨纠正偏差的措施,以便使员工能够正确地完成所规定的任务。现场控制的标准来自计划,控制工作的重点是正在实施的计划过程。控制的有效性取决于管理人员的个人素质、个人作风、指导的表达方式以及下属对指导的理解程度。

现场控制的优点是:有助于提高员工的工作能力和自我控制能力。现场控制的缺点是:一是受时间、精力和业务水平的限制,管理者不能时时事事都进行现场控制,只能偶尔或在关键项目上使用这种控制方式;二是应用范围较窄,一般来说,对于便于计量的工作容易进行现场控制,而一些难以计量的工作,就很难进行现场控制;三是易产生对立情绪,伤害控制者的工作积极性。

管理故事

英国管理学家 H·赫勒认为,当人们知道自己的工作有人检查的时候会加倍努力。有人发现,在厕所出口摆上一个募捐箱,并在募捐箱上印上一双眼睛,这个募捐箱内的捐款会远远多于另一个厕所出口没有画眼睛的募捐箱。

(三) 反馈控制

在工作结束或行为发生之后进行的控制,也称事后控制。它是管理控制工作的传统方式,也是最主要的方式。

这种控制把注意力主要集中在工作或行为的结果上。其工作过程主要由几个环节构成:首先对比预期工作标准与实际工作结果,找出偏差;其次分析偏差产生的缘由;最后制订出纠正计划并实施,有时还会对原有的预期标准进行调整,为下一阶段的工作做好计划与准备。通过对已形成的结果进行测量、比较和分析发现偏差,依此采取措施,对今后的活动进行纠正,其目的并非要即刻改变下次行动的依据,而是要力求"吃一堑长一智"。

反馈控制的优点是:一是在周期性重复活动中,可以避免下一次活动发生类似的问题;二是可以消除偏差对后续活动过程的影响,如产品在出厂前进行最终的质量检验,剔除不合格产品,可避免不合格产品流入市场后对品牌信誉和顾客使用所造成的不利影响;三是可以提供员工奖惩的依据。因此,在实际工作中,反馈控制得到了相当广泛的应用。

反馈控制的缺点是:只能事后发挥作用,在矫正措施实施之前,偏差、损失已经产生,且无法改变和挽回,只能"亡羊补牢"。

大多数公司兼用前馈控制、现场控制和反馈控制。管理者的一项重要工作就是选择最适合具体情况的控制方法。

管理案例 　　　　*麦当劳的标准化作业*

麦当劳公司通过详细的程序、规则和条例规定,使分布在世界各地的所有麦当劳分店的经营者和员工们都遵循一种标准化、规范化的作业。麦当劳公司对制作汉堡包、炸土豆条、招待顾客和清理餐桌等工作都事先进行详实的动作研究,用以指导各分店管理人员和一般员工的行为。公司在芝加哥开办了专门的培训中心——汉堡包大学,要求所有的特许经营者在开业之前都接受为期一个月的强化培训,确保公司的规章条例得到准确的理解和贯彻执行。

为了确保所有特许经营分店都能按统一的要求开展活动,麦当劳公司总部的管理人员还经常走访、巡视世界各地的经营店,进行直接的监督和控制。例如,一次巡视中发现某家分店自作主张,在店厅里摆放电视机和其他物品以吸引顾客,这种做法因与麦当劳的风格不一致,立即得到了纠正。

除了直接控制以外,麦当劳公司还定期对各分店的经营业绩进行考核。为此,各分店要及时提供营业额和经营成本、利润等方面的信息,这样总部管理人员就能把握各分店经营的动态和出现的问题,以便商讨和采取改进的对策。

请问:麦当劳公司同时采用了哪些控制类型?

二、直接控制和间接控制

根据改进工作的方式不同,可以分为直接控制和间接控制。

(一) 直接控制

直接控制是相对间接控制而言的,它通过提高管理者素质来进行控制。直接控制的指导思想是:称职的管理者出的差错最小,他能察觉到正在形成的问题,并能及时采取纠正措施。计划执行的结果取决于执行计划的人,管理者及其下属的素质越高,就越不需要间接控制,因此,直接控制是着眼于培养更好的管理人员,使他们能熟练应用管理的思想、技术和原理,以系统的观点来进行和改善管理工作,从而防止出现因管理不善造成的不良后果。

直接控制的优点:一是在对个人委派任务时能有较大的准确性;二是可以促使主管人员主动采取纠正措施并使其更加有效;三是可以获得良好的心理效果;四是可以提高主管人员的素质,减少偏差的发生,从而节约经费支出。

直接控制的缺点:一是直接控制的采用需要一定的条件;二是要求管理人员一定要充分理解管理的原理、方法和职能等。

(二) 间接控制

间接控制是基于这样的事实:人们经常会犯错误,或者常常没有察觉到那些将要出现的问题,因而不能及时采取适当的纠正措施或预防措施。

间接控制即影响控制。间接控制是在出现偏差、造成损失之后才采取措施。间接控制的方法是建立在以下假设的基础上:一是工作成效是可以计量的;二是人们对工作成效具有个人责任感;三是追查偏差所需要的时间是有保证的;四是出现偏差可以预料并能及时发现;五是有关部门和人员将会采取措施纠正偏差。

间接控制的优点:一是间接控制是利用组织规章制度来约束员工的行为,从而促使其满足企业的需要;二是间接控制成本的增加是间接的,主要增加的是组织规章制度的拟定成本、解释成本及执行成本。

间接控制的缺点:一是有些管理工作的成绩难以计量;二是责任感的高低难以衡量;三是调查产生偏差原因耗费较长的时间;四是有许多偏差不能预先估计或及早发现;五是有时虽然能够发现偏差并找到原因,但却无人愿意采取措施纠正偏差。所以,间接控制并不是普遍有效的控制方法。

任务四 常用的控制技术与方法

与其他的管理职能一样,控制工作的开展也需要一定的技术与方法。了解控制方法与理解管理控制职能是相辅相成的。下面将对几种常用的控制方法做一些简单的介绍。

一、预算控制

预算控制是管理控制中使用最广泛的方法,它清楚表明计划与控制的关系。预算是计划的数量表现。预算是一种计划,更是一种重要的控制方法。

(一) 预算的类型

依据不同的分类标准,预算可以区分为不同的类型:收入与支出预算;刚性预算与弹性预算;零基预算与滚动预算;总预算与部门预算。

(二) 预算的作用

预算的作用主要体现在以下四个方面。

(1) 帮助管理者掌握全局,控制组织的整体活动。
(2) 帮助管理者合理配置资源。
(3) 有助于管理者对各部门的工作进行评价。
(4) 有利于提高资金的使用效率。

(三) 预算的编制

编制预算要经历一个由上而下,再由下而上的基本步骤。

(1) 由组织的高层管理者向主管预算编制的部门提出组织在一定时期内的发展战略、计划与目标。
(2) 主管部门根据组织的发展战略、计划与目标,向各部门提出有关编制预算的建议和要求,并提供必要的资料。
(3) 各部门依据组织的计划与目标要求,结合本部门的实际情况,编制本部门的预算,并上报主管部门。
(4) 主管部门将各部门上报的预算进行汇总、协调整理,编制出组织的各类预算和总预算,最后上报高层管理者审核批准。

(四) 预算控制的程序

对于企业来说,预算控制一般需要经过如下程序。

(1) 了解过去预算执行的情况和未来的发展规划。
(2) 制定企业总预算。
(3) 分解总预算,由各部门、基层单位做本单位的预算。
(4) 调整部门预算和总预算,确定预算方案。
(5) 组织贯彻落实预算确定的各项指标,在实施过程中予以监控。

二、审计控制

审计是对反映企业资金运动过程及其结果的会计记录及财务报表进行审核、鉴定,以判断其真实性和可靠性,从而为控制和决策提供依据。审计包括内部审计和外部审计。

(一) 外部审计

外部审计是由外部机构(如国家审计机关、会计师事务所)选派的审计人员对企业财务报表及其反映的财务状况进行独立的评估。为了检查财务报表及其反映的资产和负债的账面情况与企业真实情况是否相符,外部审计人员需要抽查企业的基本财务记录,验证其真实性和准确性,并分析这些记录是否符合公认的会计准则和记账程序。外部审计的优点是审计人员与企业不存在隶属关系,不需要看企业经理的眼色行事,只需对国家、社会和法律负责,因而可以保证审计的独立性和公正性。

外部审计常常作为发现和调查借贷欺诈行为的反馈控制手段。

(二) 内部审计

内部审计是指由部门、单位内部的审计机构或财务部门的专职审计人员对本单位及所属单位财政收支、财务收支、经济活动的真实性、合法性和效益性的独立监督和评价行为,目的是促进经济管理和经济目标的实现。内部审计的主体是单位设立的内部审计机构或专职审计人员。内部审计是企业经营控制的一个重要手段。

现代企业内部审计工作主要涵盖以下内容。

(1) 财务收支审计。主要是评价和监督企业是否做到资产完整、财务信息真实及经济活动收支的合规性、合理性及合法性,对会计记录和报表分析提供资料真实性和公允性证明。

(2) 经济责任审计。它是评价企业内部机构、人员在一定时期内从事的经济活动,以确定其经营业绩、明确经济责任,这里包括领导干部任期经济责任审计和年度经济责任审计。

(3) 经济效益审计。审计重点是在保证社会效益的前提下以实现经济效益的程序和途径为内容,对企业的经营效果、投资效果、资金使用效果作出判断和评价。

(4) 内部控制制度评审。主要是对企业内部控制系统的完整性、适用性及有效性进行评价。

(5) 明晰产权的审计。审计明晰其产权归属,避免造成国有资产、集体资产流失或其他有损企业利益的行为。

(6) 管理审计。它是对企业所有管理工作及其绩效进行全面系统地评价和鉴定。

(7) 其他审计。结合企业自身行业特点,开展对经营、管理等方面的审计工作,以增强组织后备力量。

三、数量控制技术

数量控制技术是基于用数字衡量绩效的方法。如每分钟打字 80 个、每天拜访客户 5 人等。

(一) 甘特图

甘特图是一种用图表描述一项工作计划与实际的进展情况,其目的是说明项目进展情况。

(二) PERT

PERT 即计划评审技术,是利用时间预测安排活动时间的一种方法,其目的是衡量项目与时间表的吻合度。

(三) 盈亏平衡分析

盈亏平衡分析是研究固定成本与价格减去可变成本的比率,其目的是衡量组织绩效以及作为纠正组织行为的基础。

(四) 偏差分析

偏差分析是生产中最主要的策略,其目的是设定原材料、劳动力、管理费用的标准成本,并衡量其偏差。

(五) 比率分析

比率分析又可以分为财务比率分析和经营比率分析。

1. 财务比率分析

财务比率分析就是通过计算实际的财务比率,并将其与目标值相比较,作出判断进行管理控制的方法。常用的财务比率有销售利润率、负债率、资金周转率等。

2. 经营比率分析

经营比率分析就是通过计算实际的经营比率,并将其与目标值相比较,作出判断进行管理控制的方法。常用的经营比率有市场占有率、投入产出率、客户满意率等。

数量控制技术目前被广泛使用,因为它们看起来准确而客观。

四、视察

视察就是到现场进行督导。这种方法是一种最古老、最直接的控制方法,它的基本作用就在于获得第一手的信息。视察是成功企业常用的管理方法。

基层管理者通过视察,可以判断出产量、质量的完成情况以及设备运转情况和劳动纪律的执行情况等;职能部门的主管人员通过视察,可以了解到工艺文件是否得到了认真贯彻,生产计划是否按预定进度执行,劳动保护等规章制度是否被严格遵守,以及生产过程中存在哪些偏差和隐患等;而高层管理者通过视察,可以了解到组织的方针、目标和政策是否深入人心,可以发现职能部门报告的情况是否属实以及员工的合理化建议是否得到认真对待,还可以从与员工的交谈中了解他们的情绪和士气等。所有这些,都是管理人员最需要了解的,但却是正式报告中见不到的第一手信息。

亲临视察的好处使得一些优秀的管理者始终坚持这种做法。一方面,即使是拥有计算机化的现代管理信息系统提供的实时信息、作出的各种分析,仍然代替不了主管人员的亲身感受、亲自了解;另一方面,管理的对象主要是人,是要推动人们去实现组织目标,而人所需要的是通过面对面的交往所传达的关心、理解和信任。视察还能够使得上层主管人员发现被埋没的人才,并从下属的建议中获得不少启发和灵感。此外,亲自视察本身就有一种激励下级的作用,它使得下属感到上级在关心着他们。所以,坚持经常亲临现场视察,有利于创造一种良好的组织气氛。

五、报告分析控制

报告分析控制方法是利用第二手资料对活动结果进行分析,衡量实际工作成效并采取相应的纠偏措施的控制方法。

报告是用来向负责实施计划的主管人员全面地、系统地阐述计划的执行情况、存在的问题及原因、已经采取的措施、已经获得的效果、预测可能出现的问题等一系列情况的一种重要方式。控制报告的主要目的是提供一种如有必要即可用作纠正措施依据的信息。报告可以根据需要分为专项性报告和综合性报告。

对控制报告的基本要求是必须做到适时、突出重点、指出例外情况、尽量简明扼要。

管理案例　　　　通用电气的报告制度

美国通用电气公司建立了一种行之有效的报告制度。报告主要包括以下八个方面的内容:①客户的鉴定意见以及上次会议以来外部的新情况;②进度情况;③费用情况;④技术工作情况,关于进度、费用和技术性能的报告,从三个方面说明计划执行情况;⑤当前的关键问题;⑥预计的关键问题,当前的关键问题和预计的关键问题两项是需要上层主管人员决策和采取行动的那些项目;⑦与计划有关的其他情况;⑧组织方面的情况。

六、经营控制

经营控制,也称作业控制,指的是对组织资源转化过程的控制。它是组织资源投入和产出成果之间的中间阶段。经营控制的目的是保证整个转化过程中的成本最低(各种物料消耗),保证转换的连续性和节奏性,缩短转化周期,保证和提高产品或服务质量。

(一)经营控制的主要内容

(1)原料/物料控制。形成产品实体或在产品或服务形成过程中的各种物料消耗是构成产品成本的重要内容。如为保证转化系统对物料的需求的订货量与订货期间的选择;保证物料仓库管理方法和半成品、在制品的管理控制等。

(2)生产控制。生产各种各样的产品,进行各种服务,需要协调大批职员和各种设备之间的活动。

(3)生产进度控制。它涉及在资源转化过程中人、物料、设备和时间及信息的组合优化,没有生产进度控制,就没有高效的生产。

(4)产品质量控制。质量是企业的生命。质量是设计出来的,是在转化过程实现的,没有资源转化过程的质量控制就没有产品和服务的质量保证。

(二)经营控制的作用

(1)保证转化过程的效果,以降低各种物耗、库存费用。

(2)保证转化过程的高质量,以稳定和提高产出产品和服务的质量。

(3)保证转化过程的速度,通过对转化过程中生产技术组织水平的提高,加快转化的节奏,提高产量。

(三)经营控制的常用方法

ABC分析法、经济批量法、材料需要量计划、准时盘算控制。

七、质量控制

(一)质量的类别

1986年,国际标准化组织(ISO)提出,质量是指产品或服务所具备的满足明确或隐含需求能力的特征和特性的总和。质量的类别有以下几种。

(1)产品质量,指有形产品的质量。包括:①时间上的质量特征,如耐久性、可靠性等;②技术性或物理化学的质量特征,如产品的光洁度、化学成分、硬度等;③安全上的质量特征,如使用的安全性;④心理上的质量特征,如产品的外观设计、包装、产品的名称等给消费者带来的心理满足。

(2)服务质量,指提供给用户的服务所具有的质量特征。包括:①时间上的质量特征,如服务的及时、快捷;②心理上的质量特征,如用户感受、心情;③伦理上的质量特征,如诚信、责任感。

(3)工作过程的质量。质量不是检查出来的,而是在工作过程中生产出来的。工作过

程质量是质量的重要组成部分。

（二）质量控制的含义

质量控制是为满足质量要求而使用的操作技术和活动。简单地说，质量控制是指在生产过程中，对确保和达到产品质量所必需的全部职能和活动的控制。质量控制既包括产品（商品和服务）的质量控制，也包括工作的质量控制。质量控制是企业生产经营控制过程的一个重要环节。其目的在于保证本企业所产生的产品或提供的服务达到一定的质量水平，以满足顾客需要，维持或提高自己的市场占有率。

（三）质量控制的方法

1. 全面质量管理（TQC 或 TQM）

全面质量管理，就是企业全体人员及各个部门齐心协力，把经营管理、专业技术、数量统计方法和思想教育结合起来，建立起产品的研究与开发、设计、生产作业、服务等全过程的质量体系，从而有效地利用人、财、物、时间、信息等资源，提供符合规定要求和用户期望的产品和服务。

全面质量管理实行全过程管理、全部工作保证和全员参与。实行全过程管理的基本思想是优质产品是设计和制造出来的，而不是检验出来的；越是处于开始阶段的问题，对成品的质量的影响就越大。全面质量管理其范围是产品质量的产生、形成和实现的全过程，包括市场调查、研究、开发、设计、制造、检验、运输、储存、销售、安装、使用和维护等多个环节和整个过程的管理。对产品质量实行全部工作保证，对产品质量的控制不能只着眼于产品本身，还应着眼于产品赖以形成的全部工作，对工作的质量进行控制。企业的全体员工都要参与质量管理，企业应积极建设质量文化，通过建立质量管理小组开展质量控制活动。

2. ISO9000 系列标准

ISO9000 系列标准是国际标准化组织为适应国际贸易发展的需要，于 1987 年发布的一套关于质量管理和质量保证的系列标准。内容包括正式的国际标准、技术规范、技术报告、手册和网站文件等，大约有 25 个文件。ISO9000 系列标准一经发布就很快得到世界上众多国家的普遍重视，现已成为国际公认的对供方质量体系实施评审、注册的统一标准。ISO9000 系列标准的目标是通过顾客满意让该组织全体成员和社会受益，以达到长远成功。

在《ISO9000:2000 质量管理体系的基础和术语》以及《ISO9004:2000 质量管理体系业绩改进指南》标准中，给出了质量管理的八大原则，即以顾客为中心、领导作用、全员参与、过程方法、管理的系统方法、持续改进、基于事实的决策方法、互利的供方关系。八项质量管理原则可以统一概括为：组织的最高管理者应充分发挥"领导作用"，采取"过程方法"和"管理系统方法"，建立和运行一个"以顾客为关注焦点""全员参与"的质量管理体系，注重以数据分析等"基于事实的决策方法"，使组织得以"持续改进"。在满足顾客要求的前提下，使供方受益，并建立起"与供方互利互惠的关系"，以便在供方、组织和顾客这条供应链上实现良性运作和多赢目标。

3. PDCA 工作循环

PDCA 循环由美国质量管理专家戴明提出，是全面质量管理的思想方法和工作步骤。在推行产品质量管理的方法时，普遍运用 PDCA 工作循环的方法。

PDCA 循环的步骤:第一个步骤是计划阶段(Plan)。具体内容包括明确质量管理的任务,建立质量管理的机构,设立质量管理的标准,设计质量问题检查、分析和处理的程序。第二个步骤是实施阶段(Do)。具体内容包括完成上述计划制订的各项质量管理任务,主要是实施质量标准,按照质量标准进行作业。第三个步骤是检查阶段(Check)。对实施后产生的效果进行检查,并和实施前进行对比,以确定所做的是否有效果。第四个步骤是处理阶段(Action)。对现存的质量问题立即进行纠正,同时,对未来质量的改进方案不断提出建议,并将未解决的问题转入下一轮 PDCA 循环。计划、实施、检查、处理是一个不断循环往复的动态过程,每一次循环后都应该进入一个新的质量阶段。通过这四个阶段的反复循环,产品质量和工作质量就不断地提高。

PDCA 循环的过程就是人们在认识问题和解决问题中不断螺旋式上升的过程,管理者要善于将 PDCA 循环应用于其他的管理工作中去。

八、人员行为控制

人员行为控制并不是限制人员的行为,而是希望员工能按照组织所期望的方式去工作。下面一些方法的运用,可以增大员工按照所期望的方式去工作的可能性。

(一) 配备合适的人员

管理者要善于在工作开始之前为目标和计划的实施配备那些价值观、态度和个性、能力符合组织要求和岗位需求的人。

(二) 设定明确具体的目标

当员工接受了具体的目标之后,这些目标在一定程度上就会指导和规定他们的行为朝着目标所指的方向前进。

(三) 直接监督

监督人员亲临现场可以约束员工的行为,迅速发现偏离标准的行为。

(四) 培训

通过培训,可以让员工提高技能、改进态度,从而减少偏差发生的可能性。

(五) 标准化

建立标准化的规则、政策、岗位职责、操作说明以及其他的规章制度,可以让员工明白组织需要的行为和禁止的行为分别是什么,从而自觉规范自己的行为。

(六) 绩效评估

通过绩效评估,每一位员工的表现都可以根据考核制度得到鉴定。

(七) 合理的报酬

人们总是按照能得到报酬或奖励的方式去行事。合理的报酬可以强化和鼓励管理者所期望的行为不断出现,同时还能消除不期望的行为。

(八) 建设组织文化

通过组织文化,可以传递组织需要什么样的人、什么样的行为等信息,在无形之中规范约束组织成员的行为。

项目小结

控制就是按照既定的目标和标准,监督衡量各项活动,并且发现和纠正偏差,以保证组织活动符合既定要求的过程。控制是为了保证组织计划与实际运作状态动态适应的管理职能。

控制的内容涉及管理的各个环节,归纳起来主要是对组织资源(人、财、物、时间、信息)以及对财务、作业(经营)、产品(服务)质量、人力资源、安全和绩效等方面的控制。

完整的控制过程可分四个步骤,即确定控制标准、衡量工作成效、发现分析偏差以及采取纠正措施。

根据控制时点的不同可以将控制分为前馈控制、现场控制和反馈控制。根据改进工作的方式不同,将控制分为直接控制和间接控制。

预算控制是管理控制中一种常用的方法。审计、视察、报告分析、数量控制技术和经营控制、质量控制、人员行为控制等方法,在实践中也被广泛地使用。

思考与探究

1. 什么是控制?有人说"计划是事前的事,控制是事后的事",这种说法对不对?为什么?
2. 举例说明前馈控制、现场控制和反馈控制。
3. 一个成功的控制过程有哪些基本要求?在实际实施控制的过程中如何实现这些要求?
4. 常用的控制方法有哪些?如何应用?
5. 实施有效控制的基本前提是什么?
6. 请找一个成功控制的实例,描述控制的基本过程,并总结其经验。

案例分析一 综合控制计划的制订

张正在几天前被任命为一家公司总经理。他很快就发现这家公司存在着很多问题,而且大多数问题都与公司不适当的控制管理有关。例如,他发现公司各部门的预算是由各部门自行制定的,前任总经理对各部门上报的预算一般不加修改就签字批准;公司内部也没有专门的财务审核人员,因此对各部门的预算和预算的实施情况根本就没有严格的审核。在人事方面,生产一线人员流动率大,常有人不辞而别;行政工作人员迟到早退现象严重,而且常有人在工作时间利用公司网络炒股票或购物。

公司对这些问题都没有采取有效的控制措施,更没有对这方面的问题进行及时调整或解决。不少中层管理者还认为,公司业务不景气,生产人员想走是很正常的,行政工作人员在没什么工作可做的情况下,迟到早退、自己想办法赚点钱、干点私活也是可以理解的,对此没有必要大惊小怪。

张正认为,要改变公司的面貌,就一定要加强资金、人员等方面的控制,为此,必须制订出一个综合控制计划。

讨论分析:

为了改变公司的面貌,这个综合控制计划应包括哪几方面的内容?在实施过程中可能会遇到什么样的问题?怎样解决?

案例分析二　如何制定酒店用品采购成本控制策略

项目十三
创　新

导　语

　　20世纪50年代以来,随着科学技术的飞速发展,市场需求瞬息万变,社会关系日益复杂,管理者每天都会遇到新情况、新问题。如果墨守成规,没有创新,就无法应对新形势的挑战,从而无法完成所肩负的管理任务。创新是社会发展的源泉,人类社会在不断的创新中取得了进步、发展和进一步的完善。创新对于社会经济发展的强大推动作用已经远远超过了以往任何一个时代。创新是管理的永恒主题。

项目导学

　　学习目标:理解创新的含义;了解创新的基本类型和主要内容;掌握技术创新和管理创新,形成创新意识。

　　关键术语:创新　渐进性创新　根本性创新　主动创新　被动创新　自主创新　模仿创新　合作创新　技术创新　产品创新　服务创新　工艺创新　管理创新

任务一　认识创新

一、什么是创新

　　"创新"这一概念,最早是由奥地利经济学家约瑟夫·熊彼特提出来的。他在1912年出版的著作《经济发展理论》一书中首次阐述了"创新"的含义,指出创新就是建立"新的生产函数",即企业家对生产要素的新组合,也就是把一种从来没有过的生产要素和生产条件的"新组合"引入生产体系,从而引起生产方式的变革,形成一种新的生产能力。具体来说,创新包括以下五种情况。

一是引进一种新产品,即消费者还不熟悉的产品,或提供产品的一种新功能。

二是采用一种新的生产方法,即制造部门中未曾采用过的方法。这种新的方法并不一定需要建立在新的科学发现基础之上,也可以是商业上处理产品的一种新的方式。

三是开辟一个新的市场,就是使产品进入以前不曾进入的市场,不管这个市场以前是否存在过。

四是获得一种原材料或半成品的新的供给来源,不管这种来源是已经存在的,还是第一次创造出来的。

五是实行一种新的企业组织形式,比如造成一种垄断地位或打破一种垄断地位。

熊彼特所提出的创新概念,其含义是相当广泛的。凡是能够提高资源配置效率的新活动都是创新,但创新并不一定是全新的东西,旧的东西以新的形式出现或以新的方式结合,只要这种新组合能够带来资源配置效率的提高,都包含在创新范畴之内。

二、创新的基本类型

由于创新主体所在的行业、规模、环境及创新能力不同,创新必然表现出不同的类型。我们简要介绍两种。

(一)按创新的广度和深度,可以把创新分为渐进性创新、根本性创新

1. 渐进性创新

渐进性创新是指渐进的、连续的小创新。这些创新常出自直接从事生产的工程师、工人、用户之手。虽然每个渐进的创新所带来的变化是小的,但它的重要性不可低估。这是因为:一是许多大创新需要有与它相应的若干小创新辅助才能发挥作用,如计算机是一项重大创新,但离开如软件的不断升级换代这些小创新,计算机就不可能普及得那么快。二是一些创新虽然从规模、科学突破上较小,但却具有很大的商业价值。三是渐进创新的累积效果,常常促使创新发生连锁反应,如由火柴盒、包装箱发展起来的集装箱、由收音机发展起来的组合音响等,都是渐进创新的结果。

2. 根本性创新

根本性创新是指在观念上和结果上有根本突破性的创新,通常是指企业首次向市场引入的、能对经济产生重大影响的创新产品或技术。它一般是研究开发部门精心研究的结果,常伴有产品创新、过程创新和组织创新的连锁反应。这类创新要求全新技能、工艺,以及贯穿整个企业的新的组织方式。根本性创新不仅会造成现有技术和企业原有的核心能力过时,而且会引起产业结构的变化,从而使竞争的性质和竞争格局发生改变。

根本性创新主要表现在三个层面上:一是对企业系统的局部变革,如生产工艺、操作方法的改进等。它既可能形成新的学科理论,也可能产生新的管理方法。二是对企业系统的整体变革。三是超企业系统的社会变革。即企业通过创新成果的扩散影响或改变整个社会的结构和条件。

（二）按创新的动力来源，可以把创新分为主动创新和被动创新

1. 主动创新

主动创新是指企业受到激励而产生的主动创新行为，表现为"我要创新"。主动创新在创新时间、创新成果和创新的持续性上领先。企业从事主动创新的前提是企业家看到或寻找到潜在的市场机会或发现科技成果的应用前景。企业主动创新的支持力量来源于企业强烈的创新倾向，创新所需的知识积累和人才、资金、信息。从事主动创新的企业在创新方式上可以多样化，既可以自主创新，也可以是模仿创新。

主动创新的企业有三种类型：一是突破型。企业始终致力于开发同行业中的全新产品或用新产品打入新的行业。这类企业多为各行业中的竞争优势企业或著名企业。二是依存型。企业的生存与发展依赖于技术的更新换代，依赖于技术领先，没有这些变化企业难以生存。在新兴产业和竞争性产业中，这类企业较多。三是超越竞争型。这类企业旨在通过创新提高竞争力，使竞争对手的竞争力低于自己的竞争力。超越竞争表现在企业战胜竞争对手的意图强烈。那些由弱变强的企业都是超越竞争的企业。

2. 被动创新

被动创新是指企业迫于外在压力，在生存和发展受到威胁时所从事的创新。被动创新不会成为率先创新者，其最佳境界是成为创新追随者。被动创新有其存在的客观条件，采用守成战略或缺乏创新意识的企业从事的是被动创新。被动创新对企业发展是谋利之举，它也许对企业业绩无大的改观，但却能对业绩起到维持作用。被动创新的企业属竞争适应型企业，其创新目标在于适应市场变化而不是创造新市场，满足于保护市场份额和竞争地位。

三、创新的主要内容

创新的内容主要有目标创新、技术创新、制度创新、组织创新、管理创新、环境创新。

（一）目标创新

企业是在一定的经济环境中从事经营活动的，特定的环境要求企业按照特定的方式提供特定的产品。一旦环境发生变化，要求企业的生产方向、经营目标以及企业在生产过程中与其他社会经济组织的关系进行相应的调整；企业在各个时期的具体的经营目标，也需要适时地根据市场环境和消费需求的特点及变化趋势加以整合，每一次调整都是一种创新。

（二）技术创新

技术创新的内容将在任务二中详细阐述。

（三）制度创新

制度创新是从社会经济角度来分析企业各成员间的正式关系的调整和变革，制度是组织运行方式的原则规定。企业制度创新的方向是不断调整和优化企业所有者、经营者、劳动者三者之间的关系，使各个方面的权利和利益得到充分体现，使组织成员的作用得到充分发挥。

（四）组织创新

企业系统的正常运行，既要求具有符合企业及其环境特点的运行制度，又要求具有与之相应的运行载体，即合理的组织形式。由于机构设置和结构的形成要受到企业活动的内容、

特点、规模、环境等因素的影响,因此,不同的企业有不同的组织形式,同一企业,在不同的时期,随着经营活动的变化,也要求组织的机构和结构不断调整。

(五) 管理创新

管理创新的内容将在任务三中详细阐述。

(六) 环境创新

环境是企业经营的土壤,同时也制约着企业的经营。环境创新不是指企业为适应外界变化而调整内部结构或活动,而是指通过企业积极的创新活动去改造环境,去引导环境朝着有利于企业经营的方向变化。就企业来说,环境创新的主要内容是市场创新。市场创新主要是指通过企业的活动去引导消费,创造需求。

任务二　技术创新

一、了解技术创新

随着科学技术的日新月异,要想保持技术上的先进性,必须不断地实行技术创新。研究企业技术创新的理论与方法,对增强企业的创新意识、提高企业的创新能力具有十分重要的现实意义。

(一) 技术创新的定义

随着时代的发展,技术创新可以简单定义为一项新构思从研究开发一直到市场价值实现全过程的活动。通俗地说,技术创新是科技成果的商业化过程。

(二) 技术创新的主要类型

1. 产品创新

产品创新是指企业在产品的生产和经营过程中,对其自身生产或经营的产品所从事的改进、提高或发明的创新活动。它可分为重要创新和渐进创新两类。一般说来,重要创新对企业的发展影响较大,渐进创新对企业的影响有小有大,但前者往往比较难以实现,投入也大,后者较易做到。

2. 服务创新

服务创新主要是指在服务过程中应用新思想和新技术来改善和变革现有的服务流程和服务产品,提高现有的服务质量和服务效率,扩大服务范围,更新服务内容,增加新的服务项目,为顾客创造新的价值,最终形成企业的竞争优势。

服务创新是近些年服务业尤其是知识密集型服务业兴起的结果,它既包括新构思、新设想转变成新的或者改进的服务,又包括改变现有的组织机构推出新的服务。目前兴起的电子商务是服务创新的成功例证。由于服务创新投入较小,而且市场需求变化快,因而是较适合企业特点的技术创新类型之一。

服务创新的特点:比较灵活,不需要遵循统一的模式,也不需要统一的平台,创新形式根据服务行业的不同而不同；人力资本是企业创新的动力源；服务创新受到制度环境的影响，主要包括市场结构以及政治法律环境。

3. 工艺创新

工艺创新是指研究和采用新的或有重大改进的生产方法，从而改进现有产品的生产或提高产品的生产效率。由于工艺创新对开发新产品、改进原有产品及提高原有产品的质量和产量都具有重要作用，因此其重要性并不亚于产品创新。一般情况下，大多数工艺创新是渐进的，投入大小和难度都比较适合企业的特点，因而也是企业技术创新的重要途径之一。

产品（服务）创新和工艺创新之间常常相互影响、相互交融、相互促进，并与企业的直接经营活动密切相关，因而具有较大的普遍性，在企业的技术创新活动中占有重要位置。

二、企业技术创新的模式和策略

（一）企业技术创新的模式

根据技术创新的方法，我们可以将其分为三种基本模式：自主创新模式、模仿创新模式和合作创新模式。

1. 自主创新模式

自主创新模式是指创新主体以自身的研究开发为基础实现科技成果的商品化、产业化和国际化，从而获取商业利益的创新活动。自主创新具有率先性，通常率先者只能有一家，其他都只能是跟随者。自主创新有时也用来表示一国的创新特征，与技术引进相对，仅指依靠本国自身力量独立开发新技术和实现创新过程的活动。自主创新所需的核心技术来源于企业内部的技术积累和突破。如美国英特尔公司的计算机微处理器、我国北大方正的中文电子出版系统就是典型的例子。这是它区别于其他创新模式的本质特点。此外，技术创新后续过程也都是通过企业自身知识与能力支持实现的。

自主创新作为率先创新，具有一系列优点：一是有利于创新主体在一定时期内掌握和控制某项产品或工艺的核心技术，在一定程度上左右行业的发展，从而赢得竞争优势；二是在一些技术领域的自主创新往往能引起一系列的技术创新，带动一批新产品的诞生，推动新兴产业的发展，如美国杜邦公司通过在人造橡胶、化学纤维、塑料三大合成材料领域的自主创新，牢牢控制了世界化工原料市场；三是有利于创新企业更早积累生产技术和管理经验，获得产品成本和质量控制方面的经验；四是自主创新产品初期都处于完全独占性垄断地位，有利于企业较早地建立原料供应网络和牢固的销售渠道，获得超额利润。

自主创新模式也有自身的缺点：一是需要巨额的投入。不仅要投巨资于研究与开发，还必须拥有实力雄厚的研发队伍，具备一流的研发水平。如微软公司一年的研发投入就相当于我国一年的科技经费。二是高风险性。自主研究开发的成功率相当低，在美国，基础性研究的成功率仅为5%，在应用研究中有50%能获得技术上的成功，30%能获得商业上的成功，只有12%能给企业带来利润。三是时间长，不确定性大。四是市场开发难度大、资金投入多、时滞性强，市场开发投入收益较易被跟随者无偿占有。五是在一些法律不健全、知识产权保护不力的地方，自主创新成果有可能面临被侵犯的危险，"搭便车"现象难以避免。因此，自主创新模式主要适用于少数实力超群的大型跨国公司。

2. 模仿创新模式

模仿创新模式是指创新主体通过学习模仿率先创新者的方法，引进、购买或破译率先创新者的核心技术和技术秘密，并以其为基础进行改进的做法。模仿创新是各国企业普遍采用的创新行为，日本是模仿创新最成功的典范，日本松下公司、三洋电机等都依靠模仿创新取得了巨大成功。综观世界各国，当今市场领袖大多并非原来的率先创新者，更多的恰恰是模仿创新者。模仿创新并非简单抄袭，而是站在他人肩膀上，投入一定研发资源，进行进一步的完善和开发，特别是工艺和市场化研究开发。因此，模仿创新往往具有低投入、低风险、市场适应性强的特点，其在产品成本和性能上也具有更强的市场竞争力，成功率更高，耗时更短。模仿创新模式的主要缺点是被动性，在技术开发方面缺乏超前性，当新的自主创新高潮到来时，就会处于非常不利的境地，如日本企业在信息技术革命中就处于从属的地位；另外，模仿创新往往还会受到率先创新者技术壁垒、市场壁垒的制约，有时还面临法律、制度方面的障碍，如专利保护制度就被率先创新者利用，作为阻碍模仿创新的手段。

3. 合作创新模式

合作创新模式是指企业间或企业与科研机构、高等院校之间联合开展创新的做法。合作创新一般集中在新兴技术和高技术领域，以合作进行研究开发为主。由于全球技术创新的加快和技术竞争的日趋激烈，企业技术问题的复杂性、综合性和系统性日益突出，依靠单个企业的力量越来越困难。因此，利用外部力量和创新资源、实现优势互补、成果共享已成为技术创新日益重要的趋势。合作创新有利于优化创新资源的组合，缩短创新周期，分摊创新成本，分散创新风险。合作创新模式的局限性在于企业不能独占创新成果，获取绝对垄断优势。

以上三种创新模式各有优缺点，采用不同模式需要有不同的条件和要求。三种模式也不是完全排斥的，可以相互结合。首先，具有不同实力和研发水平的企业可以根据自身情况选择适宜的创新模式，少数有实力的大企业可以在某些有优势的领域选择自主创新，而大多数中小企业则适宜选择模仿创新和合作创新模式。其次，从时间上看，模仿创新往往是自主创新必经的过渡阶段，一个新建企业只有通过模仿创新才能逐步积累自己的技术、资金实力、管理经验和人才队伍，为进行自主创新创造条件。在一批这样有实力的大企业崛起之前，发展中国家过早地提出以自主创新为主是不现实的，也是难以做到的。最后，即使是一些大跨国公司，在其不同发展阶段以及对不同产品、不同技术领域，也可以同时分别采取三种不同的模式，扬长避短，改善创新效果。

（二）企业技术竞争的策略

企业技术竞争策略有多种，其中成功并被广泛采用的可归纳为以下四种。

1. 低成本型技术竞争策略

这一策略是通过在企业内部各生产要素和各个技术环节，节约能耗，从而使在向市场提供与竞争对手同样功能和同样质量产品的情况下，实现比竞争对手低的成本。这一策略适用于成熟产品与行业。低成本型技术竞争策略可以使企业在市场竞争中占有两方面优势：一是价格竞争优势；二是产业防御优势，即低成本成为潜在竞争对手的进入障碍，微利或无利可图能迫使其放弃对本产业的进入企图。但这一竞争策略也存在一定风险，如果成本膨胀便无利可赚，或是当更强大的企业进入时便导致成本战和价格战。

2. 独特型技术竞争策略

独特技术有两种理解：一是指在整个工业范围内，或者就同行业比较来说，企业占独特优势的技术;二是指企业所采用的技术有独到之处。广义上讲,先进技术也是独特技术,因为企业开发出来的最先进技术意味着别的企业没有这种技术。

采取独特技术策略的企业,在一段时间内可以避免市场竞争压力,并获得较高的经济效益。但独特技术是动态的,环境的变化、市场需求的增加或减少以及竞争者的介入都会影响到技术的独特性。这些情况一旦发生大的变化,原有技术的独特性便会消失。企业必须寻找新的领域,研究开发新领域的独特技术,才能始终维持其竞争优势。

3. 多元化技术竞争策略

这一策略是指企业利用不同的市场机会,跨行业开发和经营多种技术产品,以分散产品开发和经营的风险,做到"东方不亮西方亮"。但采用这一策略,需要企业有雄厚的资金、技术等方面的实力。常见的多元化策略有以下几种。

(1) 纵向多元化,即开发原有产品的深加工技术,以提高产品的附加值。

(2) 横向多元化,即企业利用原有市场,针对原有顾客的其他需要,采用新的技术、工艺、设备来发展新产品,增加新品种。

(3) 复合多元化,即把业务范围扩展到其他行业,进行与现有技术、产品没有联系的产品技术开发和经营活动。

4. 专门化技术竞争策略

这一竞争策略的核心是集中技术优势重点攻关,以特殊用途的技术产品满足特殊消费群,占领某一细分市场,并在此建立成本或产品差异方面的优越地位。专门化技术策略存在一定的市场风险,一旦发生竞争性侵入,小而专形成的局部成本优势或产品差别优势将会丧失。

三、企业技术创新的过程控制

技术创新总体上是一个过程,是一个在市场需求和技术发展的推动下将发明的新设想通过研究开发和生产演变成为具有商品价值的新产品、新技术的过程,对创新过程的控制是保证创新成功的关键。

技术创新过程从逻辑上可分为以下阶段。

(一) 构思形成阶段

创新构思的形成主要表现在创新思想的来源和创新思想形成环境两个方面。创新构思可能来自科学家或从事某项技术活动的工程师的推测或发现,也可能来自市场营销人员或用户对环境、市场需要或机会的感受。创新思想的形成环境主要包括市场环境、宏观政策环境、经济环境、社会人文环境、政治法律环境等。

(二) 研究开发阶段

研究开发阶段的基本任务是创造新技术,一般由科学研究(基础研究、应用研究)和技术开发组成。研制出可供利用的新产品和新工艺是研究开发的基本内容。研究开发阶段是根据技术、商业、组织等方面的可能条件对创新构思阶段的计划进行检验和修正。有些企业也可能根据自己自身的情况购买技术或专利,从而跳过这个阶段。

(三) 中试阶段

中试阶段的主要任务是完成从技术开发到试生产的全部技术问题,以满足生产需要。

小型试验在不同规模上考验技术设计和工艺设计的可行性,解决生产中可能出现的技术和工艺问题,是技术创新过程不可缺少的阶段。

(四)批量生产阶段

按商业化规模要求把中试阶段的成果变为现实的生产力,产生新产品或新工艺,并解决大量的生产组织管理和技术工艺问题。

(五)市场营销阶段

技术创新成果的实现程度取决于市场的接受程度。本阶段的任务是实现新技术所形成的价值与使用价值,包括试销和正式营销两个阶段。试销具有探索性质,探索市场的可能接受程度,进一步考验技术的完善度,并反馈到以上各个阶段,不断改进与完善。市场营销阶段实现了技术创新所追求的经济效益,完成技术创新过程中质的飞跃。

(六)创新技术扩散阶段

创新技术扩散阶段即创新技术被赋予新的用途,进入新的市场,如雷达设备用于机动车测速、卫星遥感技术用于导航仪、微波技术用于微波炉的制造。

在实际的创新过程中,阶段的划分不一定十分明确,各个阶段的创新活动也不仅仅是按线性序列递进的,有时存在着过程的多重循环与反馈及多种活动的交叉和并行。下一阶段的问题会反馈到上一阶段以求解决,上一阶段的活动也会从下一阶段所提出的问题及其解决中得到推动、深入和发展。各阶段相互区别又相互联结和促进,形成技术创新的统一过程。

任务三 管理创新

一、什么是管理创新

管理创新是企业创新系统的重要组成部分。管理创新是指对企业管理思想、管理方法、管理工具和管理模式的创新,它是企业面对技术和市场的变化所做出的相应改进和调整。成功的管理创新实质上是管理技术和管理制度两方面创新的综合体现和必然结果。

知识拓展

> 从世界范围来看,管理创新与经济发展相辅相成,第一次企业管理的突破使美国制造业的劳动生产率提高了两三倍,奠定了美国成为经济强国的基础。20世纪50年代,日本企业创造了"全面质量管理""价值工程""精益生产"等管理思想,指导着大批日本企业迅速成长,成为近几十年日本企业在全球市场竞争中一路领先的重要原因。对于中国企业而言,卓有成效的管理创新将使中国经济实现从"中国制造"到"中国创造"的跨越。管理的核心是人,管理创新必须以人为本,建立科学、合理、公正的机制,充分调动人的主观能动性。

二、管理创新的作用

管理创新的作用主要体现在以下几个方面。

（一）管理创新有助于提高资源使用的效率和效益

管理创新的本质在于创立一种新的资源整合和协调范式，以便使企业资源使用的效率和效益更为有效。

（二）管理创新能够推动企业稳定健康地发展

管理创新通过创立新的更有效的资源整合的方式与方法，不仅能为企业的健康发展奠定坚实的基础，而且能使企业产生更大的合力，从而为促进企业的快速成长创造条件。

（三）管理创新能够增强企业的核心竞争力

随着科学技术的进步和信息技术的发展，企业之间的技术差别越来越小。在这种情况下，企业增强核心竞争力的关键不再像过去那样依赖于技术，而是越来越依赖于管理。谁能够在管理上做到别人做不到的，或者比别人做得更好，谁就拥有了别人不具有的竞争优势。管理创新相对于其他创新而言，具有更重要的价值和作用，它不仅具有整合功能，而且更难模仿。

管理案例　麦当劳的管理创新

（四）管理创新有助于形成企业家阶层

现代企业管理创新的直接成果之一，是形成了一支职业经理人即企业家阶层。这一阶层的产生，一方面使企业的管理实现了由技术专家向管理专家的转变，从而提高了企业资源的配置效率，另一方面使企业的所有权与经营管理权发生分离，推动了企业更健康的发展。

三、管理创新的内容

在管理创新内容上，尽管每个管理环节都存在创新的机会，但一般说来，比较重要且易于取得创新成效的管理创新领域主要有管理观念创新、管理组织创新、管理方式方法创新和管理模式创新等。

（一）管理观念创新

企业要想进行管理创新，首先必须实现观念创新。所谓观念创新，是指形成能够比以前更好地适应环境变化并能更有效地整合资源的新思想、新概念或新构想的活动，它是以前所没有的、能充分反映并满足人们某种物质或精神需要的意念或构想。对企业管理活动来说，管理观念的创新主要包括以下几种情况：提出一种新的经营方针及经营战略；产生一种新的管理思路并把它付诸实施；采用一种新的经营管理策略；采用一种新的管理方式和方法；提出一种新的经营管理哲学或理念；采用一种新的企业发展方式等。

观念创新既包括员工个人的观念创新也包括企业整个组织的观念创新。个人观念创新服务服从于组织观念创新,并对组织观念创新产生推动或阻碍作用;组织观念创新体现着观念创新的方向,并对个人观念创新产生引导、整合或抑制作用。根据观念创新与环境变化之间的关系,可以将观念创新简单概括为三种基本类型:一是超前型,即观念创新领先于环境变化,在时间上有一个提前量,能够随时应付环境的变化;二是同步型,即观念创新与环境变化同步,能随着客观环境的变化及时进行观念创新;三是滞后型,即观念创新落后于环境变化,观念落后于时代,少变、慢变或不变。作为管理者应该自觉地进行观念创新,力求超前,至少同步,绝不滞后。但这并不是说观念创新越超前越好,越新越好。一味超前创新,轻则会增加创新成本,重则会导致各种传统力量的反对和抵制,反而延误创新时机。

管理案例　　花旗的创新

花旗曾经在加拿大推出一项新业务,因为创新而带来的市场先机,使得它几乎垄断了该项金融产品的全部市场。"我们注意到牙科医生的收入所得占到全加拿大的 3%,这是一个很有实力的群体。如何抓住这个人群,为他们做好服务?"夏保罗先生介绍说。花旗和大学开展合作。当牙科学生刚入学及在以后的学习时期,会不断收到来自花旗的问候。当他们毕业时,就会收到一封花旗写来的极具人文色彩以及诱惑力的信函。信中说:"当你踏上未来之路,你是想打工还是想创业?作为牙科医生,自我创业是更现实的发达之路。而创业的资金如何来?花旗可以为你提供贷款。创办企业所需的设备甚至护士从哪里来?花旗为你提供中介。管理企业,如何打理企业财务?花旗为你理财……总之,你只需要做你最擅长的'拔牙''洗牙',其余的一切交给花旗来办。这些服务为牙医创业提供了便利条件,而花旗从中获得了大量业务。"一封信垄断了一个市场。

上述案例给我们什么启示?

(二) 管理组织创新

组织创新主要包括以下几种情况:提出一种新的组织理念;采用一种新的组织机构形式;采用一种新的组织沟通网络;采用一种新的职责权限划分方法;设计一种新的管理制度并有效实施;提出一种组织学习的有效形式等。

(三) 管理方式方法创新

所谓管理方式,就是指管理方法和管理形式,它是企业资源整合过程中所使用的工具。方式方法是否有效直接影响着企业资源的有效配置。一种新的管理方式方法能提高生产效率,或使人际关系协调,或更好地激励员工,这些都将有助于企业资源的有效整合,并达到企业既定目标。管理方式方法创新既可以是单一性的管理方式方法创新,如库存管理法、网络计划技术、ABC 管理法、物料需求计划等,也可以是综合性的管理方式方法创新,如制造资源计划、全面质量管理、准时化生产方式、计算机集成制造系统、企业资源计划等。目前管理界比较流行的管理方式方法创新是企业流程再造,这种创新的实质是对信息化条件下的企业业务流程进行重新组合,是对传统分工体系及信息技术条件下的生产流程和管理流程的改造性创新。管理方式方法创新,概括起来主要有以下几种情况:采用一种新的管理手段,实行一种新的管理方式,提出一种新的资源利用措施,采用一种更有效的业务流程,创设一种新的工作方式等。

（四）管理模式创新

管理模式，是指基于整体的一整套相互联系的观念、制度和管理方式方法的总称。这个整体可以是一个国家、一个区域、一个企业乃至企业内的某个具体管理领域。

所谓管理模式创新就是用新的先进的管理模式来代替陈旧落后的管理模式。一般说来，管理模式创新具体可以有以下几个方面：企业管理的综合性创新，企业中某一管理领域中的综合性创新，管理方式、方法和管理手段的综合性创新等。

四、管理创新思维方法和创新技法

（一）管理创新思维方法

管理案例　　成也广告，败也广告

沈阳某公司在经营企业的过程中，以大规模广告投入的方式营销保健品，1999年广告投入120万元，获利400万元；1992年广告投入1000万元，获利6000万元；1993年，广告投入8000万元，获利2亿元。初期的成功使企业的经营思维产生了惰性，结果以后采用的营销方式就是单一地用大量的广告去砸市场，出现了大量的无效广告，广告边际效益明显下降，广告投入与效益产出严重不成比例，最后导致"成也广告，败也广告"。

企业管理创新的最大障碍是思维的障碍。企业先前的成功做法往往会使企业领导人形成思维定式，从而失去创新力。

思维定式是一种严重的创新障碍，它的危害之处在于顽固性。人的思维模式一经建立，再要改变它就比较困难。人们一旦能够突破思维定式，就可以产生巨大的创新潜能。增强创新意识、学习创新技法及经常性地参加创新实践，将有助于突破思维定式。除此之外，还可以通过规范自己思维活动的方法，并经常注意使用创造技法，久而久之，思维定式就可以大大减弱。下面简要介绍突破思维定式的几个要点和方法。

1. 不按常理出牌

逻辑思维对创新活动来说是必需的。逻辑思维的主要特征是遵从"无矛盾"法则，即凡事都要说出个道理来。然而创新思维的胚芽都植根于逻辑的中断处，这就要求我们：要想找到这种创新的胚芽，就必须大胆地抛弃硬性的逻辑思维而涉足于弹性较强的非逻辑思维的大海中去，这样才会找到你所需要的东西。手表按理说是计时工具，但它用来送人就是礼物，用来装饰就是时尚品，为了与其他装饰品能够配套，一个人可能需要五六只手表，甚至更多，手表的寿命也不需要是5年、10年，而可以是半年、一年，如此一来，手表市场就可大大得以扩大。

2. 放纵模糊性思维

人脑的思维习惯总是追求清晰、明白，模棱两可是经常被排斥的。事实上，模糊性思维是人类思维中不可分割的一部分，正是清晰与模糊的对立统一，才推动了人类思维的发展。创新是从模糊到清晰的过程。当你的思维处于模糊状况时，说不定会出现一些自相矛盾的观念,它可能会激发你的想象力去突破原有的狭窄的思想,产生新的创造性思维的胚芽。如果你能放纵自己思维的模糊性,而不担心会变成傻瓜,很可能创新成果迭出。

3. 主动向规则挑战

迷信规则,可能是产生思维定式的重要原因之一。规则的东西在一定范围内当然应当遵守,因为它毕竟是前人经验和知识的总结。但是随着环境的变化,应该大胆地舍弃或改变。在管理创新中,如果我们能勇敢地向未抛弃的概念、法则、规律、方案等大胆质疑而提出挑战,我们的思维定式就会一扫而光。

为了能够主动地向规则挑战,在企业内部,可形成对企业的各项制度、流程、作业方式进行定期评审的制度,以不断地促使企业废除已与企业发展不相适应的老规则,建立与企业发展相适应的新规则。

4. 克服思想上的"随大流"

"随大流",也叫从众行为,是指在社会行为的影响下,个人放弃自己的意见、想法,采取与多数人一致的行动的现象。在现实世界中,"随大流"现象普遍存在,因为"随大流"的安全系数较大。然而安全又常与稳定、保守相通,有时也未必是真的安全。在市场经济中,产品滞销的厂家,多属"随大流"之列,别人生产什么,它就生产什么,最终的结果自然是积压。相反,那些受到市场欢迎的产品,却多是不"随大流"的有特色的产品。"人无我有,人有我优,人优我新"是一些企业的成功之道,它们追求的是差异化而不是"随大流"。"随大流"在思想上则是思维惯性的一种表现。大多数人想干的事情一定是正统的、稳定的,新意甚少。故在日常工作上若能克服"随大流",也必有助于克服思维定式。

5. 善于寻求多种答案

人的思维定式相当一部分是在学习前人的知识和经验时形成的。一切知识都是按逻辑链条展开的,老师天天讲,自己天天练,脑子逐渐被这些知识链缠住,其后的观察和思考也就习惯于用这些理性的东西去对照,从而形成思维上的定势。如果我们只按已有的知识去思考、理解,就很容易为自己已有的知识所缠住。

思维定式的重要特点之一,就是它的确定性、单一性。而事物的发展总是指向多样化、复杂化的方向。只满足于一种状态、一个答案,世界就凝固,创新就停止。如果我们能不拘泥于已有的经验和知识,主动地寻找多种答案,就能帮助我们克服思维定式,全方位、多角度地看问题,从而获得更多的创新成果。

在打破固有的思维模式,寻求多种答案的过程中,大胆地假设不失为帮助我们克服思维惯性和惰性的好办法,尽管假设不一会直接产生创造成果,却可以激发人的想象力,从而找到全新的胚芽。而假设的最有效之举,就是把现有事物推向极端,引出新的矛盾或问题。这时,思维定式就不起任何作用了。例如,假设以后能源能够免费使用,假设人人都不想干活,等等,都会激发起人脑无尽的想象,思维定式必然会被打破。

充分地发挥想象力则是寻求多种答案的关键之一。想象力是一种天赋的本能,每一个人在儿童时期,都具有丰富的想象力。随着年龄的增长,知识的增加,以及社会种种条条框框(包括法律、规章、制度、传统等)的限制与约束,人的想象力在不断降低。我们需要恢复以往丰富的想象力,找回已经失去的可贵想象力。

"如果"思考法是恢复想象力的有效工具。当一个人的思考有了"如果"的意识,那么他的想象力将从法律、规章、制度、传统等束缚中解放出来。许多成功的产品都来自大胆的想象,免削铅笔来自"如果铅笔不需用刀削还能继续写"的想象,微波炉是来自"如果炉子不用火也能煮东西"的想象。

6. 逆向思维

逆向思维是每个管理者都应该掌握的思维方式。对任何一个员工,在你认为满意的时候,你必须看到他的缺点,这是对他负责,如果只看到优点,放任纵容,最后会把他毁掉。当我们决定一件事干与不干的时候也需要逆向思维,即使决定干了,也要想到不干会怎么样,不干有没有什么好处,能不能把不干的好处放到干的里面去,从而做得更完善,这些都需要逆向思维。逆向思维通俗地说是站在对立面思考问题,或者是指与一般人、一般企业思考问题的方面不同。人家不想的,认为是正常的事情,你却加以思考,从中发现问题,这就是逆向思维。

(二)管理创新技法

创新技法是帮助人们实施创新、提高创新效率的方法。下面是几种较为适合管理创新的技法。

1. 识别问题方法

正确地界定问题是进行有效管理创新的基础。人们往往为了追求结果,而没有耐心去界定问题。我们经常只花几分钟就提出问题,却花几个月的时间去解决不是问题的问题。其实如果我们善于界定问题,把问题简单化、明确化,那么问题也就解决了一半。明确问题的性质有助于创新性地解决问题,而不是头痛医头,脚痛医脚。

"为什么"法是识别问题的最为简单的方法,通过不断变化对原始问题的定义,获得新的问题视角,而问题的新视角又可以产生解决问题的可行方法,直到获得最高次的问题抽象。"为什么"法对扩大问题范围及探索其各种各样的边界十分有用。

另一种常用的界定问题的方法是五大问技术:一问目的;二问地点;三问时间;四问人员;五问方法。

2. 头脑风暴法

头脑风暴法是目前最为实用、最为有效的一种集体式创新性解决问题的方法。当一个人提出一个新想法,这个人所激发的不光是自己的想象力,在这个过程中与会的其他人的想象力也将被激发。头脑风暴式会议本身还是一个社会交往过程,在群体活动中,个人要在组织中取得地位,他就得和别人竞争,而要成功地做到这一点,他就得想出更多的创意。头脑风暴法鼓励提出新观点,接受新观点,这样反过来进一步激发参与者提出更多的新观点。头脑风暴法主要适用于开放性问题,许多管理创新的问题都可以运用它来解决。

3. 列举法

列举法是通过列举有关项目来促进全面思考问题、防止遗漏,从而形成多种构想方案的方法。列举法在列举事项、方案和评选方案时,均可结合头脑风暴法进行,以获得更多更新颖的构思。列举法包括特性列举法、缺点列举法、希望点列举法等。特性列举法是基本方法。

特性列举法是进行管理创新的一种重要的创新技法,它通过列举现有事物的特征,针对其中需要改进的问题提出新的创新设想。它是在把要解决的问题分解为局部子问题的基础上,将对象的特点与属性全部罗列出来,并分门别类地加以整理,然后进行详细的分析,提出问题,找出缺陷,再将功能、结构、人员、原理等其他管理要素与其他相类似论据属性加以置换,从而产生管理创新的设想。这种创新技法特别适合于老企业改进管理,是老企业进行管理创新的重要辅助工具。

4. 联想类比法

联想类比法的核心是通过已知事物与未知事物之间的比较,从已知事物的属性去推测未知事物有类似属性。类比推理的不确定性,可以帮助我们突破逻辑思维的局限性,去寻找一个新的逻辑的起点。在日常生活中,人们常常用众人皆知的事例来比喻说明某些难懂的事物或概念,这实际上就是运用了类比的方法。

联想类比是以比较为基础的。人们在探索未知的过程中,借助类比的方法,把陌生的对象与熟悉的对象相对比,把未知的东西和已知的东西相对比,从而由此及彼,起到启发思路、提供线索、举一反三的作用。联想类比法的关键在于联想。

5. 移植法

移植法是指将某一领域的技术、方法、原理或构思移植到另一领域而产生新事物的方法。例如,把生产管理中标准化的管理技术运用到商业经营领域,就产生了全新的经营方式——连锁经营。移植法这种创新技法最大的好处是不受逻辑思维的束缚。当想把一项技术或原则从一个领域移植到另一个领域时,并不需要在理性上有多清楚的理解,往往是先做了再说,这就为新事物的形成提供了多种途径,甚至为许多外行搞创新提供了可能。

创新是指建立"新的生产函数",即"企业家对生产要素的新组合",也就是把一种从来没有过的生产要素和生产条件的"新组合"引入生产体系,从而引起生产方式的变革,形成一种新的生产能力。

创新的主要内容有:目标创新、技术创新、制度创新、组织创新、管理创新和环境创新。

知识经济时代,技术创新战略成为现代企业发展的第一战略,企业宜把握好该战略。

管理创新是企业在激烈的市场竞争中求生存谋发展的必然选择,它对于企业经济效益的提高和市场竞争能力的增强具有十分重要的作用。

1. 如何正确理解"创新"这一概念?
2. 技术创新主要表现在哪几个方面?
3. 模仿创新就是抄袭,对吗?
4. 创新有哪几种模式?它们各自的特点是什么?
5. 企业如何更好地把握技术创新战略?

6. 管理创新的作用表现在哪些方面,如何进行管理创新?

案例分析一　乐高:创新转型与不断超越

　　让我们瞧瞧乐高积木,它棱角分明,看上去就是一块糖果色的塑料,可它却让全世界陪孩子游戏的父母都着了魔。它虽然看似是一块没有生命力的积木,但矩形方块上的 8 个凸起和下面的 3 个小孔则暗示了它可以千变万化。多年来,小小的乐高积木已经激发出几百万成年人和孩子的想象力,它已经成为激发创造力的神奇积木。

　　不论用哪种标准衡量,乐高在其 80 多年的历史中都在持之以恒地创新。首先,也是最重要的一点,它对积木进行了创新,这种积木让全球 4 亿多人爱不释手。其次,年复一年,乐高集团用一种理想的、富有想象力的企业精神打造积木,让它的产品永远引人注目,很少会闲置在孩子们的柜子里。乐高集团的价值观和创造力让它在玩具行业中无可匹敌:孩子们因为它好玩而喜欢它,成年人因为它有教育意义而喜欢它——这样的强强组合让乐高积木的销量增长纪录几十年都无法被其他企业打破。

　　但是到了 20 世纪末,孩子们的生活发生了变化,乐高的领先地位也受到了挑战,玩具行业变得更加残酷。越来越多的孩子沉迷于视频游戏、音乐播放器和其他高科技产品,竞争对手也正越发凶残地抢夺着市场。乐高作为一家传统玩具企业,在日新月异、竞争激烈的数码社会逐渐力不从心。为了赶上时代的步伐,乐高根据过去 10 年备受肯定的创新激励理论,推出了一系列野心勃勃的增长策略——它驶向了未经开发的"蓝海"市场,炮制了"破坏性创新"的方法,打开了向"群体智慧"发展的道路。然而,这些针对 21 世纪提出的创新方法虽然可能对其他公司非常有用,但它们却几乎彻底摧毁了乐高。2003 年,乐高集团就宣布遭遇"历史上最大规模的亏损"。后来新的领导团队实现了近年来最成功的商业转型。乐高彻底改革了"创新"的定义,重新整合形成一个世界级的管理系统,并将自己打造成为一个强有力且不间断的创新者。乐高根据一个长达 9 年的故事线,创造了世界上第一个可由自己组装的动作人物系列。它还推出了一个包含"智能积木"的系列,让孩子们以及掌握技术的成年人能够制造出可编程的乐高机器人。此外,乐高还推出了一系列可组建、可拆卸、可重建的棋盘游戏。乐高打开了自己的发展思路,让无数粉丝能够在网上发布自己定制的套装。乐高还给经典套装的核心系列重新设计了造型,这些造型既逼真又现代,十分符合 21 世纪孩童的审美观。

　　这样做的结果是,乐高作为世界第三大玩具企业,从濒临死亡中成功逆转。2007—2011 年,在经历了全球经济大萧条后,乐高集团的税前利润翻了两番,远超玩具界巨头孩之宝和美泰,而这两家企业同期的利润增长率已跌至个位数。2008—2010 年,乐高的利润增长甚至超过了苹果公司。乐高取得这些成果不是靠脱离传统,而是在传统中不断创新。

　　乐高由于重视创新取得了初步的成功,后因过度创新和创新管理不足导致了经营的困难,接着重新调整了创新七法则,包括有效实施基于核心产品的创新战略、面向蓝海的市场创新、整合全球资源的开放式创新、面向竞争的破坏性创新和全方位创新,以及吸引多元背景的创新员工、营造适合创新的企业文化等,最终使企业在创新布局、员工的创意空间和新产品开发的执行和控制方面保持了良好的均衡,真正发挥出创新的真实作用。乐高的创新转型揭示了创新对企业的重大价值,又警示了不当创新以及创新管理和控制不足带来的巨大风险。它呼吁对企业战略市场定位要重视,强调开展基于核心能力的核心产品创新的重要性。

(资料来源:戴维·罗伯逊,比尔·布林.乐高[M].北京:中信出版社,2014.)

讨论分析:

1. 中国经济的未来取决于拥有一批具有国际竞争力的创新型企业。许多企业在豪言壮语般提出加强创新工作后并没有获得预期的效果,你认为其主要原因是什么?

2. 乐高构建的创新体系对我们有什么启示?

案例分析二　盘点2019年星巴克、汉堡王、海底捞等大牌都在用的餐饮营销技巧

附录

管理学中常见的管理原理和管理法则

推荐阅读书目

[1] 丹尼尔·雷恩.管理思想的演变[M].北京:中国社会科学出版社,1997.
[2] 黄崇岳.中国历朝行政管理[M].北京:中国人民大学出版社,1998.
[3] 斯图尔特·克雷纳.管理必读50种[M].海口:海南出版社,1999.
[4] 蒋青.世界一流管理学名著精缩[M].乌鲁木齐:新疆人民出版社,2000.
[5] 张福墀,安桐森.管理中的情理法[M].北京:经济管理出版社,2001.
[6] 戴永良,郑风田,郑静.管理从做人开始[M].2版.北京:中国经济出版社,2002.
[7] 程君略.现代管理手腕[M].广州:广州出版社,2001.
[8] 林恩·莱夫利.不再拖拉——教你立即采取行动的7个步骤[M].北京:中信出版社,2002.
[9] 马库斯·白金汉,柯特·科夫曼.首先,打破一切常规[M].北京:中国青年出版社,2002.
[10] 彼得·圣吉.第五项修炼[M].上海:上海三联书店,2003.
[11] 彼得·德鲁克.卓有成效的管理者[M].北京:机械工业出版社,2007.
[12] 艾利·高德拉特,杰夫·科克斯.目标[M].北京:电子工业出版社,2012.
[13] 亨利·明茨伯格.明茨伯格论管理[M].北京:机械工业出版社,2007.
[14] 切斯特·巴纳德.经理人员的职能[M].北京:机械工业出版社,2007.
[15] 约翰·P·科特.权利与影响力[M].北京:机械工业出版社,2008.
[16] 陈春花.管理的常识[M].北京:机械工业出版社,2010.
[17] 张剑桥,张昌龙.中层领导必知的106个管理细节[M].北京:当代世界出版社,2011.
[18] 杨兴国.品牌力[M].北京:人民邮电出版社,2012.
[19] 约瑟夫·派恩,詹姆斯·吉尔摩.体验经济[M].北京:机械工业出版社,2012.
[20] 安杰洛·基尼齐,布赖恩·威廉姆斯.认识管理——管什么和怎么管的艺术[M].刘平青,译.北京:世界图书出版公司北京公司,2013.
[21] 弗兰克·阿诺德.向最杰出的人学管理[M].广州:广东人民出版社,2013.
[22] 陈明,余来文,曾国华.管理技能[M].福州:福建人民出版社,2013.

[23] 斯图尔特·克雷纳.管理百年[M].海口:海南出版社,2003.
[24] 宋新宇.让管理回归简单[M].北京:电子工业出版社,2012.
[25] 戴维·罗伯逊.乐高:创新者的世界[M].北京:中信出版社,2014.
[26] 张向东.管理的协调艺术[M].武汉:武汉大学出版社,2014.
[27] 郭咸纲.西方管理思想史(插图修订第4版)[M].北京:北京联合出版公司,2014.
[28] 邢以群,张大亮.管理是要系统的:企业管理实用指导手册[M].北京:机械工业出版社,2015.
[29] 陈春花.我读管理经典[M].北京:机械工业出版社,2015.
[30] 罗纳德·B·阿德勒,拉塞尔·F·普罗科特.沟通的艺术:看入人里,看出人外(插图修订第14版)[M].北京:世界图书出版公司,2015.

参考文献

[1] 斯蒂芬·P·罗宾斯.管理学[M].黄卫伟,译.4版.北京:中国人民大学出版社,2002.
[2] 哈罗德·孔茨,海因茨·韦里克.管理学[M].张晓君,陶新权,马继华,等,译.10版.北京:经济科学出版社,1998.
[3] 托马斯·S·贝特曼,斯考特·A·斯奈尔.管理学[M].王雪莉,等,译.北京:北京大学出版社,2001.
[4] 海因茨·韦里克,哈罗德·孔茨.管理学——全球化视角[M].马春光,译.11版.北京:经济科学出版社,2004.
[5] 周三多,陈传明,鲁明泓.管理学——原理与方法[M].4版.上海:复旦大学出版社,2005.
[6] 焦强,罗哲.管理学[M].成都:四川大学出版社,2005.
[7] 蒋永忠,张颖.管理学基础[M].大连:东北财经大学出版社,2006.
[8] 陈传明,周小虎.管理学原理[M].北京:机械工业出版社,2007.
[9] 单凤儒.管理学基础[M].3版.北京:高等教育出版社,2008.
[10] 马义飞.管理学[M].北京:清华大学出版社,北京交通大学出版社,2008.
[11] 李海峰,张莹.简明管理学教程[M].北京:科学出版社,2009.
[12] 侯明贤.管理学原理与方法[M].杭州:浙江大学出版社,2009.
[13] 曾坤生.管理学[M].北京:清华大学出版社,2009.
[14] 荣晓华.管理学原理[M].大连:东北财经大学出版社,2010.
[15] 吕实.管理学[M].北京:清华大学出版社,2010.
[16] 张红,王博,涂淼.管理学原理与实践[M].武汉:中国地质大学出版社,2011.
[17] 万卉林,刘虹.管理学——原理、方法与案例[M].2版.武汉:武汉大学出版社,2011.
[18] 倪杰.管理学原理[M].2版.北京:清华大学出版社,2011.
[19] 邢以群.管理学[M].4版.杭州:浙江大学出版社,2016.
[20] 单凤儒.管理学基础实训教程[M].2版.北京:高等教育出版社,2009.
[21] 谢敏.管理能力训练基础教程[M].上海:华东师范大学出版社,2007.

[22] 谢敏.管理能力训练实训手册[M].杭州:浙江大学出版社,2009.
[23] 樊丽丽.趣味管理案例集锦[M].北京:经济出版社,2005.
[24] 余敬,刁凤琴.管理学案例精析[M].武汉:中国地质大学出版社,2006.
[25] 邵冲.管理学案例[M].北京:清华大学出版社,2006.
[26] 李品媛.管理学教学案例[M].大连:东北财经大学出版社,2007.
[27] 付景远.通用管理能力案例集[M].济南:山东人民出版社,2012.
[28] 李晓.沟通技巧[M].北京:航空工业出版社,2006.
[29] 张向东.管理的协调艺术[M].武汉:武汉大学出版社,2014.
[30] 郭咸纲.西方管理思想史(插图修订第4版)[M].北京:北京联合出版公司,2014.

教学支持说明

全国高等职业教育旅游大类"十三五"规划教材系华中科技大学出版社"十三五"规划重点教材。

为了改善教学效果,提高教材的使用效率,满足高校授课教师的教学需求,本套教材备有与纸质教材配套的教学课件(PPT 电子教案)和拓展资源(案例库、习题库、视频等)。

为保证本教学课件及相关教学资料仅为教材使用者所得,我们将向使用本套教材的高校授课教师免费赠送教学课件或者相关教学资料,烦请授课教师通过邮件或加入旅游专家俱乐部 QQ 群等方式与我们联系,获取"教学课件资源申请表"文档并认真准确填写后发给我们,我们的联系方式如下:

E-mail:lyzjjlb@163.com

旅游专家俱乐部 QQ 群号:306110199

旅游专家俱乐部 QQ 群二维码:

群名称:旅游专家俱乐部
群　　号:306110199

教学课件资源申请表

填表时间：_____年___月___日

1. 以下内容请教师按实际情况填写，★为必填项。
2. 学生根据个人情况如实填写，相关内容可以酌情调整提交。

★姓名		★性别	□男 □女	出生年月		★职务	
						★职称	□教授 □副教授 □讲师 □助教

★学校		★院/系	
★教研室		★专业	
★办公电话		家庭电话		★移动电话	
★E-mail（请填写清晰）				★QQ号/微信号	
★联系地址				★邮编	

★现在主授课程情况	学生人数	教材所属出版社	教材满意度
课程一			□满意 □一般 □不满意
课程二			□满意 □一般 □不满意
课程三			□满意 □一般 □不满意
其他			□满意 □一般 □不满意

教材出版信息						
方向一		□准备写	□写作中	□已成稿	□已出版待修订	□有讲义
方向二		□准备写	□写作中	□已成稿	□已出版待修订	□有讲义
方向三		□准备写	□写作中	□已成稿	□已出版待修订	□有讲义

请教师认真填写表格下列内容，提供索取课件配套教材的相关信息，我社根据每位教师/学生填表信息的完整性、授课情况与索取课件的相关性，以及教材使用的情况赠送教材的配套课件及相关教学资源。

ISBN(书号)	书名	作者	索取课件简要说明	学生人数（如选作教材）
			□教学 □参考	
			□教学 □参考	

★您对与课件配套的纸质教材的意见和建议，希望提供哪些配套教学资源：